Sagen und Geschichten aus Köln

Ein literarischer Stadtführer

Edition Grimmland | Yvonne Plum

Das Begleitbuch zum »Kölner Sagenweg«
illustriert von Gerda Laufenberg

4., überarbeitete Auflage

Edition Grimmland
...macht die Welt erfahrbar.

J. P. BACHEM VERLAG
www.bachem.de

Edition Grimmland
... macht die Welt erfahrbar.

Die »Edition Grimmland« sammelt – auf den Spuren der Brüder Grimm – literarische Texte, Geschichten, Mythen, Märchen, Sagen und Legenden, die sich um touristisch interessante Landschaften, Orte oder Sehenswürdigkeiten ranken. Diese Inhalte werden zur Vermarktung touristischer Destinationen nutzbar gemacht. Zu diesem Zweck entwickelt der Herausgeber der Edition Grimmland, Klaus-Peter Hausberg, so genannte »Literarische Routen« und gibt »Literarische Reiseführer« heraus. Die Begleitbücher zu den »Literarischen Routen« entführen die Leser zu besonderen Orten, von denen die gesammelten Geschichten erzählen. Zusammen mit den Routenbeschreibungen vermitteln sie Interessantes und Wissenswertes zur Geschichte und Kultur der jeweiligen Stadt, Region bzw. des Urlaubslandes und machen die »Literarischen Routen« erfahrbar.

Die von der »Edition Grimmland« gesammelten und veröffentlichten Inhalte dienen – im Besonderen in Hinblick auf das Themenjahr 2012 »200 Jahre Grimms Märchen« – auch der weltweiten Vermarktung der deutschen Märchen- und Sagenwelten. Weitere Informationen auch unter www.grimmland.de und www.literarische-routen.de.

Weitere Veröffentlichungen in der »Edition Grimmland«:
Rheinische Sagen & Geschichten, J.P. Bachem Verlag, 2. Auflage, 2006
Mythos Südafrika, J.P. Bachem Verlag, 1. Auflage, 2009

Bibliografische Informationen der Deutschen Bibliothek. Die Deutsche Bibliothek verzeichnet diese Publikation in der Deutschen Nationalbibliografie; detaillierte bibliografische Daten sind im Internet über http://dnb.ddb.de abrufbar.

4. Auflage 2009
© Edition Grimmland im J.P. Bachem Verlag, Köln 2009
Herausgeber: Klaus-Peter Hausberg
Autorin: Yvonne Plum
Illustrationen: Gerda Laufenberg
Bildquellen: Thomas Plum / Celia Körber-Leupold / Dombauarchiv Köln, Matz und Schenk / Dombauarchiv Köln, A. Wolff / Thilo Schmülgen / Fotostudio Glahs / Früh Brauhaus / Peters Brauhaus / KölnKongress GmbH / Johann Maria Farina gegenüber dem Jülichs-Platz seit 1709
Umschlag- und Innengestaltung: Sascha Rossaint, www.designforunity.com
Printed in Germany
ISBN 978-3-7616-2289-6
www.edition-grimmland.de / www.bachem.de/verlag

Vorwort der Autorin

In allen Kulturen gibt es Märchen, Sagen und Legenden. Doch bei uns haben schon seit Jahrzehnten Hörfunk und Fernsehen, Filme, Kassetten und CDs die Großeltern, Onkel und Tanten ersetzt, die früher Kinder von klein auf mit solchen Geschichten vertraut machten. Kölner »Pänz« wissen meist eher, wer Pocahontas war, als dass ihnen der Name »Richmodis« etwas sagt.

Weitere Mitschuld an dieser Entwicklung trägt die größere Mobilität unserer Gesellschaft. Wenn man in Köln lebt, nennt man sich schnell »Kölner« oder zumindest »Wahlkölner«. Woher soll man aber wissen, über was für einen Reichtum an Geschichten diese Stadt verfügt? Wer nach einem waschechten Kölner, nämlich jemandem, dessen Großeltern schon hier geboren wurden, sucht, der wird lange brauchen, bis er fündig wird.

Ich bin selbst übrigens auch keine in diesem Sinne »echte« Kölnerin. Meine Eltern kamen nach dem Krieg als Flüchtlinge aus dem Osten in die Stadt und blieben. In der Volksschule hatte ich das Fach »Heimatkunde«. Da lernte ich Richmodis und Meister Gerhard, Ursula und Gereon kennen. Die Liebe zu ihnen ist mir bis heute geblieben.

Als ich 1990 begann, als Stadtführerin zu arbeiten, merkte ich schnell, dass die alten Geschichten, wenn sie gut erzählt werden, auch heute noch eine große Faszination ausüben. Und dass eine Sage manchmal mehr erklärt, als ein ganzer historischer Aufsatz.

Oft wurde ich gefragt: »Kann man das eigentlich irgendwo nachschlagen?« Ja, man kann. Aber die ausführlichsten Sagensammlungen sind in einem furchtbar altertümlichen Stil gehalten, so dass es gar keinen Spaß macht, sie zu lesen. Andere, modernere Bücher erzählen nur die bekanntesten Geschichten.

Was fehlte, war etwas, das sowohl ausführlich als auch lesbar ist. Ich denke, die Tatsache, dass «Sagen und Geschichten aus Köln» nunmehr bereits in der vierten Auflage erscheint, zeigt, dass das Buch diese Lücke gefüllt hat.

Als ich anfing zu schreiben, wunderten sich manche meiner Bekannten: »Was denn, vierzig Geschichten, nur aus Köln?

Ja, gibt es denn überhaupt so viele?« Um die Wahrheit zu sagen: es gibt sogar noch viel mehr. Was Sie in Händen halten, ist eine Auswahl der schönsten, schaurigsten, witzigsten und frömmsten Geschichten, die in zweitausend Jahren Stadtgeschichte entstanden sind.

Das Buch ist in vier Rubriken aufgeteilt. Es beginnt mit »Typisch Kölsch«, einer Reihe von Histörchen, die den erwachsenen Leser mit der Mentalität des Kölners vertraut machen sollen. Der nächste Abschnitt heißt »Es war einmal« und berichtet aus der Vergangenheit Kölns, beginnend mit den Römern und endend mit jener fantastischen Zeit, als Heinzelmännchen den Menschen alle Arbeit abnahmen.

Die »Domgeschichten« zeigen Frommes und Teuflisches im, am und um den Dom herum. Und zu guter letzt werden auch die vielen Heiligen und frommen Orte nicht vergessen, die der Stadt zu der Bezeichnung »et hillige Kölle« verhalfen.

Diese vier kleinen »Wege« korrespondieren mit den vierzig Stationen des »Kölner Sagenwegs« (www.koelner-sagenweg.de) und somit ist mein Buch ein Wegweiser zu den geschichtsträchtigen Orten im Innenstadtbereich, die von den Sagen und Geschichten erzählen. Egal, ob sie sich nun alleine, mit Freunden oder vielleicht mit einer Kindergruppe auf den Weg machen, ich wünsche Ihnen viel Vergnügen.

Bleibt mir nur noch, mich bei all denen zu bedanken, die mich beim Schreiben dieses Buches im Jahr 2001 maßgeblich unterstützt haben. Und natürlich bei all denen, die offensichtlich mein Vergnügen an den alten Geschichten teilen und damit diese Neuauflage nicht nur nötig gemacht, sondern überhaupt ermöglicht haben.

Viel Spaß beim Lesen und Weitererzählen wünscht Ihnen

Yvonne Plum

Inhaltsverzeichnis

1 Kapitel 1: Typisch Kölsch

Agrippina

Klüngel auf Römisch   14

Agrippina, gebürtige Kölnerin, betrieb in Rom Klüngel und schaffte es, ihrer Geburtsstadt ihren Namen zu geben.

Kölner Karneval

Vom Isisfest zum Geisterzug   22

Mit dem Isisfest, bei dem Schiffswagen durch die Stadt gezogen wurden, feierten die Kölner schon zur Römerzeit eine Art Karneval. Und mit dem Geisterzug ist dessen Geschichte noch lange nicht zu Ende.

Erzbischof Anno

Ein seltsamer Heiliger   28

Seit dem 11. Jahrhundert haben die Kölner Ärger mit ihren Erzbischöfen. Den unrühmlichen Anfang machte dabei Anno, der für den Missbrauch seiner Rechte von den Kölnern beinahe gelyncht worden wäre.

Kölner Bier

Vom »Soore Hungk« zum »lecker Kölsch«   32

Fast zweitausend Jahre dauerte es, bis die Kölner vom schlechten Wein zum guten Bier fanden.

Kölnisch Wasser

Das bestgehütete Geheimnis Kölns   36

Ein Italiener erfand den bekanntesten Duft Kölns und im Zeichen der roten Tulpe entstand die heute älteste Parfümfabrik der Welt.

Die Revolutionszeit 1848

Revolution auf Kölsch   42

Nach einem anstrengenden Revolutionstag ging der Kölner erst einmal nach Hause, um sich anständig auszuschlafen.

Der Kamelle-Napoleon

Mit »Kamelle« zu Reichtum und Ruhm   46

Als gewiefter Geschäftsmann schreckte Franz Stollwerck auch vor einem Streit mit den Apothekern nicht zurück und ebnete mit »Brustkamellen« den Weg für ein süßes Traditionsunternehmen.

2 Kapitel 2: Es war einmal

4 Kapitel 4: »Oh, Wunder!«

5 Rundgänge

Die Geschichte Kölns
Ein Überblick

Entlang der Rheingrenze richteten die Römer im 1. Jh. v. Chr. zum Schutz vor den Germanen im Abstand von 30–40 km Legionslager ein. Neben Neuss, Bonn und Mainz entstand so auch auf dem Gebiet des heutigen Köln das Lager »Oppidum Ubiorum«. Im Jahr 50 n. Chr. verlieh Kaiser Claudius diesem Lager auf Wunsch seiner Gattin, der Kaiserin Agrippina, unter dem neuen Namen »Colonia Claudia Ara Agrippinensium« (CCAA) die Stadtrechte. Köln ist damit die älteste unter den deutschen Großstädten.

Schon in der Spätantike kam das Christentum nach Köln, das im 4. Jh. Bischofssitz wurde. Nach den Wirren der Übergangszeit, in der die Stadt unter fränkische Herrschaft kam, wurde Köln 785 zum Erzbistum erhoben.

Und wer nach Köln reist, wird ihn schon von weitem sehen: den Kölner Dom. Er ist das bekannteste Wahrzeichen der Stadt und beherbergt die Reliquien der Heiligen Drei Könige. Ihnen, aber auch zahlreichen weiteren Reliquien und den ca. 160 Kirchen und Kapellen in der Zeit des Mittelalters, verdankt die Stadt den Zusatz »heiliges Köln«. Der Kölner Erzbischof Reinald von Dassel hatte die Gebeine der Heiligen 1164 von Mailand nach Köln gebracht. Die immer größer werdenden Pilgerströme, die daraufhin einsetzten, hatten 1248 dann zur Grundsteinlegung für den Bau des neuen Domes geführt.

Zur Einstimmung auf die im Anschluss folgenden Geschichten, Sagen und Legenden, die Ihnen einen Einblick in die Geschichte und Kultur Kölns geben sollen, nun noch einige wichtige geschichtliche Daten im Überblick.

Um 3000 v.Chr.	Bandkeramiker besiedeln den Kölner Raum
um 19 v.Chr.	Marcus Vipsanius Agrippa (Agrippinas Großvater) gründet das »Oppidum Ubiorum« nach Umsiedlung des germanischen Stammes der Ubier vom rechten Rheinufer auf die linksrheinische Seite
50 n.Chr.	Kaiser Claudius verleiht auf Wunsch seiner Gattin Agrippina dem »Oppidum Ubiorum« unter dem neuen Namen »Colonia Claudia Ara Agrippinensium« (CCAA) die Stadtrechte
Um 310	Kaiser Constantin lässt eine Rheinbrücke in Köln und am rechten Rheinufer das Kastell Castra Divitia errichten, aus dem später Deutz entsteht
313	Erste Erwähnung des Maternus als Bischof von Köln
Um 460–510	Eingliederung Kölns in das Reich der ripuarischen Frankenkönige (heutiges Frankreich und Westdeutschland)
787	Hildebold wird auf Wunsch Kaiser Karls des Großen zum Bischof von Köln ernannt
795	Auf Wunsch Karls des Großen erhebt Papst Leo III. Köln zum Erzbistum. Hildebold wird erster Kölner Erzbischof.
870	Der karolingische Dom wird vollendet

881	Normannen plündern die Stadt
Um 950	Erste Stadterweiterung zum Rhein hin
1056 bis 1075	Anno II. ist Erzbischof von Köln. 1074 kommt es zum Aufstand gegen ihn, den er brutal ahndet
1164	Überführung der Reliquien der Heiligen Drei Könige von Mailand nach Köln
1180	Dritte Stadterweiterung. Köln ist mit ca. 40.000 Einwohnern größte Stadt des Reiches. Sie wird mit einer neuen Stadtmauer geschützt
1192	Ein schwerer Brand verwüstet die Stadt und zerstört Teile von St. Aposteln
1248	Grundsteinlegung des Kölner Doms unter Erzbischof Konrad von Hochstaden. Die Dominikaner errichten mit dem »Studium Generale« die erste Universität der Stadt, an der unter anderem Albertus Magnus unterrichtete
1288	Schlacht bei Worringen. Köln wird de facto freie Reichsstadt, der Ezbischof verliert seinen weltlichen Einfluss.
1349	Die Pest wütet in Köln
1355	Bestätigung des Stapelrechtes durch Kaiser Karl IV. Kölns Bürger kontrollieren den Rheinhandel
1388	Gründung der Kölner Universität als erste städtische Universität in Europa
1396	Proklamation einer neuen Stadtverfassung
1475	Köln wird nun auch offiziell Freie Reichsstadt
1560	Der Dombau wird eingestellt
1794	Französische Revolutionstruppen erobern die Stadt Köln wird Teil Frankreichs
1815	Köln und das Rheinland werden preußisch
1823	Das neue Festkomitee organisiert den ersten Rosenmontagszug im Kölner Karneval
1842	Beginn des Weiterbaus am Kölner Dom
1880	Dombauvollendung
1881	Abriss der mittelalterlichen Stadtmauer und Erweiterung des Stadtgebiets (bis ca. 1914)
1922	Gründung der KölnMesse auf Initiative Adenauers
1929	Einweihung der Mülheimer Brücke
1942-1945	Zerstörung der Innenstadt im Zweiten Weltkrieg zu 90 %, des Stadtgebietes zu 72 %
1942-1969	Josef Kardinal Frings ist Erzbischof von Köln. Am 31.12.1946 hält er seine berühmte Silvesterpredigt
24.8.1972	Das wiederhergestellte Historische Rathaus wird eröffnet
1975	Köln wird Millionenstadt
1985	Jahr der Romanischen Kirchen, wiederentstanden nach schwersten Zerstörungen
1998	750jähriges Jubiläum der Grundsteinlegung des Kölner Doms und Gotisches Jahr

1

Typisch Kölsch

Agrippina

Klüngel auf Römisch

Die Stadt Köln hat im Laufe ihrer zweitausendjährigen Geschichte zahlreiche ungewöhnliche Frauen hervorgebracht. Eine der erstaunlichsten unter ihnen lebte in der Römerzeit. Ob es nun das Jahr 15 oder vielleicht doch eher das Jahr 16 nach Christus war, darüber streiten sich die Gelehrten noch heute. Den Tag jedoch kennt man genau. Es war an einem 6. November, als ein Mädchen namens Agrippina in der zu dieser Zeit noch recht unbedeutenden römisch-germanischen Siedlung am östtlichen Rande des Römischen Reiches das Licht der Welt erblickte. Man musste kein Wahrsager sein, um ihr eine interessante, aber auch gefährliche Zukunft zu prophezeien: Sie war die Urenkelin des inzwischen verstorbenen und in den Götterhimmel aufgenommenen Kaisers Augustus; verwickelte Familienverhältnisse machten sie, zumindest rechtlich gesehen, zur Enkelin des amtierenden Kaisers Tiberius, obwohl sie gleichzeitig, wenn man nach der natürlichen Abstammung geht, seine Großnichte war.

Wissenswertes

An der Nordseite des Rathausturmes, von der Treppe aus gut sichtbar, findet sich diese Darstellung der Agrippina von Heribert Calleen. Die Gesichtszüge Agrippinas sind einem antiken Bildnis nachempfunden. Der Adler ist Sinnbild Jupiters. Die Buchstaben SPQR bedeuten »Senatus Populusque Romanus«, zu Deutsch: »Senat und Volk von Rom«. Dies stand auf den römischen Feldzeichen. Unter dem Rockzipfel der Mutter schiebt sich mit grimmigem Gesicht Nero hervor. Die Fackel in seinen Händen erinnert an den Brand von Rom. CCAA war die Abkürzung für den lateinischen Namen Kölns und weist auf die Beziehung Agrippinas zu ihrer Heimatstadt hin.

Hätte man damals auch nur entfernt geahnt, wie aufregend ihr Leben einmal werden würde, so wäre sicherlich mancher Römer liebend gerne bereit gewesen, ihr schon in der Wiege den Hals umzudrehen.

Kompliziert? Das ist erst der Anfang! Bereits in jungen Jahren pflasterten Leichen Agrippinas Weg. Allerdings war sie für diese noch nicht selbst verantwortlich. Doch sie erwies sich als intelligent, lernfähig und machthungrig. Schon früh erfuhr sie, dass die Luft in der römischen Oberschicht sehr dünn sein konnte und gerade Verwandte des Kaiserhauses gefährlich lebten, denn sie verlor den Vater, die Mutter und zwei Brüder durch politische Intrigen.

Römische Mädchen galten ab zwölf als heiratsfähig, und auch bei Agrippina machte man da keine Ausnahme. Im Jahr 28 wurde sie an einen fünfzehn Jahre älteren Großneffen des Augustus verheiratet. Die weitläufige Herrscherfamilie heiratete gerne untereinander, um die Anzahl der Anwärter auf die Macht klein zu halten.

Über die Geburt des ersten und einzigen Kindes der beiden im Dezember 37 wusste der Geschichtsschreiber Tacitus zu berichten, der Vater habe dazu gesagt, dass aus einer Beziehung zwischen ihm und seiner Frau nichts Gutes entstehen könne. Sollte das stimmen, hätte er damit sogar Recht behalten, denn der Junge wurde später unter dem Namen Nero nicht nur berühmt, sondern auch berüchtigt.

Kurz zuvor, im März desselben Jahres, war nach dem Tod von Tiberius der einzige noch lebende Bruder Agrippinas, Caligula, Kaiser geworden. Damit schien sich das Blatt für sie erstmals zum Guten zu wenden, denn er liebte seine Schwestern, von denen er insgesamt drei hatte, heiß und innig. Deshalb verschaffte er ihnen eine Reihe Privilegien, ließ sie sogar als Göttinnen auf der Rückseite von Münzen porträtieren und in den Eid der Soldaten und Magistrate aufnehmen. Agrippina schnupperte zum ersten Mal den Duft der Macht.

Allerdings war diese Glücksphase nicht von langer Dauer. Es erwies sich, dass Caligula als Kaiser nicht tragbar war. Nicht nur, dass etliche Menschen seine Bekanntschaft mit dem Leben bezahlten. Nein, er ernannte auch sein Lieblingspferd zum Konsul und heiratete in aller Öffentlichkeit einen Schauspieler!

Das ließ nur einen Schluss zu: Der Mann war verrückt. Das aber war ein ernsthaftes Problem, denn es gab keine legale Möglichkeit, einen Kaiser abzusetzen. Nur ein toter Kaiser war nicht mehr Kaiser.

Doch die ersten Verschwörer, die ihm nach dem Leben trachteten, waren leichtsinnig. Das Mordkomplott wurde im Jahr 39 bei einem Besuch des Kaisers in Obergermanien aufgedeckt. Lepidus und Gaetulicus, die beiden Hauptverantwortlichen, wurden getötet. Agrippina, die ebenfalls ihre Finger im Spiel gehabt hatte, wurde von Caligula am Leben gelassen. Doch hatte sie mit Lepidus ein Verhältnis gehabt, und so dachte sich ihr Bruder für sie etwas Besonderes aus: Sie musste die Asche ihres Geliebten von Obergermanien nach Rom tragen. Von dort aus wurde Agrippina dann auf die Pontinischen Inseln in die Verbannung geschickt. Ihr gesamtes Vermögen, das durch den Tod ihres Mannes zu Beginn des Jahres 40 nicht unbeträchtlich gewesen sein muss, wurde eingezogen. Theoretisch hätte man an dieser Stelle einen Schlussstrich ziehen können: Ende der Karriere, liebe Agrippina! Doch so leicht ließ sich die junge Frau nicht unterkriegen. Stattdessen schrieb sie an ihren Memoiren (mit 24 Jahren!) und wartete auf bessere Zeiten. Tatsächlich hatten die Schicksalsgöttinnen noch Großes mit ihr vor.

Im Januar 41 wurde Caligula ermordet. Neuer Kaiser wurde Claudius, der der Onkel von Caligula und Agrippina war. Er holte seine Nichte zurück nach Rom, erstattete ihr gesamtes Vermögen zurück, und schon war sie wieder eine gute Partie. Wahrscheinlich noch im selben Jahr heiratete sie den Senator C. Sallustius Crispus Passienus, der sehr wohlhabend und einflussreich war. Nach dem Jahr 44 verliert sich allerdings seine Spur, und böse Zungen behaupten, sie habe ihn aus dem Wege räumen lassen, um an sein Vermögen zu kommen. Beweise gibt es dafür nicht.

Jedenfalls war Agrippina gerade im rechten Moment wieder Witwe. Im Jahr 48 nämlich wurde Messalina, die Frau von Claudius, umgebracht. Ihr lockerer Lebenswandel war vielen schon lange ein Dorn im Auge gewesen. Als sie sich schließlich erdreistete, obwohl sie mit Claudius verheiratet war, eine zweite Ehe einzugehen, waren ihre Tage gezählt.

Agrippina war noch immer eine attraktive Frau. Hinzu kam, dass sie durch ihre Abstammung für die Position an der Seite des Kaisers besonders geeignet war. Dummerweise gab es da ein kleines Problem: Auch bei den Römern war es nicht erlaubt, dass Onkel und Nichte heirateten. Doch nachdem Claudius zu erkennen gegeben hatte, dass er gegen eine Verbindung mit Agrippina nichts einzuwenden hätte, änderte der Senat kurzerhand die Gesetzgebung, und zu Beginn des Jahres 49 wurde Hochzeit gefeiert. Happy End für Agrippina? Weit gefehlt, denn die kölnische Römerin war, wie gesagt, ehrgeizig. Die Frau des Kaisers war zu ihrer Zeit nicht eine Kaiserin mit wirklicher Macht. Sie hatte nur repräsentative Aufgaben. Das war der Frau des Claudius ein bisschen wenig. Aber zum Glück für sie war ihr Mann sehr nachgiebig. Es dauerte nicht lange und es war in Rom ein offenes Geheimnis, dass viele politische Entscheidungen auf Agrippina und nicht auf den Kaiser zurückzuführen waren. Doch wie sollte »frau« das auch den Staatsmännern in den äußersten Ecken des Reiches deutlich machen?

Im Jahr 50 wurde Agrippinas Geburtsstadt zur Colonia erhoben. Das war eine große Sache für das bis dahin relativ unscheinbare Städtchen. Der Titel beinhaltet nämlich sehr viel mehr, als die Übersetzung »Kolonie« vermuten lässt. Eine Colonia war eine Stadt römischen Rechts, die nach dem Vorbild Roms gebaut wurde und eine Stadtmauer haben durfte. Noch heute kann man auf dem Stadtplan Kölns leicht den römischen Stadtkern mit seinen rechtwinklig aufeinander stoßenden Straßen und dem fast quadratischen Grundriss ausmachen.

Römische Veteranen siedelten sich nun hier an, und die Stadt erhielt das Praetorium, den Sitz des Statthalters der gesamten Provinz Niedergermanien. Damit begann die erste Blütezeit Kölns.

Doch das war für Agrippina Nebensache. Viel wichtiger war für sie etwas anderes, was heute nur noch den Historikern bewusst ist. Da es mehrere Coloniae gab, musste der Name schon ein bisschen länger sein, um sie auseinander halten zu können. Und so erhielt die frischgebackene Regierungsstadt den vollen Namen »Colonia Claudia Ara Agrippinensium«.

Auf Deutsch wird das Ganze noch etwas umständlicher: »Eine Stadt römischen Rechts, die das unter dem Kaiser Claudius wurde, mit einem Altar (für die Göttin Roma) der Agrippinenser«. Wer weiß heute schon noch, dass dieser Name für die Römer eine Sensation, vielleicht sogar ein Skandal war? Zum ersten Mal wurde eine römische Stadt nach einer noch lebenden Frau benannt! Damit war auch dem dümmsten Politiker im kleinsten Dorf klar, wer in Rom die Zügel in der Hand hielt.

Das wäre ein guter Zeitpunkt für Agrippina gewesen, zufrieden zu sein und nicht mehr länger nach Höherem zu streben. Aber das lag ihr nicht.

Um ihre Position zu sichern, bedrängte sie Claudius, ihren Sohn Nero als Thronfolger einzusetzen. Ursprünglich war nämlich Britannicus dafür vorgesehen, der Sohn von Claudius und Messalina. Wieder einmal gelang es ihr, ihren Mann zu überzeugen. Doch gibt es Vermutungen, dass sich Claudius damit sein eigenes Grab geschaufelt habe.

Wie es heißt, gab es erheblichen Widerstand gegen diese Entscheidung. Freunde versuchten, den Kaiser umzustimmen, was ihnen auch beinahe gelang. Als Agrippina nun ihre Pläne in Gefahr sah, griff sie auf ein altbewährtes politisches Hausmittelchen zurück: sie ermordete Claudius. Tacitus beschreibt dies erstaunlich genau, obwohl er diese Zeit gar nicht selbst erlebt hat. So weiß er zu berichten, Agrippina habe die stadtbekannte Giftmischerin Lucusta aus dem Gefängnis geholt und ihr die Freiheit versprochen, wenn sie ihr helfe, den Kaiser aus dem Weg zu schaffen. Lucusta habe ihr ein interessantes Pilzrezept verraten, dass daraufhin auch gleich am lebenden Objekt erprobt wurde. Allerdings hatte es nicht ganz den erwünschten Erfolg. Claudius hatte als gestresster Staatsmann einen etwas sensiblen Magen und erbrach sich nach dem Essen. Den eilig herbeigerufenen Leibarzt bestach Agrippina also ebenfalls. Scheinheilig reichte der dem kranken Kaiser eine Pfauenfeder, mit der sich dieser nochmals zum Erbrechen bringen sollte. Die Spitze aber hatte der Arzt zuvor in eine hochgiftige Tinktur getaucht, an deren Wirkung Claudius starb.

Man schrieb das Jahr 54. Der Kaiser war tot. Hoch lebe der Kaiser! Und tatsächlich verhielt sich Nero anfangs absolut wunschgemäß. Der gerade Siebzehnjährige hatte kein rechtes

Interesse an der Politik, überließ das meiste der Mutter und räumte ihr noch mehr Privilegien ein, als sie schon vorher gehabt hatte. Agrippina besaß auf dem Höhepunkt ihrer Macht fast den Einfluss, den ein Amtsträger des Kaisers, ein Mann also, haben konnte. Damit war sie ihrer Zeit um fast zweitausend Jahre voraus, und Rom war erschüttert: das Weltreich in den Händen einer Frau – Weiberherrschaft! Das konnte, das durfte nicht sein.

Erster Widerstand regte sich. Schon im Jahr 55 kam es zum völligen Bruch zwischen Mutter und Sohn, nachdem sie versucht hatte, sich in sein Liebesleben einzumischen.

Nero begann, ihre Machtposition zu demontieren, und Agrippina versuchte zurück zu schlagen: Sie drohte, Britannicus, den leiblichen Sohn des Claudius, zu seinem Gegenspieler aufzubauen. Aber Nero lernte schnell. Er schaffte dieses Argument aus der Welt, indem er seinen Nebenbuhler umbringen ließ. Die Mutter musste den Palast räumen. Ihr politischer Einfluss wurde auf ein Minimum reduziert.

Trotzdem schien Nero noch immer Angst vor ihr zu haben. Im Jahr 59 versuchte er, sie auf sehr trickreiche Art zu beseitigen. Er inszenierte ein Versöhnungsfest für sie. Am Abend bestieg sie ein Schiff, dass sie zu ihrer Villa auf der anderen Seite der Bucht bringen sollte. Was sie nicht ahnte: Es war so präpariert, dass es, gewissermaßen auf Knopfdruck, auseinanderfallen sollte. Das tat es auch, aber Agrippina erreichte trotzdem mit knapper Not das rettende Ufer.

Nachdem dieser verdeckte Anschlag misslungen war, schreckte Nero nicht mehr vor dem offenen Muttermord zurück. Seine Soldaten drangen in ihre Villa ein, wo sie sich ihnen im Schlafgemach mit den Worten: »Trefft den Leib!« entgegenstellte. Damit verdammte sie gewissermaßen ihren eigenen Sohn, denn es war ja ihr Leib gewesen, der ihn geboren hatte.

Nero rechtfertigte seine Tat, indem er verbreiten ließ, seine Mutter habe ihrerseits geplant, ihn zu ermorden. Als Folge ließ er ihr Andenken verfluchen und ernannte ihren Geburtstag zu einem offiziellen Unglückstag.

So hoch wie sie gestiegen war, so tief ist Agrippina am Ende auch gefallen. Aber eines haben die Kölner von ihr gelernt: Beim Klüngeln sollte man keine scharfen Waffen verwenden!

Agrippina – Figur am Rathausturm

Kölner Karneval

Vom Isisfest zum Geisterzug

Es soll ja tatsächlich Leute geben, die enttäuscht sind, wenn sie aus dem Kölner Hauptbahnhof kommen und nicht überall bunt geschminkte, fröhliche Menschen mit roten Pappnasen sehen, die lauthals »Kamelle!« und »Strüsjer!« rufen.

Der Karneval hat zwar das Image der Stadt nach außen hin deutlich geprägt, tatsächlich aber macht die »fünfte Jahreszeit« einen relativ kleinen Teil des Jahres aus. Zwar beginnt sie bereits am 11. November, doch zu dieser Zeit finden fast nur Veranstaltungen in Sälen statt. Erst an Weiberfastnacht, dem Donnerstag vor Aschermittwoch, fängt der Straßenkarneval an. Und der dauert nur eine knappe Woche, denn an Aschermittwoch ist, wie der Volksmund weiß, »alles vorbei«.

Das ist übrigens der erste Tag der vorösterlichen Fastenzeit, die sechs Wochen dauert. Da Ostern aber ein bewegliches Fest ist, wechselt das Datum von Jahr zu Jahr. So gibt es manchmal sehr kurze, dann aber wieder relativ lange Sessionen.

Möglicherweise reichen die Wurzeln des »jecken« Treibens bis in die Römerzeit zurück, denn schon damals wurden in Köln zwei Feste gefeiert, die ganz ähnliche Züge aufwiesen. Zum einen gab es die Saturnalien, an denen das Leben regelrecht auf den Kopf gestellt wurde, indem die Freien die Sklaven bewirteten. Aus Sicht der Römer also ein ausgesprochen »närrisches« Verhalten. Reichlich Essen, Trinken und Spaß an der Freud' waren natürlich mit dabei.

Zum anderen fand das Isisfest statt. Nun mag mancher einwenden, Isis sei doch gar keine römische Göttin. Das ist auch richtig. Viele römische Legionäre übernahmen aber Kulte, die ihnen gefielen, aus den Ländern, in denen sie Dienst geleistet hatten. Auf diesem Umweg gelangte Isis aus Ägypten

nach Köln. Als Göttin der Schifffahrt konnten die Rheinanwohner ihr viel abgewinnen und veranstalteten einmal im Jahr zu ihren Ehren einen Umzug, bei dem große Wagen in Gestalt von Schiffen durch die Straßen gezogen wurden. »Schiffswagen« heißt auf Lateinisch »carrus navalis«, was bereits verdächtig nach »Karneval« klingt. Tatsächlich entwickelte sich dieses Wort aber aus »carne vale«, zu Deutsch: »Fleisch, lebe wohl!«, denn es ist ja die Zeit vor dem Fasten damit gemeint.

Die Feierfreudigkeit der Kölner überlebte offensichtlich den Wechsel vom Heiden- zum Christentum. Anfangs ging es dabei noch ziemlich gesittet zu. Die Weihnachtszeit endete mit dem 2. Februar, dem Fest »Mariä Lichtmess«. Danach war Fasten angesagt. Und zwar bis zum Sonntag »Laetare« (das heißt »Freut euch«), der vor Aschermittwoch liegt. Da durfte man das Büßen unterbrechen und sich noch einmal richtig austoben. Aber nur einen einzigen Tag? Das war den Kölnern zu wenig und schon bald fanden sie Mittel und Wege, die Kirchenvorschriften zu umgehen oder aufzuweichen. Aus dem sehr viel älteren Fest der Winteraustreibung wurde der »Vastavent«, der sich im Kölschen in den »Fastelovend« verwandel-

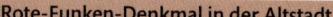

Rote-Funken-Denkmal in der Altstadt

te, womit man einfach den Abend vor dem Beginn der österlichen Askese bezeichnete. Selbst in die Klöster hielt der Karneval nun Einzug. Weiberfastnacht nannte man damals »Pfaffenfastnacht« und Mönche und Nonnen wählten an diesem Tag einen Narrenbischof. Schon bald taten die Marktfrauen es ihnen nach, allerdings ohne eigenen Bischof. Über die Jahrhunderte wurden die Feiern immer wilder und ungezügelter. Organisierte Umzüge, wie wir sie heute haben, kannte man

Wissenswertes

Auf dem Rote-Funken-Plätzchen in der Altstadt wurde dem ältesten Karnevalsverein Kölns ein Denkmal gesetzt. Die Roten Funken gibt es bereits seit 1823. Ihr Eid ist auf einer Bronzetafel an der Wand nachzulesen, natürlich in Kölsch! Wer beim Übersetzen Schwierigkeiten hat, weiß wahrscheinlich nicht, dass »Öllig« die Zwiebel ist, »Böckem« der Hering und die »ähde Nötz« eine Tonpfeife.

noch nicht. Auch keine »Kamelle« und »Strüsjer«. Jeder feierte mehr oder minder, wie er wollte, wobei es trotz allem noch einige wenige Regeln gab. So wäre etwa niemand auf die Idee gekommen, sich als Toter oder gar als der Tod persönlich zu verkleiden, denn mit diesem Herrn trieb man, ebenso wie mit Gott, besser keine Scherze.

Als Köln 1794 unter die Regierung der Franzosen kam, waren diese jedenfalls schockiert von dem barbarischen Brauchtum der Einheimischen und verboten das närrische Treiben kurzerhand.

Die Preußen waren zwanzig Jahre später großmütiger und erlaubten es wieder. Doch die traditionellen Träger des Festes, Patrizier, Zünfte und Kirche, waren verschwunden beziehungsweise hatten ihren Einfluss verloren. Außerdem hatten die Kölner Nachholbedarf, so dass die Feiern außer Rand und Band gerieten. Man war entsetzt: So durfte es nicht weitergehen.

Zum Glück gab es die Romantiker, die sich nun des Karnevals erbarmten. Als erstes gründete man 1823, typisch preußisch, ein »festordnendes Komitee«, das seinem Namen auch alle Ehre machte. Unter seiner Regie fand der erste Rosenmontagszug statt – er ging genau einmal um den Neumarkt herum. Ein Dreigestirn gab es noch nicht. Statt dessen herrschte »Held Karneval«. Bauer und Jungfrau kamen als alte Repräsentanten der Stadt Mitte des 19. Jahrhunderts hinzu. Das »Trifolium« existierte seit 1883, wobei der »Held« erst in wilhelminischer Zeit zum Prinzen mutierte.

Der Kölner Karneval wuchs und wächst noch heute. Immer wieder kommen neue Elemente hinzu und werden über die Jahre zu liebgewonnenen Traditionen. Die Karnevalsmütze oder »Fastelovendsmötz« etwa wurde 1827 unter dem Motto »Gleiche Brüder, gleiche Kappen!« als Zeichen liberaler Gesinnung erfunden. Karnevalsorden gibt es sogar schon seit 1824. Es entstanden Vorortzüge und die Schull- und Veedelszöch. Unter den Nationalsozialisten wurden die ursprünglich von Männern dargestellten Funkenmariechen durch Frauen ersetzt. Als 1991 wegen des Golfkriegs der Rosenmontagszug abgesetzt wurde, bildete sich ein spontaner »Geisterzug«, der seither jedes Jahr die Session als etwas chaotisches Element bereichert. Allerdings findet er inzwischen nicht mehr am Montag, sondern am Samstag statt. Ebenfalls in den letzten Jahren hat sich der Brauch des »Nubbelverbrennens« in der Dienstagnacht eingeschlichen: Eine Strohpuppe wird als »Sündenbock« für alles Schändliche, was man in der Karnevalszeit im Schutz seiner Maske so getrieben hat, verbrannt. Ursprünglich stammt dieser Brauch von den Jahrmärkten.

Der Rosenmontagszug selber passt natürlich schon längst nicht mehr auf den Neumarkt, sondern ist auf mehrere Kilometer Länge angewachsen, Tendenz steigend. Und wer heute am Zugweg »Kamelle!« und »Strüsjer!« ruft, sollte sich nicht wundern, wenn ihm statt dessen Pralinenschachteln, Seife oder Plüschtiere entgegenfliegen. Die Zeiten wandeln sich eben.

»Ein Leben

ohne Bücher

ist wie eine Kindheit

ohne Märchen, ist wie eine

Jugend ohne Liebe, ist wie

ein Alter

ohne Frieden.«

Carl Peter Fröhlich

Erzbischof Anno

Ein seltsamer Heiliger

Mit dem Beginn des Mittelalters erlebte Köln seine zweite Blütezeit. Der Handel über den Rhein brachte den Bürgern Reichtum und Stolz. Zunehmend wurden sich Patrizier und Kaufleute ihrer Bedeutung bewusst, auch wenn viele Adlige sie noch immer als zweitrangig behandelten. Doch im 11. Jahrhundert verletzte ein Kirchenmann dieses neu errungene Selbstwertgefühl so sehr, dass die eher friedfertigen Kölner zu den Waffen griffen.

Im Jahr 1056 war der Schwabe Anno zum Erzbischof von Köln ernannt worden. 1062 entführte er den noch unmündigen Heinrich IV., als dessen Vormund er für einige Zeit zum mächtigsten Mann im Deutschen Reich wurde. Zumindest offiziell hatte er dabei natürlich nur das Staatswohl im Auge gehabt, denn Heinrichs Mutter Agnes war tatsächlich als Regentin völlig ungeeignet.

Während Erfolg manche Menschen toleranter und langmütiger werden lässt, war bei Anno das Gegenteil der Fall. Schon vom ersten Tag seiner Herrschaft an jähzornig und schwer zu ertragen, wurde er nun noch arroganter und rücksichtsloser, was gerade für die »neureichen« Kölner ein ständiger Affront war.

Ostern 1074 schließlich brachte er das Fass zum Überlaufen. Für den Bischof von Münster, der die Festtage bei ihm verbracht hatte, ließ er ein Kaufmannsschiff zur Weiterreise beschlagnahmen. Die bereits aufgeladenen Waren wurden einfach in den Rhein geworfen.

Damit war Anno eindeutig zu weit gegangen und der Sohn des Kaufmanns setzte sich zur Wehr. Der Streit eskalierte, so dass die Knechte des Erzbischofs ihr Heil schon bald in

Wissenswertes

Am Haus »Zum St. Peter« auf der Ecke Heumarkt / Seidmacherinnengässchen findet man noch einen echten Grinkopf an seinem ursprünglichen Platz. Zwischen die riesigen Zähne schob man eine Stange, die in einer Vertiefung im »Maul« gehalten wurde. Dann konnte man über die Stange ein Seil legen und hatte einen ebenso simplen wie effektiven Flaschenzug, um Waren aus dem Keller herauf zu holen oder hinunter zu befördern. Die schaurigen Monsterköpfe waren reine Dekoration, egal was die Sage von ihnen behauptet

der Flucht suchten. Trotzdem waren die aufgebrachten Bürger nicht mehr zu halten. Voller Wut stürmten sie den Palast des Erzbischofs, der sich gerade noch in den Dom retten konnte. Doch auch dorthin verfolgte ihn die wütende Menge.

Abermals hatte Anno Glück. Von den Kölnern unbemerkt, gelang es ihm, durch den Schlafsaal des Domstifts in das Haus eines Domherrn an der Römermauer zu entkommen. Von dort führte ein Stollen unter der Mauer hindurch aus der Stadt hinaus. So konnte er nach Neuss fliehen.

Innerhalb von vier Tagen hatte er genügend kampfbereite Männer um sich gesammelt, um die Rückkehr nach Köln zu wagen. Und, wie von ihm erhofft, kapitulierten die Bürger angesichts der Übermacht kampflos.

Es heißt, Anno habe Plünderungen und Übergriffe seiner Leute verhindern wollen, was ihm wohl anfangs auch gelang.

Noch am selben Tag befahl der Erzbischof die Aufrührer nach einem Gottesdienst in St. Georg zu sich. Angstvoll und in Büßergewändern kamen sie, um ihr Urteil in Empfang zu nehmen. Doch statt dessen trug Anno ihnen auf, am darauffolgenden Tag zu St. Peter zu kommen, um erst dort zu erfahren, welche Buße ihnen auferlegt werde.

Diese Atempause nutzten rund sechshundert Kaufleute, um im Dunkel der Nacht zu fliehen. Drei Tage wartete Anno vergebens auf sie. Dann stürmten seine Landsknechte die Stadt, plünderten nach Herzenslust, erschlugen diejenigen, die sich ihnen entgegenstellten, und nahmen jene fest, die sich nicht wehrten. Darunter waren auch einige der ursprünglichen Aufrührer, an denen der Kirchenmann jetzt furchtbare Rache nahm. Den Kaufmannssohn und die übrigen Anführer ließ er blenden, andere wurden ausgepeitscht und geschoren. Außerdem belegte er die Reichen mit harten Geldstrafen. Und alle mussten ihm für die Zukunft Gehorsam schwören.

Der Chronist Lampert von Hersfeld schreibt über die Zeit unmittelbar nach Annos Strafgericht: »So ist denn nun die Stadt, noch vor kurzem die volkreichste der gallischen Städte, fast völlig verödet – und schauriges Schweigen herrscht auf den leeren Straßen.«

Vielleicht konnte Anno den durch ihn mitverschuldeten Niedergang der blühenden Handelsmetropole nur schwer ertragen. Vielleicht aber saß auch der Schreck über die Rebellion, die er nur mit knapper Not überlebt hatte, zu tief. Jedenfalls sah man ihn nur noch selten in Köln.

Als stete Erinnerung an das furchtbare Geschehen blieben den Kölnern die Grinköpfe, jene Monsterfratzen, die Anno, wie die Sage erzählt, über den Hauseingängen der Aufständischen anbringen ließ. Mit ihren hervorquellenden Augen und schmerzverzerrt aufgerissenen Mäulern sollten sie dauerhaft vor den Folgen solch frevelhaften Verhaltens warnen.

Noch heute kann man einige von ihnen in der Altstadt finden. Genützt aber haben sie nichts. Denn 1288, in der Schlacht bei Worringen, kämpften die Kölner ganz offen gegen ihren eigenen Erzbischof und besiegten ihn. Damit endete die weltliche Herrschaft der Kirche über die Stadt.

Anno übrigens wurde, schwer nachvollziehbar, 1183 heilig gesprochen.

Wissenswertes

Vor dem Dom führt eine Metalltür zur Tiefgarage hinunter. Wer sich nicht vor schlechten Gerüchen fürchtet, kann sich dort Überreste der römischen Stadtmauer ansehen. Hier befand sich auch das »Annoloch«, durch das der Erzbischof den Kölnern entkam.

Kölner Bier

Vom »Soore Hungk« zum »lecker Kölsch«

Als die Römer nach Germanien kamen, rümpften sie über die Trinkgewohnheiten unserer Vorfahren die Nase. Der Met, ein mit Kräutern gewürzter Honigwein, war für sie der Inbegriff der Barbarei und bestätigte ihnen nur einmal mehr, mit was für einem unzivilisierten Volk sie es zu tun hatten.

Wissenswertes

PETERS BRAUHAUS

Das Peters Brauhaus in der Nähe des Rathauses ist eines von zahlreichen Altstadtbrauhäusern. Schon seit dem 13. Jahrhundert wurde an diesem Ort Bier produziert. Infos unter www.peters-brauhaus.de

Da sie auf ihr geliebtes Gläschen Wein zur Entspannung nicht verzichten wollten, blieb ihnen nichts anderes übrig, als die Barbaren mit der hohen Kunst des Weinbaus vertraut zu machen. Nur das Wetter, das doch etwas anders als im sonnigen Italien war, konnten sie nicht ändern, und so fielen die Ergebnisse, je nach Lage des Anbaugebietes, recht unterschiedlich aus.

Wahrscheinlich schlug der hiesige Wein schon damals dem Fass im wahrsten Sinne des Wortes den Boden aus. Trotzdem, getreu dem Motto »Was mich nicht umbringt, macht mich hart!« produzierten und tranken die Kölner auch im Mittelalter hauptsächlich Wein,

der unter so klangvollen Namen wie »Soorer Hungk« (»Saurer Hund«) oder »Nasser Lodewig« (»Nasser Ludwig«) verkauft wurde.

Erst im 11. Jahrhundert wurde nachweislich auch Bier konsumiert. Zwölf Almosenempfänger wurden bestellt, um für einen verstorbenen Erzbischof die Totenwache zu halten, und ein Dokument belegt, dass jeder von ihnen pro Tag neben Brot und Speck auch noch mehr als fünfeinhalb Liter Bier erhielt. Ziemlich trinkfest, die Leute damals.

Im 14. Jahrhundert bildete sich die St. Peter von Mailand Bruderschaft der Brauer. Warum sie ausgerechnet einen Dominikanermönch aus Verona, der von zwei Ketzern 1251 mit einem Schwertstoß in den Kopf ermordet worden war, zu ihrem Schutzpatron erkoren, ist heute nicht mehr zu klären. Bier hatte der Kirchenlehrer und Diplomat jedenfalls mit ziemlicher Sicherheit niemals getrunken. Allerdings wurde er besonders zum Schutz vor Unwetterschäden angerufen und war somit vielleicht auch gegen eine verregnete Gerste- und Hopfenernte nützlich.

Bereits im 15. Jahrhundert setzte man fest, dass in Bier nur drei Dinge gehören: Hopfen, Malz und Wasser. Damit war man dem berühmten Reinheitsgebot von 1516 immerhin um ein Jahrhundert voraus.

Das Kölsch jedoch genoss trotzdem noch lange keinen besonderen Ruf. Bis zum Zweiten Weltkrieg dümpelte es vor sich hin. Fremde Biere aus der Umgebung, aber auch bayerische wurden bevorzugt. Erst in den 60er Jahren kam man auf den Geschmack. Plötzlich hieß es, Kölsch sei eben würziger als Export, aber nicht so bitter wie Pils, und damit gerade richtig.

1985 unterzeichneten alle Kölsch-Brauer die so genannte Kölsch-Konvention, in der zum Beispiel festgelegt ist, dass nur ein nach dem Reinheitsgebot hergestelltes helles, hochvergorenes, hopfenbetontes, blankes, obergäriges Vollbier als »Kölsch« bezeichnet werden kann. Und dass ein solches Bier (mit ganz wenigen Ausnahmen) nur im Stadtgebiet Kölns gebraut werden darf. Diese regionale Bindung hat es mit einem besonders edlen Getränk, dem Champagner nämlich, gemeinsam.

Außerdem wurde geregelt, dass dieses Bier normalerweise nur in den so genannten »Kölner Stangen« serviert werden darf, jenen zylindrischen Gläsern mit 0,2 Litern Inhalt, die uns im süddeutschen Raum zu dem zweifelhaften Ruf verholfen haben, dass wir unser Bier aus Reagenzgläsern trinken. Dabei ist das einfach eine Frage der Vernunft. Kölsch enthält wenig Kohlensäure und wird daher schnell schal. Deshalb serviert man lieber kleinere Mengen, füllt aber schnell nach.

Über drei Jahrzehnte hielt der Höhenflug des heimischen Bieres an. Erst in den 90er Jahren musste man wieder Einbußen verbuchen. Trotzdem werden noch immer ca. 1,5 Milliarden Gläser Kölsch jährlich produziert. Und, was nur wenige wissen: Der Bierverbrauch pro Kopf ist bei uns höher als in München! Erstaunlicherweise ist der Anteil der biertrinkenden Frauen bei uns ebenfalls höher. Vielleicht hängt das ja mit den schicken, schlanken Gläsern zusammen, mit denen sich, anders als mit einer »Maß«, auch eine zierliche Dame sehen lassen kann, ohne rot werden zu müssen?

St. Peter von Mailand über dem Eingang vom Früh-Brauhaus

Kölnisch Wasser

Das bestgehütete
Geheimnis Kölns

Zu Beginn des 18. Jahrhunderts war Köln eine Stadt voller Widersprüche. Auf der einen Seite herrschte abgrundtiefe Armut und wirtschaftliche Rezession, denn durch die Entdeckung Amerikas hatte der Handel mit Übersee erheblich an Bedeutung gewonnen. Dadurch verlor Köln seine Wichtigkeit als Binnenhafenstadt. Gleichzeitig verhinderten die alten Zunftregeln Flexibilität in Handwerk und Handel und damit den Fortschritt. Auf der anderen Seite gab es auch zu dieser Zeit die Schicht der Reichen und Privilegierten, die in kostbaren Rokoko-Gewändern rauschende Feste feierten.

Als der italienische Einwanderer Johann Maria Farina am 13. Februar 1709 seinem Unternehmen den klangvollen Namen »Johann Maria Farina gegenüber dem Jülichplatz gegr. 1709« gab, konnte er nicht ahnen, dass man von diesem Ereignis noch dreihundert Jahre später sprechen würde. In seinem Geschäft gegenüber vom Rathaus verkaufte er anfangs Luxusartikel aller Art, zu denen auch Parfüm gehörte. In unseren Breitengraden war man zu dieser Zeit nur schwere Düfte wie Moschus und Zibet gewöhnt, mit denen man versuchte, den eigenen Körpergeruch zu überdecken.

Farina 1709 Eau de Cologne im historischen Rosoli Flacon

Johann Maria Farina jedoch hatte in seiner Heimat gelernt, wie man fast reinen Alkohol destilliert, was es ihm ermöglichte, auch mit den sehr viel leichteren Citrusdüften zu experimentieren. Als er endlich eine Komposition aus Bergamotte, Cedrat, Limette, Orange und verschiedenen Kräutern entwickelt hatte, die seinen hohen Ansprüchen genügte, gab er ihr zu Ehren seiner neuen Heimat den Namen »Eau de Cologne«.

Das Kölnisch Wasser war geboren und wurde innerhalb kürzester Zeit bis weit über die Grenzen des Landes hinaus zur Sensation. Waren die Käufer anfangs noch vornehmlich Adlige und reiche Kaufleute aus der Kölner Gegend, so zählte die Firma Farina im Laufe der Zeit auch etliche gekrönte Häupter zu ihren Kunden, darunter Habsburger und Hohenzollern sowie die Familie Bonaparte, und Köln gelangte in den Ruf, eine Duftstadt zu sein.

Doch wer viel Erfolg hat, hat in der Regel schon bald die Konkurrenz am Hals. Mitte des 19. Jahrhunderts gab es in Köln bereits rund vierzig Kölnisch-Wasser-Produzenten. Nun hatte die Firma Farina allerdings ein gutes Werbeargument. Ihr Eau de Cologne wurde nach einer geheimen Familienrezeptur hergestellt. Also konnte auch nur ihr Produkt wirklich echt sein, denn woher sollten die anderen das Rezept haben?

Man hatte aber die Rechnung ohne die Schläue der Kölner Geschäftsleute gemacht. Die behaupteten nun einfach, um acht Ecken herum mit der Familie Farina verwandt zu sein oder zumindest einen Italiener dieses Namens im

Wissenswertes

Das neogotische Haus in der Glockengasse, im 19. Jahrhundert gebaut und nach dem Zweiten Weltkrieg wieder aufgebaut, ist noch heute beliebte Anlaufstelle für Touristen und Kölner, insbesondere wegen des Glockenspiels, das stündlich die »Marseillaise« (als Erinnerung an die Franzosen), »Es war einmal ein treuer Husar« (denn auf die Franzosen folgten in Köln die Preußen) und ein Volkslied spielt, während Figuren, die französische Soldaten darstellen, noch einmal den Bezug zum Firmennamen verdeutlichen.

Betrieb zu beschäftigen. Was sie in der Regel auch taten, denn der Name Farina heißt »Mehl« und ist etwa so häufig wie der deutsche »Müller«.

Trotzdem blieb die Firma Farina lange Zeit Marktführer, was vor allem darauf zurückzuführen ist, dass sie besonderen Wert auf die gleich bleibende Qualität ihrer Produkte legte. Da das Farina-Eau-de-Cologne ausschließlich aus natürlichen Essenzen hergestellt wird, die bei jeder Ernte unterschiedlich ausfallen, musste der Parfumeur eine »absolute« Nase haben, um sie so zu mischen, dass das Endergebnis nie anders roch. Die Konkurrenz hingegen nahm preiswerteren Alkohol und weniger sowie billigere Essenzen. Manche Hersteller priesen ihre Schöpfungen nun sogar als »Wunderwasser« gegen alle möglichen Krankheiten an, von der Pest bis zum Haarausfall.

Auch der Spekulant Wilhelm Mülhens kaufte sich 1803 die Namensrechte eines Pseudo-Farina, um sich neben dem Handel mit Wein, Mineralwasser und Seefisch sowie diversen Geldgeschäften nun ebenfalls an der lukrativen Parfümproduktion zu beteiligen. Er begann unter der Bezeichnung »F. Maria Farina gegenüber der Pferdepost« in der Glockengasse sein Kölnisch Wasser zu verkaufen. Mit großem Erfolg, denn auf der gegenüberliegenden Straßenseite befand sich die kaiserliche Postkutschenstation. Ähnlich wie heute die Touristen, strömten Anno dazumal die Reisenden in den Laden, entweder um sich ein Fläschchen zum persönlichen Gebrauch mitzunehmen oder um einem lieben Daheimgebliebenen ein Souvenir aus der Domstadt mitzubringen.

Da es zu dieser Zeit noch keinen Markenschutz gab, waren der Firma Farina weitgehend die Hände gebunden, was das Vorgehen gegen die »Etikettenschwindler« anging. In zahlreichen Prozessen insbesondere zwischen 1832 und 1835 gelang es zwar, einigen das Handwerk zu legen, doch war es kein Erfolg von Dauer. Ab Mitte des 19. Jahrhunderts ging Farina daher dazu über, auf den Etiketten neben dem Firmennamen auch die Adresse »gegenüber dem Jülichsplatz« (heute abgekürzt zu »Farina gegenüber«) abzudrucken.

1881 wurde schließlich auch der Firma Mülhens endgültig verboten, den Namen Farina zu nutzen. Da besann

Johann Maria Farina
gegenüber dem Jülich Platz

man sich auf ein historisches Ereignis aus der Geschichte des Stammhauses: Als 1794 der Kommandant der französischen Revolutionstruppen den Befehl gab, alle Häuser in Köln durchzunummerieren, konnte niemand wissen, dass damit ein weltweit bekanntes Markenzeichen aus der Taufe gehoben wurde. Wahrscheinlich schüttelte eher der eine oder andere verständnislos den Kopf, als ein Soldat schwungvoll die Hausnummer 4711 an das spätere Haus des Herrn Mülhens in der Glockengasse schrieb. Schließlich war man doch Jahrhunderte lang ohne so einen modernen Unsinn ausgekommen.

Nun lautete der Firmenname also »Eau de Cologne & Parfümerie Fabrik Glockengasse No. 4711 gegenüber der Pferdepost von Ferdinand Mülhens«. Ein bisschen umständlich waren sie schon, unsere Vorfahren.

Auch wenn die Firma inzwischen mehrfach den Besitzer gewechselt hat und seit einiger Zeit dem Aachener Parfüm-Unternehmen Mäurer & Wirtz gehört, kann man 4711 noch heute in der Glockengasse kaufen.

Wer sich allerdings für das älteste Kölnisch Wasser, erkennbar an der roten Tulpe auf dem Etikett, interessiert, sollte die wenigen Schritte bis zum Farina-Haus gegenüber dem Rathaus nicht scheuen, um den Vergleich zu machen. Farina ist heute ältester noch produzierender Duftfabrikant der Welt, mit einem eigenen, sehr interessanten Firmenmuseum in den Kellerräumen. Im Gegensatz zu Mülhens ist die Firma weiterhin in Familienbesitz. Johann Maria Farina wurde als wichtiger Kölner mit einer Statue am Rathausturm geehrt und gilt als »Vater der modernen Parfümerie«, da er der erste war, der nachweislich eine immer gleich bleibende Qualität anstrebte. Die von ihm geschaffene Bezeichnung »Eau de Cologne«, ursprünglich der Eigenname seines Duftes, ist mittlerweile zum Gattungsbegriff für alle Düfte auf Alkoholbasis mit leichter Essenz geworden.

Und allen anders lautenden Mythen und Legenden zum Trotz: Das Rezept des Farina-Duftes wurde niemals an Außenstehende weitergegeben und ist noch immer das bestgehütete Geheimnis Kölns. Manche Dinge ändern sich eben nie.

Das Farina-Haus – Geburtshaus des EAU DE COLOGNE mit Duftmuseum
Obenmarspforten 21, Öffnungszeiten: Mo-Sa 10:00 - 18:00 Uhr, So 11:00 - 16:00 Uhr

Die Revolutionszeit 1848

Revolution
auf Kölsch

Alle waren sie in Köln, die großen 48er Revolutionäre wie etwa Karl Marx, Friedrich Engels, Mathilde Franziska Anneke und ihr Mann Friedrich, Ferdinand Freiligrath und Robert Blum. Mit der Neuen Rheinischen Zeitung gründeten sie sogar eine Art »Zentralorgan« mit großer Ausstrahlung. Umso erstaunlicher ist es, wenn man hört, dass die Revolution hier kaum Spuren hinterließ.

Der Kölner ist eben zum Revoluzzer nicht geboren. Sein Leben ruht fest auf den drei Glaubensgrundsätzen »Et kütt wie et kütt«, »Et hät noch immer jot jejange« und »Jede Jeck is anders«.

Trotzdem gab es durchaus ein paar Versuche, die Menschen aus ihrer Gemütlichkeit aufzurütteln. Auch in Köln wurden Demonstrationen und Versammlungen abgehalten, demokratische Forderungen gestellt und revolutionäre Institutionen wie die »Bürgerwehr« geschaffen. Die Erfolge waren allerdings mäßig.

Am 3. März 1848 zogen immerhin über dreitausend Arbeiter vor das Rathaus, um dem Rat der Stadt die »Forderungen des Volkes« zum Beispiel nach allgemeinem Wahlrecht, Rede- und Pressefreiheit sowie unentgeltlicher Schulbildung vorzutragen. Der Rat aber lehnte alles rundheraus ab, das Militär trieb die Leute auseinander und die Anführer wurden verhaftet.

Das war indes erst der Anfang. Am 20. März gab es eine Versammlung im Café des Franz Stollwerck auf der Schildergasse, in deren Anschluss man zum Dom zog, um dort als Symbol der deutschen Einheit die schwarz-rot-goldene Fahne zu hissen.

Noch am selben Tag bildeten die Revolutionäre eine »Bürgerwehr«, deren Hauptaufgabe die Aufrechterhaltung von Ruhe
und Ordnung war.

Danach blieb es eine ganze Weile friedlich. Erst im Herbst
schlugen die Wogen noch einmal hoch. Am 13. September
versammelten sich auf dem Frankenplatz, der heute Breslauer
Platz heißt, fünftausend Menschen und wählten unter anderem Karl Marx und Friedrich Engels in einen so genannten
»Sicherheitsausschuss«.

Wenige Tage später, am 17. September, kamen achttau-
send Leute in Worringen zusammen, um eine »Rote Republik«
zu fordern.

Jetzt wurde es den Kölner Revolutionären doch ein wenig
mulmig. Sie hatten Angst vor dem preußischen Militär und
beschlossen, zu ihrem Schutz auf dem Alter Markt Barrikaden
zu bauen. Dafür wurde kurzerhand Holz von den Gerüsten
des Domes requiriert, der gerade einen Monat zuvor seinen
sechshundertsten »Geburtstag« gefeiert hatte. Dann verschanz-
ten sich die Aufständischen und warteten todesmutig auf die
Soldaten. Doch der Tag war lang und die Preußen ließen sich

Gedenktafel am Haus Heumarkt 65

Neue
Rheinische Zeitung
Organ der Demokratie

HIER BEFAND SICH VOM 28. AUGUST 1848
BIS 19. MAI 1849 DIE REDAKTION DER „NEUEN
RHEINISCHEN ZEITUNG". UNTER LEITUNG
VON KARL MARX WIRKTEN HEINRICH BÜRGERS,
ERNST DRONKE, FRIEDRICH ENGELS,
FERDINAND FREILIGRATH, GEORG WEERTH,
FERDINAND WOLFF UND WILHELM WOLFF
AN EINEM DER BEDEUTENDSTEN
BLÄTTER DER DEMOKRATISCHEN BEWEGUNG
IN DER REVOLUTION VON 1848/49

nicht blicken. Stunde um Stunde verging und nichts geschah. Am Ende passierte das Unfassbare: die Männer verschwanden nach und nach vom Platz, gingen nach Hause, um sich nach der Anstrengung einmal gründlich auszuschlafen, oder in die Kneipe, um die Ereignisse mit Freunden in aller Ruhe zu bereden.

Wieder einmal hatte die »kölsche Lösung« gesiegt, ganz nach dem Motto: »Wir wollen zwar die Revolution, aber bitte eine gemütliche. Schließlich sind wir doch alles nette Menschen hier.«

Im Dunkel der Nacht kamen preußische Soldaten und städtische Arbeiter, um die verwaisten Barrikaden abzuräumen.

Am 26. September wurde der Belagerungszustand über

Nicht für alle Kölner war die Revolution ein harmloses Abenteuer. Mancher ernsthafte Revolutionär kam ins Gefängnis, wurde ins Exil getrieben oder bezahlte mit dem Leben für seine Ideale. Robert Blum war einer von ihnen. Diese Gedenktafel an Groß St. Martin erinnert an ihn.

die Stadt verhängt und die Bürgerwehr aufgelöst. Die Revolution war vorbei.

Der Kamelle-Napoleon

Mit »Kamelle« zu Reichtum und Ruhm

Am 6. Juni 1815 wurde in Köln Franz Stollwerck geboren. Sein Vater war Wollspinner, die Mutter Tochter eines Brauers. Auch Franz entschied sich dafür, ein Handwerk zu erlernen. Er wurde Bäcker. Da er jedoch ein findiger Bursche und allem Neuen gegenüber aufgeschlossen war, reichte es ihm nicht, in Köln in die Lehre zu gehen. Er begab sich auf Wanderschaft und sah den Kollegen in Süddeutschland, der Schweiz, ja sogar in Paris ein wenig über die Schulter, ehe er im Juli 1839 den Bund fürs Leben schloss und kurz darauf in der Blindgasse in der Südstadt seinen eigenen kleinen Betrieb eröffnete.

Sein sehr vielfältiges Grundsortiment an Kölner »Mürbewaren«, feinen Obstkuchen, Schokoladen und auswärtigen Gebäcksorten erweiterte er bald um Konfekt, Marzipan, Dragées, diverse Bonbonsorten und etliches mehr. Sogar Christbaumbehang konnte man bei ihm bekommen!

Diese Vielfalt wussten die Kölner zu schätzen. Der Laden lief innerhalb kürzester Zeit so gut, dass Franz sein eigenes Haus und Grundstück in derselben Straße kaufen konnte. Seinen Laden nannte er schon längst nicht mehr einfach »Bäckerei«, sondern »Conditorei und Bonbonfabrik«.

Franz stellte übrigens nicht nur leckere Bonbons her, sondern auch gesunde. Während sich seine »Wurmkügelchen« nur mäßiger Beliebtheit erfreuten, waren die »Kölnischen Brustbonbons« der Renner.

Nun war er durchaus nicht der erste Nicht-Apotheker, der solche »Sanitätswaren« verkaufte. Auch anderweit wurde damals ein schwunghafter Handel mit allerlei Pillen, Tinkturen, Elixieren und »Lebenstabaken« getrieben. Doch wer Erfolg hat, braucht meist nicht lange auf Neider zu warten.

1845 kam es zu einem heftigen Streit mit den Apothekern, der sogar in aller Öffentlichkeit über die Zeitungen ausgefochten wurde. Schließlich riss Franz Stollwerck der Geduldsfaden und er wandte sich an die Regierung. Während die Franzosen auf einer strikten Offenlegung medizinischer Rezepturen (das Rezept der Brustkamellen war geheim!) bestanden und generell versucht hatten, den Arzneimittelverkauf zu reglementieren, sahen die Preußen das etwas lockerer. Außerdem hatte Franz sicher einige gute Bekannte in Regierungskreisen, denn schon etwas mehr als ein Jahr später avancierte er zum »Hoflieferanten« des in Düsseldorf residierenden Prinzen Friedrich von Preußen. Jedenfalls erreichte er (vielleicht sogar mit Hilfe des beliebten kölschen Hilfsmittels »Klüngel«) einen Ministerialerlass, nach dem es Konditoren erlaubt war, nunmehr alle Arten von »Hausmitteln«, die ohne ärztliche Verordnung erhältlich waren, zu vertreiben. Für die Apotheker eine Niederlage auf der ganzen Linie, während dem Siegeszug der Stollwerckschen Brustbonbons nichts mehr im Wege stand.

Die Industrialisierung machte rasante Fortschritte, Eisenbahn und Dampfschifffahrt erleichterten und beschleunigten den Verkehr – und Stollwerck war dabei. 1864 gab es für die gesunden Süßwaren bereits rund 900 Vertretungen in Deutschland und den meisten Ländern Europas. Scherzhaft nannten die Kölner ihren Franz nun den »Kamelle-Napoleon«. Doch dem stand der Sinn längst nach Höherem als der bloßen Bonbon-Produktion. Er betrieb verschiedene Cafés, Gastwirtschafts- und Theaterbetriebe, zu denen unter anderem das »Deutsche Kaffeehaus« auf der Schildergasse gehörte, das zum beliebten Treffpunkt der politisch Interessierten und Intellektuellen Kölns wurde. Später baute er es zum »Vaudeville-Theater« um, das für die Theaterentwicklung im Rheinland bahnbrechend war.

Das Schokoladenmuseum

Möglicherweise stiegen ihm diese Erfolge ein wenig zu Kopfe, denn Mitte der 1850er Jahre errichtete er in der Südstadt die »Königshalle«, ein riesiges Theater-, Konzert- und Ballhaus, das mit 2.400 Sitzplätzen entschieden eine Nummer zu groß war. Das war und blieb jedoch der einzige Misserfolg in seiner steilen Karriere. In den 1860er Jahren legte er das Haus still und baute es um. Wenig später wurden hier Bonbons, verschiedene Zuckerwaren, Schokolade,

Liköre und sogar Kölnisch Wasser produziert. Wenn man so will, war damit der Grundstein für die spätere Stollwerck-Fabrik gelegt, die ebenfalls in der Südstadt angesiedelt wurde.

Zwanzig Jahre lang hatte Franz Stollwerck alleine das Sagen in seiner Firma. Dann stiegen nach und nach seine Söhne mit ein und setzten die Erfolgsgeschichte auch im 20. Jahrhundert fort. Bis zum zweiten Weltkrieg war es ein florierendes Unternehmen. Doch in den 60er Jahren gab es eine schwere Krise. Anfang der 70er Jahre kam schließlich ein ebenfalls sehr findiger Kölner und gewitzter Geschäftsmann, Hans Imhoff, dem dümpelnden Unternehmen zu Hilfe. Und so, wie Franz Stollwerck schon Kultur und Wirtschaft erfolgreich verknüpft hatte, indem er sich in der Theaterszene engagierte, so hat auch Hans Imhoff diese Tradition fortgesetzt, als er Anfang der 90er Jahre das Imhoff-Stollwerck-Museum eröffnete, das bei den meisten Kölnern schon damals schlicht »Schokoladen-Museum« hieß.

Übrigens: auch wenn wir heute bei »Kamellen« meist an Karneval denken – Karnevalskamellen hat der »Kamelle-Napoleon« nie produziert!

Klüngel

Ein kölsches Phänomen

Man kann sich nicht lange in Köln aufhalten, ohne dem Begriff des »Klüngelns« zu begegnen. Und dann erlebt man etwas Erstaunliches. Fragt man nämlich diverse Kölner, was das denn sei, stellt man fest: Alle tun es, aber keiner weiß eigentlich so richtig, was es ist. Während die einen regelrecht ins Schwärmen geraten und es offensichtlich für eine Tugend halten, äußern die andern sich verächtlich und verdammen solches Tun in Grund und Boden. Erstere sind mit Sicherheit ziemlich blauäugig, während letztere meist Klüngel mit Filz und Korruption verwechselt haben. Wie fast immer, liegt die Wahrheit irgendwo in der Mitte. So hat etwa der ehemalige Oberbürgermeister Norbert Burger zu dem Thema gesagt: »Klüngel ist die Ausräumung von Schwierigkeiten im Vorfeld von Entscheidungen.« Und der frühere Direktor des Kölnischen Stadtmuseums, Max-Leo Schwering, hat es etwas einfacher so formuliert: »Amtliche Dinge erledigt man möglichst persönlich.«

Wissenswertes

Als die Mühlheimer Brücke gebaut wurde, war sie die größte Hängebrücke Europas. Doch auch heute noch ist sie ein imposantes Bauwerk.

Am besten aber kann man dieses kölsche Phänomen vielleicht mit einer kleinen Anekdote erläutern.

1927 begann man mit dem Bau der Mülheimer Brücke, in dessen Vorfeld sich seltsame Dinge getan hatten. Ursprünglich hatte sich an ihrer Stelle eine Schiffsbrücke befunden, die inzwischen veraltet war. Also wurde ein

Wettbewerb ausgeschrieben. Das vom Rat eingesetzte Preisgericht einigte sich auch schnell und ziemlich eindeutig mit 9:2 Stimmen auf das Modell einer Bogenbrücke.

Konrad Adenauer war damals Oberbürgermeister von Köln. Ihm gefiel die Entscheidung der Preisrichter überhaupt nicht, denn er favorisierte eine, wie er fand, sehr viel schönere Hängebrücke. Die war allerdings erheblich teurer, was bei der knappen Kasse der Stadt zu dieser Zeit ein nicht zu vernachlässigender Faktor war. Was tun?

Adenauer sprach persönlich mit einigen Stadtverordneten und versuchte, ihnen seine Entscheidung schmackhaft zu machen, was nicht einfach war. Dabei schreckte er nicht einmal davor zurück, die Kommunisten für sein Projekt zu gewinnen. Ihnen erklärte er hinter verschlossener Tür, dass in Moskau und Leningrad auch nur noch Hängebrücken gebaut würden. Offensichtlich ein schlagendes Argument, denn der Stadtrat stimmte mit knapper Mehrheit für das von Adenauer vorgeschlagene Modell. Entscheidend waren dabei die Stimmen der Kommunisten.

Unterm Strich hatten alle etwas davon. Die Kommunisten forderten, dass die Aufträge für den Bau an Kölner Firmen vergeben und vor allem die Arbeitsplätze beim Kabelhersteller Felten & Guilleaume gesichert werden sollten, was auch geschah. Damit wurde letztendlich die Kölner Wirtschaft wieder ein bisschen gefördert, denn die Bogenbrücke hatte von Krupp in Essen gebaut werden sollen.

Die Kölner bekamen die damals größte und angeblich auch schönste Kabelhängebrücke Europas, worauf sie mit Recht stolz sein konnten.

Und Adenauer hatte seinen Willen durchgesetzt. Oder, wie er es selber einmal gesagt hat: »So is dat bei uns, mer kennt sich un mer hilft sich.«

»Es wechselt
die Geschichte,
die Sage bleibt
sich treu.«

Adelbert von Chamisso

Kardinal Frings

Fringsen ist erlaubt!

Schon seit der Zeit Annos haben die Kölner ein schwieriges Verhältnis zu ihren Erzbischöfen. Nur einem einzigen Mann ist es bislang gelungen, dieses Muster zu durchbrechen und die Herzen der Menschen im Fluge zu erobern.

Joseph Frings wurde 1887 in Neuß geboren. 1942, also mitten im Krieg, wurde er Erzbischof von Köln. Schon als Pfarrer hatte er die Auseinandersetzung mit den Nazis nicht gescheut. Diese verboten daher jegliche Berichterstattung über den Weihegottesdienst im Dom, zu dem aber trotzdem etwa 20.000 Menschen kamen. 1944 hielt Frings eine deutliche Predigt gegen die Verfolgung und Ermordung der Juden.

Doch es ist nicht die mutige politische Haltung des Erzbischofs, die den Kölnern in Erinnerung geblieben ist. Auch nicht sein enormes kirchliches Engagement bei der Modernisierung der Kirche durch das Zweite Vatikanische Konzil oder als Gründer der beiden großen Hilfsorganisationen Misereor und Adveniat. In Köln lebt er weiter in den kleinen Alltagsanekdoten, die ihn als typischen, humorigen Rheinländer, aber auch klugen Menschenkenner zeichnen.

So gibt es etwa die Geschichte von der Prozession, bei der Frings einen kleinen Jungen am Wegrand stehen sieht, der, dem frommen

Wissenswertes

Noch heute schaut der beliebte Erzbischof den Kölnern mit seinem typischen verschmitzten Lächeln bei ihrem Treiben zu. Das Denkmal für Kardinal Frings steht auf dem Laurenzplatz, ganz in der Nähe vom Rathaus.

Ereignis natürlich völlig unangemessen, beide Hände in den Hosentaschen stecken hat. Da schwenkt der Erzbischof einfach aus, geht auf den Jungen zu, schüttelt ihm die Hand und fragt freundlich: »Häss do immer de Häng in de Täsch?«

Ein andermal treten zwei Kinder verlegen auf der Straße zu ihm und sagen: »Mer kenne Üch!« Worauf er im Verschwörerton antwortet: »Dann sagt et ävver keinem wigger!«

Kein Wunder also, dass man ihn liebevoll einfach nur »unseren Frings« oder sogar »ons Jüppche« nennt.

Am bekanntesten aber dürfte wohl ein kleiner Abschnitt aus seiner Silvesterpredigt von 1946 sein. Köln lag in Trümmern. Es war ein harter Winter. Die Menschen hatten kaum zu essen und noch weniger Heizmaterial. Statt dessen mussten sie zusehen, wie mit Kohle hoch beladene Züge durch die Stadt Richtung Ausland rollten. Um nicht zu erfrieren, begann man, den »Klüttenklau« zu organisieren. Wenn die Güterzüge anhielten, sprangen einige Leute hinauf und warfen den anderen so viel Kohle hinunter, wie sie konnten.

Rechtlich gesehen Diebstahl. Frings sah das anders. Wortwörtlich sagte er in seiner Predigt: »Wir leben in Zeiten, wo in der Not auch der einzelne das wird nehmen dürfen, was er zur Erhaltung seines Lebens und seiner Gesundheit notwendig hat, wenn er es auf andere Weise, durch seine Arbeit oder durch Bitten nicht erlangen kann.«

Den Kölnern fiel ein Stein vom Herzen. Schließlich hatte ihnen, nach ihrer Interpretation, der Erzbischof damit einen Freibrief für »Klüttenklau« und »Organisieren« ausgestellt. Auch wenn man sich vor der Polizei noch immer in Acht nehmen musste, um sein Seelenheil brauchte man nun nicht mehr zu fürchten! Und prompt wurde ein neues Wort geprägt: »fringsen«. Das »Wörterbuch der deutschen Umgangssprache« erklärt diesen Begriff folgendermaßen: »in der Not zur Selbsthilfe greifen, auch bei offenem Verstoß gegen behördliche Anordnungen«.

1969 legte Frings, zum großen Bedauern seiner Schäflein, aus Altersgründen sein Amt nieder, blieb aber auch weiterhin, trotz zunehmender Gesundheitsprobleme, in der Kirche aktiv. 1978, im hohen Alter von einundneunzig Jahren, starb er.

JOSEF
KARDINAL
FRINGS

ERZBISCHOF VON KÖLN
1942 – 1969.

Das Denkmal für den beliebten Erzbischof (Laurenzplatz)

Tünnes und Schäl, Willy Millowitsch

Die zwei Seelen des Kölschen

Es gibt Häschenwitze, Ostfriesenwitze, Witze mit Klein-Fritz-chen und Klein-Erna, aber auch Tünnes-und-Schäl-Witze. Das besondere an letzteren ist, dass sie in der Regel auf Kölsch erzählt werden und eigentlich Witze von Kölnern über Kölner sind, denn man lacht bei uns gerne über sich selbst. Gerade das aber macht es so schwer, Nicht-Einheimischen das Wesen dieser beiden Gestalten nahe zu bringen. Fangen wir also am Anfang an. Wo kommen die beiden eigentlich her?

1803 gründete der Bonner Schneider Johann Christoph Winters in Köln das Hänneschen-Theater. Dieses Stockpup-pentheater existiert noch heute und befindet sich nach meh-reren Umzügen nun schon seit vielen Jahren am Eisenmarkt in der Altstadt. Stockpuppen sind so eine Art »Marionetten von unten«, denn statt dass die Figuren durch Fäden von oben bewegt werden, geschieht dies durch Stäbe.

Einer der ersten Akteure im Hänneschen-Theater war der Tünnes. Der Name ist die kölsche Variante von »Anton«, wird aber gleichzeitig oft als Synonym für »dumm« verwendet. Wenn also jemand über einen anderen sagt: »Man, dat is ne Tünnes!«, dann heißt das in etwa: »Mein Gott, ist der doof!« Anders als bei »dumm« oder »doof« schwingt bei »Tünnes« noch ein gewisses Wohlwollen mit. Dummheit kann durch-aus manchmal liebenswert sein.

Im Hänneschen-Theater ist Tünnes daher ein sympathi-scher Tölpel, der ganz gerne schon mal einen über den Durst trinkt, wie man an seiner großen roten Nase leicht erkennen kann. Noch heute trägt er die gleiche Kleidung wie vor fast zweihundert Jahren: einen blauen Kittel, helle Hose, rotes Halstuch und Holzschuhe. So sahen früher die Fuhrleute aus,

die den Kohl in die Stadt brachten. Mit Tünnes alleine kann man allerdings noch keine guten Witze machen. Er braucht einen Gegenspieler. Und der kam ausgerechnet vom verhassten rechten Rheinufer!

Herr Winters konnte von seinem Theater mehr schlecht als recht leben, als Mitte des 19. Jahrhunderts Konkurrenz am Horizont, oder besser gesagt: in Deutz, auftauchte. Dort ließ sich ein Einwanderer aus Küstrin nieder, der seinen Namen mit »Franz Millewitz« und als Beruf »Spezereikrämer« angab. Tatsächlich zeigte sich jedoch schon bald, dass ihm die Unterhaltungsbranche eher lag. Daher wollte er gerne in Köln ebenfalls ein Stockpuppentheater aufmachen, was ihm die Behörden allerdings mit dem Hinweis darauf verweigerten, dass es bereits ein solches gebe. Herr Winters durfte sich also erst einmal die Schweißperlen von der Stirn wischen und aufatmen. Allerdings nicht für lange.

1843 wandte sich Millewitz an den Oberpräsidenten der Rheinlande in Koblenz mit der Bitte, ihm den Betrieb einer Puppenbühne »in einer gewissen, allenfalls zu bestimmenden Entfernung von der Stadt« zu erlauben. Das wurde ihm auch gestattet.

Und was war »eine gewisse Entfernung von der Stadt«? Nun, als Niemandsland zwischen Deutz und Köln traf diese etwas schwammige Beschreibung hervorragend auf die Schiffsbrücke zu, die rechtes und linkes Rheinufer miteinander verband. Dort trat Herr Millewitz schon bald als Bauchredner und Harmonikaspieler, aber auch mit einem Stockpuppentheater auf.

Schlussapplaus im Hänneschen-Theater

Er hatte einen strategisch ausgesprochen günstigen Standort und erwies sich als wesentlich talentierter als der Betreiber des Hänneschen-Theaters, was diesen zu einem äußerst kreativen Wutanfall trieb. Winters schuf die Gestalt des Schäl.

»Schäl« bedeutet »schielend«. Was erklärt, warum dem armen Kerl die Augen so überkreuz stehen, dass es schon weh tut, ihn nur anzusehen.
»Schäl Sick«, also »schielende Seite«, nennt der Kölner aber auch das rechte Rheinufer. Woher dieser Name rührt, ist nicht mehr ganz zu klären. Am wahrscheinlichsten klingt es, dass er aus dem Mittelalter stammt, als Treidelpferde, die Scheuklappen trugen, die Schiffe rheinaufwärts ziehen mussten. Angeblich sagten die reichen Kölner, die natürlich auf die kleinen »Käffer« auf dem gegenüberliegenden Ufer herabsahen, dann gerne: »Wenn die die andere Rheinseite sehen wollten, müssten sie ja schielen können!«

Als sei der Silberblick nicht schon schlimm genug, verpasste Herr Winters seinem Schäl auch noch die Gesichtszüge seines Konkurrenten und einen richtig schön »fiesen« Charakter. Schäl ist der kleine Ganove mit großen Ambitionen, immer wieder auf der Suche nach einer neuen Gaunerei, wobei ihm die schielenden Augen eher hilfreich als

Wissenswertes

Was die beiden sich wohl gerade zu sagen haben? Womöglich erklärt Schäl ja gerade: »Tünnes, weißte, de Lück sin hückzodag vill zo hektisch. Ävver ich maachen alles met der Ruhe: et Essen, et Sprechen, de Steuer ...« Und Tünnes fragt: »Saach, jit et dann ja nix, wat bei deer flöck geht?« Die Antwort: »Endoch. Ich wähden schnell mööd.«

hinderlich sind, da er doch so in zwei Richtungen gleichzeitig spähen kann, ob sich irgendwo eine günstige Gelegenheit für ihn bietet.

Tünnes und Schäl wurden schnell zu einer Art »Traumpaar«. Einerseits wird durch die Bauernschläue des einen die Einfältigkeit des anderen hervorgehoben, andererseits bringt Tünnes gerade durch seine Schlichtheit die fein gesponnen Pläne seines Freundes oft zum Scheitern.

Und das, so behaupten manche, sei das Wesen des Kölners. Er sei getrieben von zwei Seelen, deren eine Tünnes, die andere Schäl heißt. Dem liebenswerten, umgänglichen, trinkfreudigen Kölner begegnet man besonders im Karneval oder abends an der Theke der »Weetschaff op d'r Eck«. Er ist mit jedem schnell per Du, gibt gerne einen aus, ist hilfsbereit, gemütlich, optimistisch und erzählt einem ohne besonderen Grund seine halbe Familiengeschichte.

Doch wer mit demselben Menschen am nächsten Morgen zu tun hat, der begegnet möglicherweise einem harten Geschäftsmann, der jeden Winkelzug kennt und nur seinen eigenen Vorteil oder vielleicht noch den seiner Heimatstadt im Auge hat.

Erst wer mit beiden zu tun hatte, mit Tünnes und mit Schäl, darf von sich sagen, dass er den Kölner kennt.

Winters starb 1862, das Hänneschen-Theater aber lebte weiter – ausgerechnet unter der Regie von Franz Millewitz, der nun endlich nach Köln umziehen konnte und sich sogar ganz dreist als »ersten rechtmäßigen Nachfolger von Chr. Winters« bezeichnete. Das mit dem »rechtmäßig« war eine Idee, die ihm wahrscheinlich Schäl eingeflüstert hat.

Seinen Konkurrenten hat er nur um zehn Jahre überlebt. Die Familie änderte ihren Namen in Millowitsch und sorgt nun schon seit über hundertfünfzig Jahren dafür, dass die Kölner immer etwas zu lachen haben. Das Stockpuppentheater haben sie allerdings schon längst aufgegeben. An die Verbindung erinnert nur noch das Denkmal für den berühmtesten, vor wenigen Jahren verstorbenen Vertreter der Familie, Willy Millowitsch. Es wurde, damit er auch selber noch etwas davon hatte, schon zu seinen Lebzeiten errichtet. Und zwar auf dem Eisenmarkt, direkt vor dem Hänneschen-Theater.

»Wie klingen sie

lieblich,

wie klingen sie

süss,

die Märchen

der alten Amme.«

Heinrich Heine

2

Es war einmal

Marsilius

Kölner Frauen –
starke Frauen

Kaiser Nero hatte sich das Leben genommen, was nur wenige bedauerten. Doch wer sollte das riesige römische Weltreich nun zusammenhalten und regieren? Darüber gingen die Meinungen weit auseinander. So weit, dass das Reich beinahe daran zerbrochen wäre. Fast gleichzeitig waren bereits an drei verschiedenen Orten Männer zum Kaiser ausgerufen worden. Nun war es auch in Köln so weit.

Vitellius war bisher als Statthalter der Provinz Niedergermanien der Stellvertreter des Kaisers gewesen. Er lebte in einem großen Palast, den man »Praetorium« nannte.

Allerdings gingen die Ansichten der Menschen über ihn sehr weit auseinander. Da gab es einerseits die Legionäre, die ihn liebten, weil er zu ihnen immer freundlich und großzügig war. Obwohl selbst ein Adliger, begrüßte er auch den einfachsten Soldaten so herzlich, als sei der sein bester Freund, und fragte nach, ob er vielleicht irgendeinen Kummer oder Wunsch habe, bei dem er helfen könne. Kürzlich hatte er sogar eine Solderhöhung für die Soldaten durchgesetzt.

Andererseits gab es die Bürger, die hinter vorgehaltener Hand schimpften, dieser Vitellius sei ein ganz übler Bursche, der nur aus Berechnung zu den Soldaten so nett sei. Denn wer im Reich die Soldaten hinter sich hatte, der konnte es zu etwas bringen. Die einfachen Leute aber seien diesem Mann vollkommen egal.

Auch in Köln wurde in dieser Zeit heftig darüber diskutiert, wer wohl Neros Nachfolger werden würde. Während die Stadtbewohner meinten, das sei Sache Roms und solle lieber dort entschieden werden, waren sich die Soldaten schnell einig, dass nur Vitellius es wirklich verdient hatte, Kaiser zu

werden. Es dauerte einige Tage, bis aus dieser Meinung ein fester Beschluss geworden war. Doch eines Abends, nachdem sie sich gegenseitig Mut gemacht hatten, ging eine Gruppe von ihnen zum Marstempel. Im Heiligtum des Kriegsgottes wurde das Schwert von Julius Caesar aufbewahrt, dem ersten römischen Kaiser. Wenn einem die Ehre gebührte, dieses Schwert zu tragen, dann wohl Vitellius! Davon ließ sich schließlich sogar der Hohepriester überzeugen, der es den Soldaten übergab, damit sie es zu ihrem Statthalter bringen konnten.

Unter lautem Jubel zogen sie nun zum Praetorium, stürmten an verdutzten Dienern vorbei durch den Palast und fanden Vitellius schließlich in seinem Schlafzimmer. Feierlich riefen sie: »Der Kaiser ist tot! Es lebe der Kaiser! Hoch Kaiser Vitellius!« Dann überreichten sie dem Statthalter, der ganz überrascht in seinem Schlafgewand vor ihnen stand, das Schwert des großen Caesar als Zeichen seiner neuen Würde.

Proteste nützten nichts: So, wie er war, hoben sie ihn auf die Schultern, und im Triumphzug ging es durch die Stadt. Überall schlossen sich Leute an, die mitfeiern wollten.

Plötzlich gellte ein Schrei durch die Straße: »Feuer! Seht doch: der Palast brennt!«

Vitellius wurde unsanft abgesetzt und schon rannten alle in Richtung Praetorium, wo man dunkle Qualmwolken am Himmel erkennen konnte.

Zum Glück war es nur ein kleiner Brand. Ein Holzscheit war aus dem Kamin gefallen, und da fast alle Diener mit den Soldaten mitgezogen waren, hatte man das Feuer erst spät entdeckt. Doch mit ein paar Eimern Wasser wurde auch der letzte Funken gelöscht.

Manche allerdings murmelten, dass das sicher ein schlimmes Zeichen für den frischgebackenen Kaiser sei. Es werde wohl kein gutes Ende mit ihm nehmen …

Vitellius tat in dieser Nacht kein Auge mehr zu, sondern schmiedete Pläne für die nächste Zukunft. Am folgenden Morgen sammelte er seine treuesten Soldaten um sich und teilte ihnen mit, dass er die Garnison in Bonn besuchen wolle, um dann mit Verstärkung von dort nach Rom zu ziehen. Gesagt, getan.

Kaum hatte er jedoch die Tore Kölns hinter sich gelassen, machten viele Kölner ihrem Unmut Luft. Da nur noch wenige Soldaten in der Stadt waren, trauten sich die Leute jetzt, laut ihre Meinung zu sagen. Als seinen Vertreter hatte Vitellius einen jungen Hauptmann namens Marsilius eingesetzt, der wegen seiner Klugheit und Vernunft bei allen Kölnern beliebt war.

Marsilius achtete genau darauf, was von den Leuten auf der Straße geredet wurde, denn er wusste, dass in vielem, was man da hörte, zumindest ein wenig Wahrheit steckte. So wurde ihm sehr schnell klar, dass der Statthalter tatsächlich oft hart und ungerecht geurteilt und gehandelt und die Legionäre nur umschmeichelt hatte, weil ihm ihre Unterstützung nutzen konnte.

Er berief eine Versammlung der ältesten und angesehensten Männer der Stadt ein und beriet mit ihnen, was zu tun sei.

Ein Bote wurde zu Vitellius gesandt, um ihm mitzuteilen, dass die Kölner ihn nicht weiter unterstützen würden. Als dieser Bote nach drei Tagen nicht zurückgekehrt war, verfinsterten sich die Mienen der Menschen, denn das hieß, dass er wahrscheinlich getötet worden war. Und das wiederum bedeutete, dass Vitellius gegen Köln in den Krieg ziehen würde.

Sorgenvoll wurden die Kornspeicher gefüllt und Vorräte angelegt, als stünde ein harter Winter vor der Tür. Die Stadttore wurden geschlossen, die Riegel geprüft, die Wachen verstärkt.

Wissenswertes

Am Gürzenich ist Marsilius in Ritterrüstung dargestellt. Zwar gab es in der Römerzeit noch keine Ritter, doch im Mittelalter wollte man durch die zeitgenössische Kleidung deutlich machen, dass die Vergangenheit in der Gegenwart weiterlebt: Hätte Marsilius damals nicht die Stadt gerettet, gäbe es heute kein Köln mehr.

Keinen Moment zu früh waren die Vorbereitungen abge-schlossen, denn schon kündete eine Staubwolke am Horizont das Nahen der Feinde an. Voller Wut stürzten sie sich auf die Stadt, nur um festzustellen, dass ihre Mauern standhielten wie ein Fels in der Brandung. Von oben prasselten die Pfeile der verzweifelten Kölner herab und kosteten manchen das Leben. Stunden später begriff Vitellius schließlich, dass er Köln so nie-mals erobern konnte. Aber die Vorräte in der Stadt würden nicht ewig reichen. Und hungrige Menschen sind leichte Beute.

Das feindliche Heer richtete sich also auf eine Belagerung ein. Zelte wurden gebaut, die Verwundeten versorgt und die Toten beerdigt.

Als bei Einbruch der Dämmerung die ersten Lagerfeuer entfacht wurden, loderten auf der Stadtmauer Wachtfeuer auf. Hämisch lachten Vitellius' Soldaten und riefen zu den Einge-schlossenen hinüber: »Na, habt ihr Angst, dass wir euch im Dunkeln überfallen? Keine Sorge. Wir warten einfach ab, bis ihr euch vor Hunger nicht mehr rühren könnt. Dann kommen wir und pflücken euch von der Mauer wie reife Pflaumen!«

Marsilius strich durch die Straßen wie ein unruhiger Schat-ten. Überall sah er die Spuren des Krieges. Brandpfeile hatten Dächer in Flammen gesetzt, und einige Häuser waren bis auf die Grundmauern abgebrannt. An manchen Orten hörte er leises Weinen, an anderen lautes Jammern. Römer hatten Rö-mer getötet an diesem Tag. Auf beiden Seiten.

Mütter, die ihn bei seinem Streifzug sahen, drückten ihre Kinder ein wenig fester an sich. Männer senkten den Blick zu Boden. Hatte er das Richtige getan? Hatte er das Recht ge-habt, diese Stadt in solches Elend zu führen?

In einem Hauseingang standen ein paar Frauen und un-terhielten sich. Er schnappte einige Sätze auf.

»Männer! Immer nur kämpfen, um jeden Preis.«

»Ja, und wenn sie dann heimkommen, wollen sie hören, wie tapfer sie uns verteidigt haben. Und wer redet von uns?«

»Finde ich auch. Wir dürfen ihnen die Wunden verbinden und sie gesund pflegen, damit sie sich in den nächsten blöd-sinnigen Kampf stürzen können. Und wenn sie sterben oder schwer verletzt werden, dann können wir sehen, wo das Geld herkommt!«

»Aber ihre Kinder dürfen wir gebären und großziehen!«

»Und in Notzeiten sehen, wie wir mit unseren mageren Vorräten die Familie satt bekommen!«

»Ich will euch mal was sagen: was wir tun, das ist viel schwerer, als sich gegenseitig die Köpfe einzuschlagen. Aber das wird keiner von denen je begreifen.«

Die Frauen schwiegen. Sie hatten den Hauptmann entdeckt. Finster blickten sie hinter ihm her, als er an ihnen vorbei die Straße hinunter ging. Marsilius hatte das Gefühl, dass ihm diese Blicke wie glühende Kohlen im Nacken brannten.

Tage vergingen. Aus den Tagen wurden Wochen. Das Lachen der Kinder verstummte in den Straßen. Keiner hatte genug zu essen. Die Kölner wurden immer mutloser. Und dann kam die furchtbare Nachricht: »Wir haben kein Holz mehr!« Kein Holz – das bedeutete keine Wachtfeuer bei Nacht. In den dunklen Stunden würden die geschwächten Menschen für den Feind leichte Beute sein.

War es nicht besser, sich einfach zu ergeben? Vielleicht würden dann zumindest die Frauen und Kinder verschont.

Wieder rief Marsilius die Ältesten der Stadt zu sich, um mit ihnen zu beraten, was zu tun sei. Einer der Männer räusperte sich.

»Also, meine Frau meinte, wir haben noch ein paar Truhen, die wir nicht unbedingt brauchen ...«

Ein anderer fiel ein: »Wir haben so viele Tische. Da können wir einige entbehren ...«

Alle waren aufgeregt. Vielleicht würden die mit diesem Holz erkauften Tage ja etwas nützen. Vielleicht würde Vitellius die Geduld verlieren und abziehen. Vielleicht ...

Marsilius ließ in der ganzen Stadt verkünden, dass alle Holzgegenstände, die entbehrlich waren, auf dem Forum zusammengetragen werden sollten, um mit ihnen die Wachtfeuer weiter unterhalten zu können.

Es war erstaunlich, wie viel dabei zusammenkam. Kisten, Truhen, Regale, Tische, Fässer – alles, was nicht niet- und nagelfest war, wurde angeschleppt.

Einmal beobachtete Marsilius dabei ein altes Ehepaar. Die beiden brachten eine große Truhe herbei, die mit allerhand Holzgegenständen gefüllt war, die sie auf den großen Stapel in der Platzmitte schütteten. Plötzlich bückte sich der Mann nach einem geschnitzten Kästchen. »Nicht das. Das ist noch von meinem Großvater …«

Wütend entriss die Frau es ihm und warf es wieder auf den Haufen.

»Dinge kann man ersetzen. Menschen nicht. Und wenn dieser unnütze Staubfänger helfen kann, deinem Enkel das Leben zu retten, dann soll es mir recht sein!«

Doch wie groß die Opfer auch sein mochten, die die Menschen brachten – Vitellius rührte sich nicht von der Stelle. Und es kam, wie es kommen musste. Das Holz ging erneut zur Neige. Den Menschen stand die Verzweiflung ins Gesicht geschrieben. Marsilius hatte sich traurig in sein Haus zurückgezogen, um nachzudenken. Vielleicht konnte er ja alle Schuld auf sich nehmen. Vielleicht würde Vitellius dann das Volk verschonen. Vielleicht …

Auf leisen Sohlen kam sein Diener ins Zimmer.

»Mein Herr, jemand möchte euch sprechen.«

»Ach, Caius, schick ihn weg. Ich will niemanden sehen.«

»Aber … es ist eine Dame, Herr.«

»Eine Dame?«

Erstaunt folgte er seinem Diener. Tatsächlich, im Empfangsraum stand eine tief verschleierte Frau. »Wer seid Ihr? Und was wollt Ihr von mir?«

»Mein Name tut nichts zur Sache.« Die Frau hatte eine tiefe, wohlklingende Stimme, die ans Befehlen gewöhnt schien. Wahrscheinlich eine Adelige.

»Ich bin gekommen, Euch einen Vorschlag zu machen, wie Köln noch zu retten sein könnte.«

Bitter lachte Marsilius auf. »Was bildet Ihr Euch ein, Frau? Meint Ihr, da, wo Feldherren keinen Ausweg mehr sehen, könnt Ihr mit Eurem Küchengeschwätz etwas bewirken?«

»Seht Euch vor, junger Mann!« zischte ihn die Verschleierte wütend an. Doch schon einen Augenblick später hatte sie sich gefasst. »Wenn Euch mein Vorschlag gefällt, dann sagt meinetwegen allen, es sei Eure Idee gewesen. Euch halte ich für vernünftig genug zu erkennen, ob der Plan etwas wert ist oder nicht. Andere Männer würden sich den Plan einer Frau wahrscheinlich nicht einmal anhören.«

Marsilius nickte. Was hatte Köln schon noch zu verlieren? Er wusste, ebenso wie die Ältesten, keinen Rat mehr. Warum also nicht anhören, was die Frau zu sagen hatte. Er bedeutete ihr zu reden. Lange hörte er zu, ohne ein Wort zu sagen. Seine anfangs ernste Miene hellte sich auf. Schließlich zuckte ein Lächeln um seine Mundwinkel. Er holte tief Luft: »So könnte es gehen! Wie seid Ihr nur auf eine so kluge Idee gekommen?«

»In der Küche hat man genug Zeit zum Nachdenken«, gab die Frau kühl zur Antwort, drehte sich um und verschwand durch die Tür im Dunkel der Nacht.

Am nächsten Morgen schickte Marsilius Boten durch die Stadt und befahl allen Bürgern, sich mit ihren Frauen auf dem Forum einzufinden. Mit den Frauen? So etwas hatte es noch nie gegeben! Seit wann brauchte man denn Frauen, wenn es um die Entscheidung über Wohl und Wehe der Stadt ging? Aber, wenn der Hauptmann befahl, dann hatte man zu folgen.

Gegen Mittag endlich waren fast alle Kölner und Kölnerinnen versammelt. Und nun eröffnete Marsilius ihnen seinen Plan.

»Hört, Bürger dieser Stadt! Vielleicht gibt es noch Rettung für uns. Mein Plan ist sicher ungewöhnlich, aber er könnte funktionieren.«

Zuerst lauschten die Leute wie gebannt, doch schon nach den ersten Sätzen erhob sich lautes Protestgeschrei unter den Männern.

»Das können wir unseren Frauen nicht zumuten! In solche Gefahr dürfen wir sie nicht schicken! Das ist gegen unsere Ehre!«

»Ruhe!« donnerte Marsilius über den Platz. »Habt ihr schon darüber nachgedacht, was eure Ehre noch wert ist, wenn die Stadt in Schutt und Asche liegt und eure Frauen und Kinder verschleppt werden? Wir haben nur diese eine Chance. Also: Sollen wir sie nutzen? Ja oder Nein?«

Ein helles, lautes »Ja!« scholl ihm aus Hunderten von Frauenkehlen entgegen. Überrascht sahen die Männer sich an, ehe sie mit entschieden weniger Begeisterung in den Chor einstimmten.

Marsilius' Mundwinkel zuckten verdächtig. »Gut. Dann wisst ihr ja, was ihr jetzt zu tun habt.«

Im Nu leerte sich der Platz. Zwei Stunden später stellten sich vor den Portalen im Westen der Stadt zwei Truppen auf. Der einen stattete Marsilius nur einen kurzen Besuch ab.

»Ihr seid Soldaten und wisst, was zu tun ist. Das Wichtigste ist, dass ihr zur rechten Zeit die Stadt verlasst. Ich vertraue auf euch!«

Die Männer nickten. Einige stießen sogar ein paar zaghafte Jubelschreie aus, doch Marsilius hatte sich schon abgewendet und war auf dem Weg zu seiner zweiten Truppe.

Dort angekommen, bot sich ihm ein seltsames Bild. Auf den ersten Blick sah zwar alles normal aus, doch wer genau hinschaute, entdeckte, dass die Schlachtordnung erheblich zu wünschen ließ, viele Soldaten um einiges kleiner waren als üblich und außerdem durch schlecht sitzende Kleidung und Rüstung auffielen. Ein Soldat bückte sich, um den Riemen seiner Sandale fester zu schnüren. Dabei fiel ihm der Helm vom Kopf. Darunter quollen lange, dunkle Haare hervor. »Oh, öhm, `Tschuldigung auch, Herr Hauptmann«, sagte die junge Frau errötend und stülpte sich schnell den Helm wieder über.

Marsilius bekam einen Lachanfall und ließ sich, bis er wieder zu Atem gekommen war, auf eine alte Tonne sinken. »Dass mir das bloß nicht nachher passiert«, brachte er schließlich mit Mühe hervor.

Endlich hatte er sich soweit gefasst, dass er seine Anweisungen geben konnte.

»Stellt euch um die Wagen herum auf. Habt ihr ein paar Äxte dabei? Gut. Es soll ja schließlich so aussehen, als ob wir zum Wäldchen wollen, um unseren Holzvorrat aufzufüllen. Was ist unter den Decken? Ah, noch mehr Waffen! Ihr wisst, was ihr zu tun habt?«

Alle nickten eifrig, wobei einige vorsichtshalber ihren Helm festhielten.

»In Ordnung. Dann – wagen wir es!« Auf sein Zeichen wurde das Portal geöffnet und die seltsame Gruppe setzte sich zielstrebig in Richtung Wald in Bewegung.

Augenblicklich kam Unruhe in das Heerlager der Feinde. Hörner erklangen und Soldaten liefen hastig zu den Zelten, um ihre Rüstungen anzulegen. In Windeseile formierten sich Truppen.

Siegessicher rief Vitellius seinen Leuten zu: »Jetzt haben wir sie! Das müssen fast alle Soldaten sein, die ich zurückgelassen habe. In ihrem geschwächten Zustand sind sie auf offenem Feld leichte Beute für uns. Und wenn sie versuchen, zurück in die Stadt zu fliehen, dann sind wir ihnen dicht auf den Fersen. Diesmal werden sie uns nicht aus der Stadt aussperren können. Diese Narren! Los, zeigt ihnen, dass des Kaisers Legionäre kämpfen können!« Mit lautem Geschrei stürzten die Belagerer sich auf das kleine Häuflein Soldaten. Den Sieg schon vor Augen hoben sie bereits die Waffen, als von hinten ein Schrei ertönte: »Beim Jupiter! Wo kommen die denn her?!«

Einige drehten sich unwillkürlich um und stolperten entsetzt über ihre eigenen Füße. Woher kam denn plötzlich das zweite Heer, das sie von hinten angriff?

Niemand hatte mehr auf die Stadttore geachtet. Das machten sich Marsilius' Leute zu nutze und fielen den feindlichen Soldaten unbemerkt in den Rücken.

Denen fuhr der Schreck so gewaltig in die Glieder, dass viele die Waffen von sich warfen und sich einfach gefangen nehmen ließen. Innerhalb kürzester Zeit errang Marsilius den Sieg. Nicht einmal Vitellius war ihm entkommen. Ihn hatte er erwischt, als er sich in den Wald flüchten wollte, um sich dort zu verstecken.

Unter großem Jubel wurden die Gefangenen zusammen mit den im Lager erbeuteten Nahrungsmitteln in die Stadt gebracht. Heute würde niemand Hunger leiden müssen!

Und dann bot sich den Gefangenen, die noch immer verzweifelt darüber rätselten, woher denn bloß die zweite Soldatengruppe gekommen war, ein eigenartiges Schauspiel: Lachend fielen Legionäre einander in die Arme, herzten und küssten sich und rissen sich gegenseitig die Helme vom Kopf, unter denen blonde Locken, rote Zöpfe oder langes schwarzes Haar hervorquollen.

Ein entsetztes Stöhnen entrang sich der Brust des beinahe-Kaisers: »Weiber! Ich bin von Weibern besiegt worden!«

Marsilius lachte: »Tja, mein Lieber. Die Hälfte aller Menschen sind nun einmal Frauen. Und unterschätzen sollte man sie nie!«

»Und ... was habt ihr jetzt mit mir vor?« wollte der Besiegte wissen.

»Tötet ihn! Tötet ihn!« schrieen gleich ein paar Übereifrige, die das gehört hatten.

Vitellius erbleichte. Marsilius sah ihn nachdenklich an. »Vielleicht sollten wir da noch einmal eine Nacht drüber schlafen«, meinte er schließlich und ließ ihn abführen.

Und dann begann eine Feier, wie sie die junge Stadt noch nie zuvor erlebt hatte. Die ganze Nacht wurde gegessen und getrunken, gesungen und getanzt. Und mancher Kölner sah seine Frau jetzt mit etwas anderen Augen an.

Am nächsten Tag, nachdem alle gründlich ausgeschlafen hatten, ließ Marsilius die Gefangenen zu sich bringen. Er sagte ihnen: »Soldaten, ihr habt einen schweren Fehler gemacht, als ihr euch diesem da«, er wies auf Vitellius, »angeschlossen habt. Aber ihr konntet ja nicht wissen, dass er euch seine Freundlichkeit nur aus Berechnung vorgegaukelt hat, während er die einfachen Bürger schlecht behandelte. Deshalb will ich euch die Freiheit schenken, wenn ihr schwört, nie wieder die Hand gegen Köln zu heben.«

Ein erleichtertes Aufatmen ging durch die Reihen der Legionäre. Gerne legten sie diesen Schwur ab und wurden in die Freiheit entlassen.

Trotzig stand als letzter noch ihr Anführer vor Marsilius. »Für dich habe ich mir etwas Besonderes ausgedacht«, begann dieser. »Ich habe die Frauen holen lassen, die als die Weisesten der Stadt gelten. Mögen sie das Urteil über dich fällen.« Schamesröte stieg dem Gefangenen ins Gesicht. Er senkte den Blick und biss sich auf die Zunge, um nichts zu sagen, was ihm womöglich noch mehr geschadet hätte.

Als erste trat Paula vor: »Na ja, ist schon sehr geschickt gewesen, wie er die Soldaten um den Finger gewickelt hat. Aus dem könnte noch mal ein guter Politiker werden. Wär schad drum, ihn einen Kopf kürzer zu machen, find ich.«

Dann kam Claudia. »Also, ein hübscher Kerl ist er ja auch. Wenn ihm eine Frau mal ein paar Manieren und etwas Anstand beibrächte, könnte noch ein richtiger Mensch aus ihm werden. Wäre doch reine Verschwendung, so einem schönen Mann einfach den Kopf vor die Füße zu legen.«

Vitellius war bei diesen Worten puterrot geworden und sah aus, als hätte er einen dicken Brocken verschluckt, an dem er nun zu ersticken drohte.

Als letzte meldete sich Petronella: »Gut, geben wir ihm noch eine Chance. Aber so mir nichts, dir nichts laufen lassen … das ist mir zu wenig. Er soll unserer Heimatstadt eine Urkunde mit seinem Siegel ausstellen, auf der wir nach und nach Rechte eintragen können, von denen wir meinen, dass sie wichtig sind für Köln. Bringt er es tatsächlich zum Kaiser, dann kann uns das viel nützen. Schafft er es nicht, dann haben wir zumindest keinen Schaden davon.«

Und so geschah es. Vitellius stellte den Kölnern ihre Urkunde aus, die bestätigte, dass alle darauf eingetragenen Rechte von »Kaiser Vitellius« bewilligt wurden. Dann schenkte man ihm die Freiheit.

Tatsächlich gelang es ihm noch einmal, einen großen Teil der rheinischen Legionäre um sich zu sammeln. Einer seiner Konkurrenten um die Kaiserwürde war inzwischen überwunden und getötet worden. Einen anderen konnte er selber besiegen. Danach zog er nach Rom, wo er sich aber nur wenige Monate halten konnte, ehe er von Vespasian bekämpft und schließlich getötet wurde.

Und was meinten die Kölner Frauen dazu? Nur ein Wort: »Versager!«

Der Löwenkampf des Hermann Gryn

Ein gefährliches Abendessen

Seit Annos Zeiten war keine Ruhe mehr eingekehrt im Verhältnis zwischen den Kölnern und ihren Erzbischöfen. Auch Mitte des 13. Jahrhunderts, unter Engelbert II., hatte es wieder Auseinandersetzungen gegeben, bei denen die Kölner sogar zu den Waffen gegriffen und ihm Bayenturm und Kunibertsturm, die beiden wichtigen Eckpfeiler der Stadtmauer, entrissen hatten.

1262 wurde zwar offiziell Frieden geschlossen, doch manch ein Anhänger des Erzbischofs mochte die schmähliche Niederlage nicht vergessen und sann auf Rache.

In jenen Jahren war Hermann Gryn Bürgermeister von Köln, ein besonnener, aber auch selbstbewusster Mann, der sich nicht vor den hohen Kirchenherren fürchtete, und deshalb bei ihnen nicht gerade beliebt war.

Nun ergab es sich, dass Engelbert einen Löwen geschenkt bekam. Da es nicht ganz einfach war, ein solches Tier zu versorgen, übertrug er diese Aufgabe zwei Domherren, die es in einen großen Käfig im Innenhof ihres Hauses sperrten.

Eines Tages standen die beiden wieder einmal im Hofumgang und sahen zu, wie der Löwe ein Zicklein zerriss und verschlang. Da sagte der eine zum andern: »Wahrlich, Benno, ich wünschte, jenes Zicklein dort, das wäre der vermaledeite Bürgermeister Gryn. Dann hätten wir jetzt ein Problem weniger.«

Mit weit aufgerissenen Augen starrte der andere ihn an. »Weißt du eigentlich, Dominikus, dass du gerade eine hervorragende Idee hattest?«

Dominikus schüttelte verständnislos den Kopf. »Ich habe doch nur gesagt…« Doch Benno ließ ihn gar nicht mehr ausreden. Aufgeregt zerrte er ihn am Ärmel: »Komm, lass uns

reingehen. Manchmal haben die Wände Ohren. Das müssen wir unbedingt in aller Ruhe besprechen.«

Schon am nächsten Morgen besuchten die beiden den Bürgermeister. Freundlich lächelnd reichte Benno ihm zur Begrüßung die Hand und sprach:»Werter Bürgermeister, wir haben uns gedacht, dass es doch nicht angehen kann, dass wir ständig im Unfrieden miteinander leben. Deshalb möchten wir Euch unser eigenes kleines Friedensangebot unterbreiten, um Euch zu beweisen, wie ernst es uns damit ist, den ständigen Streit zwischen Kirche und Stadt endlich zu begraben.«

Dominikus nickte zur Bestätigung eifrig. Das Reden überließ er lieber seinem Freund, der in solchen Dingen sehr viel geschickter war.

Zweifelnd runzelte Hermann Gryn die Stirn. »Verzeiht, meine Herren, aber ausgerechnet Ihr wollt mir ein Friedensangebot unterbreiten? Ich hatte Euch bislang, mit Verlaub, zu meinen ärgsten Widersachern gezählt. Sollte ich mich so sehr getäuscht haben?«

Für einen Augenblick sah Benno aus, als hätte er eine besonders saure Zitrone verschluckt, doch hatte er sich schnell wieder im Griff. »Nun ja, hochverehrter Herr Bürgermeister, das ist nicht ganz falsch, was Ihr da sagt. Doch sind wir nicht alle verständige Christenmenschen? Und ist es nicht unsere höchste Tugend, auch unseren Feinden vergeben zu können?«

Nachdenklich ließ Hermann die Finger durch den Bart gleiten. Er traute den beiden nicht so ganz. Ihre plötzliche Sinneswandlung schien ihm äußerst verdächtig. Andererseits, vielleicht meinten sie es tatsächlich ehrlich. Er gab sich einen Ruck. »Also, sagt, wie wollt Ihr den Frieden zwischen uns besiegeln?«

Die Domherren strahlten ihn an. »Ihr habt doch sicher gehört«, sagte Benno, »dass wir den Löwen des Erzbischofs versorgen? Wir dachten uns, dass Ihr diese wilde, aber edle Bestie, von der man sagt, sie sei ein König unter den Tieren, gerne einmal sehen würdet. Daher möchten wir Euch für nächsten Montag zum Abendessen einladen. Anschließend könnt Ihr der Fütterung des Raubtiers beiwohnen. Ein ausgesprochen eindrucksvolles Schauspiel, wie ich Euch versichern kann!«

Einen Augenblick lang starrte Hermann auf seine Stiefelspitzen, dann sah er auf und nickte. »Gut, meine Herren. Ich nehme Euer Angebot an. Von dem Löwen habe ich ja bereits wahre Wunderdinge gehört. Ich hatte schon fast den Eindruck, dass jeder, der in der Stadt etwas zu sagen hat, dieses Tier gesehen hat – nur ich nicht.«

Er lächelte. »Ein Löwe als 'Friedenstaube', das ist wirklich mal eine neue Idee. Bis Montag also.«

Erleichtert bedankten die Domherren sich und verließen unter vielen Verbeugungen den Raum. Kaum hatte sich die Tür hinter ihnen geschlossen, atmeten beide hörbar auf und wischten sich den Schweiß von der Stirn. »Wenn der wüsste ...« flüsterte Dominikus verschwörerisch. Benno legte den Finger auf die Lippen. »Kein Wort hier! Man kann nie wissen ...«

Am Montagabend stand Hermann Gryn lange vor seinem Kleiderschrank. Was sollte er zu diesem besonderen Anlass tragen? Das prächtige Gewand mit dem Pelzkragen vielleicht? Und darüber die schwere Bürgermeisterkette? Nein, das wäre für so eine

Wissenswertes

Das römische Nordportal direkt neben dem Dom war tatsächlich unter dem Namen »Pfaffenpforte« bekannt. Hermann Gryn allerdings lässt sich als Bürgermeister nicht nachweisen. Und selbst wenn es ihn gegeben hätte, so wäre es sehr unwahrscheinlich, dass er es gewagt hätte, zwei Domherren hängen zu lassen. Es ist zu vermuten, dass der Name einfach dadurch entstand, dass dort viele Priester hindurch gingen. Und die Geschichte vom mutigen Bürgermeister sollte den Kölnern zeigen, dass man sich auch von der Kirche nicht alles gefallen lassen muss.

vorsichtige Annäherung vielleicht doch etwas übertrieben. Dann eher den Sonntagsrock aus dunklem Samt? Doch der schien ihm wieder nicht offiziell genug. Zu guter letzt entschied er sich für einen roten, mit Stickereien verzierten Umhang und ein kleines Schmuckschwert, wie er es auch gelegentlich bei Empfängen trug. Außerdem, wenn die Domherren falsches Spiel mit ihm trieben, war es vielleicht gar nicht verkehrt, gewappnet zu sein ...

Schnell verdrängte er diesen hässlichen Gedanken wieder. Warum sollte man nicht gelegentlich an das Gute im Menschen glauben?

Wenig später ließ er den großen Türklopfer gegen die schwere Eichentür des Domherrenhauses fallen. Unter das dumpfe Dröhnen mischte sich plötzlich aus dem Innern ein drohendes Knurren und dann ein lauter Raubtierschrei. Du liebe Güte, macht der Löwe etwa immer so einen Lärm? Die armen Anwohner! Da öffnete sich die Tür. Dominikus und Benno strahlten ihn an und es war fast, als wollte jeder von ihnen der erste sein, der ihm die Hand schüttelte und ihn begrüßte. Dann führten die Freunde ihn in einen Speisesaal, der auf das prächtigste geschmückt war und wo sich der Tisch unter unzähligen Delikatessen fast bog. Mit einem guten Glas Wein in der Hand vergaß er schon bald alle seine anfänglichen Bedenken. Nur das gelegentliche Knurren und Brüllen im Hintergrund störte das gemütliche Gelage.

Als er sich danach erkundigte, beeilte sich Benno zu erklären, dass der Löwe normalerweise schon früher gefüttert werde, man ihm zu Ehren aber damit noch gewartet habe. Nun sei das Tier hungrig und verleihe seinem Ärger lautstark Ausdruck. Da meinte Hermann: »So lasst das arme Tier nicht länger warten. Ich könnte eine kleine Essenspause gut vertragen. Ich kann mich ja schon fast nicht mehr rühren, so satt bin ich.«

Die Domherren sahen sich an und lachten. »Nun, lieber Hermann, dann ist jetzt wohl genau der richtige Zeitpunkt, den Löwen zu füttern. Folgt uns.«

Durch einen dunklen Gang gelangten sie in den mit Fackeln erhellten Hof. Knurrend trabte das Tier am Käfiggitter hin und her und ließ den Schwanz über den Boden peitschen.

Unwillkürlich wollte Hermann einige Schritte zurück treten, doch Dominikus hielt ihn fest. »Warum denn so ängstlich, Herr Bürgermeister?« fragte er. »Das Kätzchen will doch nur sein Futter haben. Schaut her.« Damit warf er ein totes Huhn, das ihm ein Diener gereicht hatte, durch die Gitterstäbe. Der Löwe stürzte darauf zu und verschlang es mit zwei Bissen.

»Ihr könnt ruhig ein wenig näher an das Gitter gehen«, meinte nun auch Benno. »Wartet, ich werde ihn noch einmal etwas ablenken.« Und auch er warf dem Löwen ein Huhn durch die Stäbe.

Immer dichter drängten die beiden Hermann Gryn ans Gitter. Plötzlich schob Benno einen Riegel zur Seite, riss die Käfigtür auf und stieß den völlig überrumpelten Mann zu dem Raubtier hinein. Laut fiel die Tür ins Schloss.

»Schmusekätzchen, dafür dass du die letzten Tage hungern musstest, bekommst du heute etwas ganz besonderes: gefüllten Bürgermeister!«

Die Domherren brachen in schallendes Gelächter aus. »Ach ja, lieber Hermann, und dir wünschen wir Frieden! Ewigen Frieden!« Damit drehten sie sich um und gingen zurück ins Haus.

Als die Hoftür zufiel, hob der Löwe seinen mächtigen Kopf von den letzten Hühnerfedern und sah Hermann mit blutunterlaufenen Augen an. Schlagartig wurde dieser wieder nüchtern. Alle Trägheit war wie weggewischt. Schließlich galt es, das Leben zu retten. Geistesgegenwärtig wickelte er sich seinen Umhang um den linken Arm. Keine Sekunde zu spät,

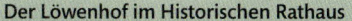

Der Löwenhof im Historischen Rathaus

denn schon sprang ihn das mächtige Tier an und versuchte zuzubeißen. Da schob er ihm die geschützte Faust in den Rachen. Mit der Rechten griff er nach dem kleinen Schwert, das eigentlich gar nicht für den Kampf gedacht war. Doch heute musste es genügen! Er holte so weit aus wie er konnte und stieß mit aller Kraft zu.

Einen Moment schien es, als habe der Stoß keine Wirkung. Doch plötzlich sackte der Löwe zusammen, die Beine versagten ihm, das Maul öffnete sich und er rollte zur Seite. Das Schwert hatte ihn direkt ins Herz getroffen.

Schwankend stand Hermann neben der toten Raubkatze, den mit Speichel besudelten Umhang noch um den Arm gewickelt, das Hemd und die Haut an den Schultern von den kräftigen Pranken zerfetzt, blutüberströmt. Ungläubig schüttelte er den Kopf. Dann rappelte er sich auf, steckte das Schwert in die Scheide, ging zur Tür, schob vorsichtig die Hand durch das Gitter und öffnete den Riegel.

Wie ein Einbrecher schlich er sich aus dem Haus, das für ihn beinahe zur tödlichen Falle geworden wäre. Noch zur selben Stunde ließ er die zwölf Schöffen Kölns ins Rathaus holen. Dort zeigte er ihnen seine Wunden, die zerrissenen Kleider, und erzählte von dem heimtückischen Mordanschlag der Kirchenmänner. Ein Aufschrei der Empörung erhob sich. Soldaten wurden entsandt, um die Verräter festzunehmen. Bereits am nächsten Morgen wurde über sie zu Gericht gesessen und das Urteil gefällt. An der Pforte neben dem Dom sollten sie gehängt werden, damit die Männer des Erzbischofs sehen konnten, dass man mit Aufrührern und hinterhältigen Mördern kurzen Prozess machte, selbst wenn sie in frommen Gewändern steckten.

Die beiden flehten in einem letzten verzweifelten Versuch zwar den Bürgermeister an, noch einmal Gnade vor Recht ergehen zu lassen, doch dieser blieb hart und sagte ihnen: »Ihr hättet Euch eben eine Taube suchen sollen, die nicht so lange Zähne hat. Und im übrigen wünsche ich Euch das, was Ihr mir gewünscht habt: ewigen Frieden.«

Wenige Stunden später wurde das Urteil vollstreckt. Die Pforte aber, an der die beiden hingerichtet wurden, nannte man noch viele hundert Jahre später die »Pfaffenpforte«.

»*Die Zeit*

wird richtig gelebt,

die mit dem Herzen

gelebt wird.«

Michael Ende

Das versteinerte Ehepaar

Steine Mann und Steine Frau

Käthe hatte ihren Hans im Krieg kennen gelernt. Hans zog für denjenigen in den Kampf, der ihm das meiste Geld dafür bot, und Käthe reiste mit den Soldaten, um ihnen das zu verkaufen, was sie am liebsten mochten: Schnaps.

Seither war viel Zeit ins Land gegangen. Durch fleißiges Sparen konnten sie sich in Köln ein stattliches Haus kaufen, in dem Käthe eine Gastwirtschaft betrieb. Vor einem Jahr hatte sich Hans zur Ruhe gesetzt, denn die Kinder waren aus dem Haus und was Käthe verdiente, reichte gerade für sie beide. Außerdem spürte er inzwischen das Alter in den Knochen. Sollten sich doch die jungen Leute in matschigen Gräben gegenseitig die Schädel spalten. Er hatte einen warmen Herd und trockene Kleidung schätzen gelernt!

Genüsslich räkelte er sich auf der Bank vor dem Ofen, während Herbstregen gegen die Fensterläden peitschte. Jetzt noch ein leckeres Schnäpschen …

Gerade wollte er seine Frau rufen, dass sie ihm doch ein Glas aus der Schänke hoch bringen sollte, da fiel ihm das neue Fass auf, welches neben der Tür stand.

»Um so besser«, murmelte er. »Nehm ich's davon, dann kriegt sie's nich mit und kann auch nich meckern.«

Als Käthe nach Mitternacht müde aus der Schankstube nach oben kam, war ihr Mann auf der Bank zusammengesunken und schnarchte, dass die Wände bebten. Auf dem Fußboden lag ein umgekipptes Glas. Zielstrebig ging sie zum Fass, hob es hoch und schüttelte es. Dann trat sie Hans wütend gegen das Schienbein, dass er aus dem Schlaf schreckte, und schrie ihn an: »Du Saufaus! Meinst du denn, dass ich gar nichts mitbekomme? Keinen Pfennig bringst du mehr nach

Wissenswertes

Da Steine Mann seit dem Zweiten Weltkrieg verschollen ist und Steine Frau inzwischen im Depot des Stadtmuseums steht, erinnerten lange Zeit noch diese beiden Reliefs am Haus Steinweg 7 – 11 an die Geschichte.

Hause, aber dafür schüttest du alles in dich rein, was du in die Finger bekommst! Der Schnaps ist für die Gäste, nicht für dich, du Taugenichts! Wovon sollen wir denn leben, wenn ich denen nichts mehr vorsetzen kann?!«

»Ooooh, mein Kopf!« jammerte der Beschimpfte und versuchte, sich die Ohren zu zu halten. »Nun hör bloß mit dem Gekeife auf. Das kann auf die Dauer keiner ertragen. Ich werd mir doch mal ein Gläschen genehmigen können, nachdem ich all die Jahre Leib und Leben riskiert hab für dich und die Kinder.«

»Ja, wenn's nur eines wäre! Du hast heute mindestens zehn getrunken. Und jeden Tag werden es mehr. Ich will dir mal was sagen: Eh' du von mir noch ein einziges Mal ein Glas Schnaps bekommst, da will ich lieber zu Stein werden. Gott sei mein Zeuge!«

»Na, dann sei Gott auch mein Zeuge«, konterte der Mann wütend. »Denn eh' dass ich in meinem Leben noch ein einziges Mal ein Glas Schnaps von dir annehme, da will lieber ich zu Stein werden.« Damit wendete er sich von Käthe ab und wankte brummend und fluchend ins Schlafzimmer, während sie verzweifelt den Kopf auf die Arme sinken ließ. »Ach Hans, was soll denn bloß werden? Wir brauchen doch jeden Pfennig«, schluchzte sie und wischte sich eine Träne aus dem Augenwinkel.

Die nächsten Monate gab es viel Streit zwischen den Eheleuten. Die Wirtin versteckte die Schlüssel zum Vorratskeller und schnallte sich das Schnapsfass um, damit ihr Mann sich nicht heimlich bedienen konnte. Der wiederum schlich mehrmals am Tag mürrisch durch die Gaststätte in der Hoffnung, dass ihm jemand ein Glas ausgeben würde. Die Folge war, dass viele Stammgäste nach und nach weg blieben, Käthe noch gereizter wurde und es noch mehr Zank gab.

Nach einer weiteren solchen Auseinandersetzung riss Hans schließlich der Geduldsfaden. Ohne ein Wort stapfte er ins Schlafzimmer, wo man ihn eine Weile rumoren hörte. Als er wieder herauskam, blickte seine Frau ihn entsetzt an. »Hans, was soll das? Wo willst du hin in diesem Aufzug?«

»Aufzug?« Er schaute an sich hinunter. Na gut, etwas rostig war seine Rüstung vielleicht geworden. Aber sie war noch immer besser als das, was manche von diesen jungen Kerls vorzuweisen hatten. »Ich gehe«, sagte er ruhig. »Lieber ziehe ich wieder in den Krieg als noch einen weiteren Tag unter diesem Dach zu ertragen.«

»Das ist doch nicht dein Ernst, oder? Bitte, sag, dass es nicht dein Ernst ist ...«

»Doch, Käthe. So hat es keinen Sinn mehr mit uns.«

Auch Kölns Stadtführer bringen Sie zu den »sagenhaften« Orten

»Und wenn ... wenn ich verspreche, nicht mehr zu schimpfen? Sieh mal ...« Mit zitternden Händen füllte sie zwei Gläser aus dem Fass an ihrer Seite. »Hier. Lass uns Frieden schließen. Ich will nicht, dass du gehst. Ich liebe dich doch.«

Einen Moment lang sahen sie einander in die Augen, dann trat Hans auf sie zu, nahm das Glas, stieß es leicht gegen das ihre und fragte: »Ehrenwort?« »Ehrenwort«, antwortete sie und stieß noch einmal mit ihm an. Dann tranken sie beide in einem Zug aus.

Vergeblich warteten die wenigen Gäste unten auf die Rückkehr der Wirtin. Endlich raffte sich einer von ihnen auf und sah nach. Durch seinen Ruf alarmiert kamen die anderen hinterher und staunten nicht schlecht: da standen die beiden in ihrem Wohnzimmer, stumm und grau, denn sie waren zu Stein geworden.

So konnte man sie noch viele Jahrhunderte sehen, denn man stellte sie rechts und links vom Eingang ihres Hauses in zwei Nischen, als Warnung für die Vorübergehenden, keinen unbedachten Schwur zu tun, den man am Ende nicht halten kann.

Nur zu Silvester, zwischen Mitternacht und ein Uhr morgens, fand man »Steine Mann« und »Steine Frau«, wie sie nun genannt wurden, nicht an ihrem Platz. Während dieser einen Stunde erwachten sie nämlich regelmäßig zu Leben und spazierten durch Köln um zu sehen, was sich wohl im Laufe eines Jahres in ihrer Stadt getan hatte.

Im Zweiten Weltkrieg wurde ihr Haus zerstört. Seither gilt »Steine Mann« als verschollen. »Steine Frau« aber zog nach dem Krieg ins Stadtmuseum um, wo sie sich heute im Depot befindet. Doch wer weiß: vielleicht steht »Steine Mann« tatsächlich noch in irgendeinem Keller, versteckt hinter allerlei Gerümpel. Und vielleicht spazieren die beiden auch heute noch in der Silvesternacht gemeinsam durch die Stadt?

»Wer das Schöne
im Leben vergisst
wird böse,
wer das Schlechte
im Leben vergisst
wird dumm.«

Erich Kästner

Richmodis von Aducht

Bis dass der Tod Euch scheidet...

Still und finster lag das Haus »Zum Papageyen« da. Nur in einem Fenster war ein schwacher Lichtschein zu erkennen. Es war das Arbeitszimmer des Kaufmannes Mengis von Aducht, der zu dieser späten Stunde noch wach war. Doch vor ihm lagen keine Geschäftsbücher. Den Kopf schwer in die Hände gestützt, starrte er in die Flamme der einzigen Kerze, die das Zimmer nur unzureichend erhellte.

In Gedanken war er bei jenem Tag vor drei Jahren, der bislang der schönste seines Lebens gewesen war. Damals hatte er Richmodis Lyskirchen in St. Aposteln geheiratet. Noch heute konnte er spüren, wie ihm das Herz bis zum Halse geschlagen hatte, als er seiner Frau das Jawort gab. Und als der Priester den Bund der Ehe mit den Worten: »… bis dass der Tod euch scheidet« besiegelte, da hatte er gedacht, sie hätten noch eine unendliche Anzahl von Jahren vor sich, um gemeinsam ihr Glück zu genießen. Denn glücklich waren sie gewesen. Und verliebt. Was durchaus nicht selbstverständlich war, denn die Eltern bestimmten, wen man heiratete und wen nicht. Und deren Entscheidung hatte meist mehr mit irdischem Besitz als mit Liebe zu tun. In ihrem Fall jedoch hätte das Ergebnis nicht anders ausgesehen, wenn sie selber hätten wählen können.

Drei wundervolle Jahre hatten sie miteinander verbracht, in denen ihr einziger Kummer gewesen war, dass sie kinderlos blieben.

Vor wenigen Wochen erreichten erste Gerüchte die Stadt, dass der Schwarze Tod auf dem Weg nach Köln sei. Der Schwarze Tod, jene grauenhafte Krankheit, die da, wo sie hinkam, von drei Menschen zwei tötete und blühende Ortschaften in stinkende Gräberfelder verwandelte. Viele Leute verließen daraufhin die Stadt, denn, wie es hieß, war man auf dem Lande sicherer.

Sie sprachen darüber. Er musste noch ein paar dringende Geschäfte erledigen. In zwei Wochen wollten sie verreisen.

Dringende Geschäfte! Wie hatte er nur so dumm sein können. Welche Geschäfte konnten denn so wichtig sein, dass sie schwerer wogen als das Leben seiner geliebten Frau? Bis zu seinem letzten Atemzug würde er diese Entscheidung bitter bereuen.

Vorgestern fühlte sich Richmodis nicht wohl. Gestern bekam sie plötzlich Fieber. Und heute morgen schlug sie die Augen nicht mehr auf. Der eilends herbeigerufene Arzt war zwar erstaunt, nicht die typischen Krankheitszeichen an ihrem Körper zu finden, konnte aber letztendlich auch nur feststellen, dass die junge Frau tot war. Und welchen Unterschied machte es da schon, ob die Krankheit anders verlaufen war als sonst oder nicht.

Wie vom Donner gerührt hatte Mengis dagestanden, während seine Diener im Haus herumliefen, alle Spiegel verhängten und die Fenster öffneten, damit die Seele seiner Frau zu Gott finde, die Tote wuschen, in ihr Leichenhemd kleideten und Pastor und Totengräber riefen.

Noch immer kam ihm alles wie ein böser Traum vor, aus dem er gleich erwachen würde. Er konnte ja nicht einmal richtig Abschied nehmen, denn seit die Pest in der Stadt war, mussten laut Ratsbeschluss alle Verstorbenen noch am selben Tag beerdigt werden. Bis der Totengräber kam, hatte er am

Wissenswertes

In der Richmodstraße schauen zwei Pferdeköpfe auf das emsige Treiben zu Füßen des Turms. Allerdings gehörte das dazugehörige Anwesen, der Hackeneysche Hof, nicht der Familie von Aducht. Die wohnten direkt daneben. Möglicherweise schmückten solche Pferde den Stall des Hofes und wurden erst später mit der Richmodis-Sage in Verbindung gebracht. Die alten, steinernen Köpfe verschwanden bereits unter den Franzosen. Die hölzernen Nachbildungen verbrannten im Zweiten Weltkrieg. Die moderne Variante wurde 1958 von dem Bildhauer Willy Müller geschnitzt.

offenen Sarg gestanden. Erst dann ließ er es zu, dass der Deckel geschlossen wurde.

Noch immer klang ihm das Rumpeln des Leichenwagens in den Ohren. Nein, er würde die Stadt nicht verlassen. Sollte der Tod ihn nur auch noch holen. Dann hätte zumindest seine Trauer ein Ende und er würde auf dem Friedhof von St. Aposteln bei Richmodis ruhen können. Mit einem tiefen Seufzer ließ er den Kopf auf die Arme sinken.

Nur wenige hundert Meter vom Haus der von Aduchts entfernt erhob sich die dunkle Silhouette der Kirche St. Aposteln in den Nachthimmel. An ihrer Seite erstreckte sich der Friedhof, den man durch ein Gittertor betreten konnte. Doch was war das? Zwei finstere Gestalten drängten sich an das Tor und redeten leise, aber eindringlich aufeinander ein.

»Mensch, mach voran! Wie lange dauert das denn noch, bis du das Schloss endlich aufhast!«

»Du hast gut reden. Komm doch mal was näher mit der verdammten Lampe. Man sieht ja nix hier.«

»Wenn ich damit noch näher komme, verbrennst du dir die Pfoten. Du bist ja bloß nervös, weil du Angst vor Gespenstern hast.«

»Quatsch. Hab ich nicht.«

»Hast du wohl. Hab doch selber gehört, wie du zum Jupp gesagt hast, dass dich keine zehn Pferde nachts auf den Friedhof kriegen würden.«

»Na gut. Ja. Mulmig ist mir schon. Aber wenn es sich lohnt ...«

»Klar lohnt sich das. Hab die Klunker doch mit eigenen Augen gesehen.«

Mit einem leichten Klicken sprang das Tor auf und die beiden traten ohne ein weiteres Wort ein. Zielstrebig schlichen sie zur Kirchenmauer. Dort standen drei Särge, die sie im Laufe des Tages nicht mehr hatten in die Erde bringen können, weil es einfach zu viele Beerdigungen an einem Tag gab.

Einer der drei sah etwas prächtiger aus als die anderen.

»Da ist er. So, jetzt noch schnell den Deckel runter und dann sind wir auch gleich wieder weg.«

Hastig begannen die beiden, mit Zangen die Nägel aus dem Sargdeckel zu ziehen. Dann hoben sie ihn ab und legten ihn zur Seite. Ein Lichtstrahl fiel aus der Lampe auf die Tote, eine junge Frau mit wunderschönem Gesicht.

»Ist doch eine Schande. So ein junges Ding ...«

»Ach, hör mit dem Gesülze auf. Der Tod nimmt, wen er kriegen kann.«

Der Mann beugte sich über den Sarg. Nach einem Augenblick klimperte etwas und im Licht der Lampe blitzte kurz eine Halskette auf.

»So, jetzt du. Zieh ihr den Ring vom Finger.«

»Das ist doch ... ihr Ehering. Bist du sicher ...?«

»Stell dich nicht an. Was sollen denn die Toten damit! Was meinst du, was du für so ein Prachtstück kriegen kannst! Aber wenn du nicht willst ... hau doch ab. Dann verklopp ich den Kram eben alleine. Aber komm hinterher bloß nicht an und heul mir einen vor.«

»Na gut.« Der andere seufzte, beugte sich über die Frau und begann, vorsichtig an dem Ring zu ziehen.

Da schloss sich die Hand plötzlich um seine, die Tote schlug die Augen auf und setzte sich mit einem Ruck hoch.

Beide Grabräuber schrieen entsetzt auf und rannten davon, so schnell ihre Beine sie tragen konnten.

Die Frau sah sich verwundert um. »Aber, wo bin ich denn hier«, murmelte sie ratlos. »Ein Traum? Nein ...« Es war schwer, in der Dunkelheit überhaupt etwas zu erkennen, doch plötzlich fiel ihr Blick auf ein Grabkreuz aus weißem Marmor.

»Oh, nein!« Vor Schreck wäre die Ärmste fast wieder in ihren Sarg gesunken. Kaum hatte sie sich aber gefasst, schwang sie die Beine über den Rand und stand, ein wenig schwankend zwar, auf. Langsam und unsicher tastete sie sich zwischen den Gräbern hindurch zum Tor und hinaus.

Wie sie so, vorsichtig ein Bein vor das andere setzend, über die Straße wandelte, hätte man sie fast für ein Gespenst halten können.

Endlich gelangte sie am Haus »Zum Papageyen« an. Mit aller Kraft hob sie den schweren, eisernen Türklopfer und ließ ihn dröhnend auf das Holz fallen.

Mengis klopfte an die Kammertür seines Dieners. »Josef, geh bitte mal nachsehen. Irgendjemand ist an der Haustür und macht da einen Höllenlärm.«

»Ja, Herr. Sofort.« Eilends zog der alte Mann seine Kleidung an und hastete die Treppe hinunter, während sich Mengis wieder in sein Arbeitszimmer zurückzog.

Da schlug der Klopfer schon wieder ohrenbetäubend an das Holz.

Laut rief der Diener: »Ja, wer ist das denn, der zu so gottloser Zeit in einem Trauerhaus einen solchen Lärm veranstaltet!«

Er hatte die Hand schon auf die Klinke gelegt, um die Tür aufzureißen und den Übeltäter auf der anderen Seite zur Rede zu stellen, da erklang durch die Tür eine dünne Frauenstimme: »Ach, Josef, ich bin es doch, Richmodis. Bitte, lass mich ein!«

Dem armen Mann wäre vor Schreck fast das Herz stehen geblieben. Kreidebleich hastete er zu seinem Herrn zurück: »Herr Mengis, hört doch nur, vor der Türe steht ein Gespenst!«, und er berichtete, was die Stimme gesagt hatte.

Mengis starrte ihn einen Augenblick an. »Josef, wie kannst du nur so etwas sagen. Du weißt doch, dass es keine Gespenster gibt. Das sind Ammenmärchen, die sich dumme Leute erzählen. Und selbst wenn es sie gäbe, dann wäre Richmodis die letzte, die in solcher Gestalt zu uns zurückkäme, um uns Angst und Schrecken einzujagen. Nein, ihre Seele ist sicher schon längst ein Engel bei Gott.«

Die Pferdeköpfe am Richmodisturm

Und damit wollte er sich wieder seinen trüben Gedanken zuwenden, als abermals der dunkle Ton des Türklopfers das Haus erfüllte.

Wutentbrannt und fassungslos sprang Mengis auf und schrie: »Und eher könnte ich glauben, dass meine beiden Pferde aus eigener Kraft durchs Haus und die Turmtreppe hinauf laufen, als dass ich glauben kann, dass meine Frau aus dem Grabe zu mir zurückgekehrt ist! Also verschwinde, wer oder was auch immer du bist!«

Einen Augenblick war es totenstill im Haus. Doch schon ertönte Hufgetrappel, das sich über den Hof näherte, mit lautem Gepolter wurde eine Tür aufgestoßen und dann ging es wie die wilde Jagd durch das Haus, die Treppe hinauf und in den Turm, wo die Pferde laut wiehernd innehielten.

Mit großen Augen blickten die Männer sich an. Dann rannte Mengis zur Haustür, die er ohne Zögern aufriss, um seine Frau in die Arme schließen zu können.

Es gibt nicht Worte genug, um die Freude zu beschreiben, die in jener Nacht und am darauffolgenden Tag in dem großen Haus am Neumarkt herrschte.

Nur die Pferde waren nicht so recht zufrieden, denn sie mussten erst mit Hilfe eines Gerüstes aus ihrer misslichen Lage befreit werden.

Richmodis wurde wieder ganz gesund und lebte noch viele Jahre glücklich mit ihrem Mann. Und es dauerte auch nicht mehr lange, bis ihr lang gehegter Kinderwunsch in Erfüllung ging.

Zur Geburt seines ersten Sohnes machte Mengis ihr ein ganz besonderes Geschenk. Er nahm sie eines Tages an der Hand, führte sie vor das Haus und sagte: »Schau mal nach oben, zum Turm.«

Als die junge Frau die Augen hob, sah sie aus dem Turm zwei Pferdeköpfe ragen.

»Die habe ich machen lassen, damit sich unsere Kinder immer daran erinnern werden, dass die Liebe manchmal sogar den Tod überwinden kann.«

Liebevoll schlang Richmodis ihrem Mann den Arm um den Hals und drückte ihm einen Kuss auf die Lippen.

»Das
wunderbarste
Märchen
ist das Leben
selbst.«

Hans Christian Andersen

Die Weckschnapp

Der Preis der Ehre

Im späten Mittelalter war die Kaufmannschaft zu einer bedeutenden Macht in der blühenden Stadt herangewachsen. Die einst relativ unbedeutenden Händler waren zu reichen Patriziern geworden, stolz auf das Ansehen, das sie unter den Bürgern genossen. Da sie Wert darauf legten, ihren Einfluss zu schützen und zu bewahren, gründeten sie so genannte »Geheime« oder »Feme«-Gerichte.

Die Femegerichte waren keine offiziellen Gerichte, sondern geheime Verbände, die über den Erhalt der Ehre wachten. Ihre Urteile waren oft hart und grausam. Selbst vor Todesurteilen schreckten sie nicht zurück.

Man munkelte sogar, dass der Turm der Rheinmauer in der Nähe von St. Kunibert von ihnen für eine besonders furchtbare Variante der Todesstrafe hergerichtet worden sei. Wie es hieß, wurde der Verurteilte im obersten Stockwerk ohne Wasser und etwas zu essen eingesperrt. Von der Decke hing dort ein großer Laib Brot, den man damals auch als »Weck« bezeichnete. Der Gefangene konnte nun wählen, wie er sterben wollte. Entweder er verhungerte und verdurstete langsam und qualvoll, oder er sprang irgendwann in seiner Verzweiflung nach dem Brot. Direkt darunter befand sich eine Falltür, unter der zahlreiche Messer kreuz und quer aus den Wänden des Schachtes ragten, der bis zum Rhein hinunter reichte. Wer also den Mut zum Sprung aufbrachte, überlebte nicht lange, sondern landete als zerstückelte Leiche im Fluss, der ihn fortspülte und die letzten Spuren verwischte.

Ob das allerdings wirklich stimmte, wusste niemand zu sagen. Jedenfalls nannte man den Turm bald nur noch die »Weckschnapp« und machte, wenn möglich, einen großen

Bogen um ihn. In jener Zeit starb ein sehr reicher Kaufmann und hinterließ sein gesamtes Vermögen seiner Frau und seinem einzigen Sohn, Johann. Der Vater war immer sehr streng gewesen, hatte das Geld zusammengehalten und dafür gesorgt, dass der Sohn ordentlich lernte und im Geschäft mithalf. Dabei hatte er, wie es damals üblich war, auch mit Schlägen nicht gespart. Wenn seine Frau ihn deshalb tadelte und meinte, ganz so schlimm habe er den Johann aber nicht verhauen müssen, sagte er nur, dass ihm die Schläge, die er in seiner Jugend bekommen habe, auch nicht geschadet hätten und es doch nur zum Besten des Jungen sei.

Johann aber war ein empfindlicher und stiller Knabe, der seinem Vater die Strenge und die vielen Strafen sehr wohl übel nahm. Und als er sich nun, nach dessen Tod, plötzlich in der Rolle des Hausherrn wiederfand, da schwor er sich, alles besser und ganz anders zu machen. Vor allem wollte er nicht so mit dem Geld knausern, denn was hatte man denn davon, wenn man es nur anhäufte und sich niemals ein Vergnügen gönnte?

Anfangs ließ ihm die Mutter dabei freie Hand, denn sie war der Meinung, der Junge habe sich etwas Spaß im Leben verdient und einiges nachzuholen. Doch als ihr Sohn auch nach einem Jahr noch fast jeden Abend in den Gaststätten verbrachte, jedes Wochenende ein Fest gab und sogar schon von Nachbarn in den Spielhöllen auf der anderen Rheinseite gesehen worden war, da begann sie, mit ihm zu schimpfen. »Was denkst du eigentlich, wie lange das Geld noch reichen

wird, wenn du so weitermachst?« schrie sie ihn an. »Das wächst doch nicht auf Bäumen! Da muss man hart für arbeiten.«

»Ach Mutter, Ihr hört Euch schon genauso an wie mein Herr Vater, Gott hab ihn selig. Nun lasst mir doch das bisschen Vergnügen. Und das Geschäft läuft doch. Ich weiß gar nicht, was Ihr habt«, antwortete Johann und verschwand durch die Tür. An diesem Tag blieb er zum ersten Mal die ganze Nacht fort. Es sollte nicht bei dem einen Mal bleiben.

Immer wieder versuchte die Frau, mit ihrem Sohn zu reden, doch der ließ sie einfach stehen und hörte nicht zu. Den ganzen Tag kümmerte sie sich um den Laden, den Haushalt und die Auslandsgeschäfte, alles das, was sie früher gemeinsam mit Mann und Sohn gemacht hatte. Trotzdem blieben nach und nach Kunden weg, weil sie woanders schneller beliefert wurden oder bessere Ware bekamen. Es war einfach zu viel für einen alleine!

Manchmal erschrak sie morgens über die alte Frau, die ihr aus dem Spiegel entgegenstarrte. Die Arbeit und der Kummer gruben tiefe Furchen in ihr einst so hübsches Gesicht und ihre Haare wurden grau und brüchig.

Endlich beschloss sie, dass es so nicht weitergehen konnte. In dieser Nacht wartete sie, bis ihr Sohn gegen Morgen betrunken in sein Zimmer getorkelt war. Dann drehte sie den Schlüssel in seiner Tür um, damit er sich nicht wieder heimlich davonstehlen konnte.

Es war schon Mittag, als sie ihn in seinem Zimmer poltern und fluchen hörte: »He, was soll das? Mach sofort die Türe

Die berühmte Stadtansicht von Anton Woensam von 1531

auf, du alte Hexe! Was bildest du dir eigentlich ein? Du kannst froh sein, wenn ich dir dafür nicht den Schädel einschlage!«

Müde und traurig lehnte sie sich an den Türpfosten. »Johann, wir müssen reden. So geht es nicht mehr weiter. Deshalb habe ich dich eingeschlossen. Es ist doch nur zu deinem Besten. Du musst mir zuhören.«

Einen Moment herrschte Stille. Dann sagte Johann: »In Ordnung. Aber mach die Tür auf.«

Nach kurzem Zögern tat sie es und trat ein. Der junge Mann saß auf der Bettkante und hatte den Kopf schwer in die Hände gestützt. Er trug noch dieselben zerknitterten und verdreckten Kleider, in denen er am Abend nach Hause gekommen war und das ganze Zimmer stank nach billigem Schnaps und Wein. Aus rotgeränderten Augen starrte er sie an. »Also, was ist? Aber macht's kurz. Ich hab Kopfschmerzen«, knurrte er.

»Junge, sieh dich doch nur mal an. Es ist eine Schande, wie du aussiehst. Ich will ja gar nichts sagen über all die Arbeit, die ich mit dem Geschäft habe, weil du dich nicht kümmerst. Aber die Leute reden schon. Und ich weiß mir nicht mehr zu helfen. Ich hab doch schon alles versucht, im Guten wie im Bösen. Meinst du denn, ich bekomme nicht mit, dass du unser Geld verspielst oder schlechten Frauen in den Ausschnitt steckst? Die Nachbarn erzählen mir nur allzu gern von deinen neuesten Abenteuern. Manchmal habe ich das Gefühl, das ist der einzige Grund, weshalb sie noch in den Laden kommen. Du ruinierst nicht nur das Geschäft, du ziehst auch noch un-

seren Namen in den Schmutz. Johann ...« Sie zögerte einen Moment. »Johann, wenn du dich nicht änderst, geh ich zu den Geheimen. Ich weiß keinen anderen Weg mehr.«

Erschrocken sah der Sohn auf. Meinte sie das etwa ernst? Beim Femegericht wollte sie ihn anzeigen? Einen Augenblick dachte er nach. Dann sagte er: »Ihr habt vielleicht Recht, Mutter. Ich sollte wirklich nicht die ganze Arbeit Euch überlassen.« Er rieb sich die brennenden Augen. »Geht nur schon. Ich will mich eben waschen und saubere Sachen anziehen. Dann komme ich in den Laden runter.«

Erleichtert atmete die Mutter auf. Vielleicht war es ja doch noch nicht zu spät! Tatsächlich ging ihr Johann in den nächsten Tagen fleißig zur Hand und schien fast wie ausgewechselt.

Doch eines Nachmittags ließ sie ihn allein, weil sie dringend ein paar Einkäufe erledigen musste, und als sie zurückkam, war der Laden verschlossen und die Kasse leer. Wieder kam der Sohn erst in den frühen Morgenstunden und völlig betrunken nach Hause. Wütend stellte sie sich ihm in den Weg. »Hast du mir nicht hoch und heilig versprochen, dich zu bessern? So hältst du also deine Versprechen! Wenn ich es nicht besser wüsste, würde ich dich fragen, wer dich eigentlich erzogen hat!«

Der junge Mann versuchte, sie zur Seite zu schieben, und lallte: »Nu lass mich doch ma bisschen Spaß ham. Hab meine Freunde ewig nich gesehn ...«

»Freunde? Freunde nennst du dieses ... Pack?! Die sind doch nur hinter deinem Geld her!«

»Olles, sauertöpfisches ... Weib. Bis ja nur neidisch, weil de selba keine Freunde has!«

Fassungslos starrte die Mutter ihm hinterher, als er sich an ihr vorbeiquetschte und in seinem Zimmer verschwand.

Die nächsten Wochen versuchte Johann noch ein paar Mal sich zusammenzunehmen, doch schließlich fiel er wieder ganz in seine alten Gewohnheiten zurück.

In ihrer Verzweiflung tat die Frau tatsächlich, was sie angedroht hatte. Sie ging zu einem Kaufmann, von dem man sagte, dass er zu den »Geheimen« gehöre, und schilderte ihm ihre Probleme. Dann bat sie ihn, ihrem Sohn eine Strafe aufzuerlegen, die ihm eine Lehre sein werde. Der Mann sagte nur: »Wir werden sehen«, und schickte sie wieder nach Hause.

Als Johann in dieser Nacht sein Lieblingsgasthaus nach etlichen Runden Wein verließ, warteten im Dunkel eines Hauseingangs zwei vermummte Gestalten auf ihn. Rasch packten sie ihn, der eine rechts, der andere links, und sagten ihm, dass er mitzukommen habe.

Dem jungen Mann kam es gar nicht in den Sinn sich zu wehren. Freundlich strahlte er die beiden an und meinte: »Kostümfest, hm? Klar, da komm ich mit. Gibs auch orntlich was zu trinken, ja?« Und dann stolperte er über seine eigenen Füße und wäre gefallen, wenn die beiden ihn nicht gehalten hätten. Kopfschüttelnd sahen die Maskierten sich an und einer von ihnen meinte leise: »Der ist wohl wirklich nicht mehr zu retten.«

Langsam führten sie ihn durch die dunklen Straßen, bis zu einem großen Haus, das einem der vornehmsten Männer der Stadt gehörte. Dort klopften sie an, wurden eingelassen und in einen Raum geführt, in dem alle Fenster verhängt waren und nur wenige Kerzen zur Beleuchtung standen. An einem langen Tisch saßen dreizehn Gestalten in dunklen Mänteln und schwarzen Masken.

Jede von ihnen hatte vor sich ein Messer liegen. Mitten im Raum stand ein einzelner Stuhl, auf den die beiden Begleiter Johann sinken ließen. Darauf stellten sie sich wieder rechts und links neben ihn und sahen erwartungsvoll die Gestalt an, die in der Mitte des Tisches saß und sich jetzt langsam und feierlich erhob.

»Dieser junge Kaufmann, Johann mit Namen, wurde uns angezeigt als einer, der den Namen seiner Familie besudelt und Unehre über seinen Berufsstand gebracht hat. Wer dazu etwas vorzubringen weiß, der möge nun seine Stimme erheben oder auf ewig schweigen.«

Nach und nach erhoben sich nun die anderen, und jeder von ihnen wusste von einer Schandtat zu erzählen, die Johann im Laufe der Jahre verübt hatte. Als der letzte seinen Bericht beendet hatte, sah der Maskierte in der Mitte auf den Mann, der zusammengesunken auf dem Stuhl saß, und sagte mit ernster Stimme: »Und Ihr, Beschuldigter, habt Ihr noch etwas zu Eurer Verteidigung zu sagen?«

Ohne den Blick zu heben, murmelte Johann: »'s meine Mutta. 's alles schuld. Imma meckern. Kein Spaß.« Und nach einer kurzen Pause: »Nix los hier. Wo 's 'n der Wein?«

Der Maskierte schüttelte den Kopf. Dann sprach er: »So fällt denn nun mit Gottes Hilfe Euer Urteil, meine Brüder.« Die Zwölf beugten sich zum Tisch und drehten ihre Messer so, dass sie alle mit der Spitze auf Johann zeigten. Da nahm auch der in der Mitte sein Messer und drehte es in dieselbe Richtung.

Einen Augenblick herrschte Schweigen in dem Raum, ehe der Richtspruch verkündet wurde. »Johann, Ihr seid vom geheimen Gericht einstimmig für schuldig und des Todes befunden worden. So bereitet nun Eure Seele für die Ewigkeit und möge Gott Euch gnädig sein.«

Auf einen Wink hin packten die beiden Begleiter ihn wieder bei den Armen und führten ihn hinaus. Auf der Straße wartete bereits eine Kutsche, deren Fenster geschwärzt waren. Damit fuhren die drei durch die menschenleere Stadt. Als der Wagen hielt, zogen die vermummten Männer den Kaufmannssohn heraus, schlossen eine Tür auf und schleppten ihn eine lange, gewundene Treppe hinauf. Endlich ließen sie ihn zu Boden sinken, wo er sogleich zu schnarchen begann. Sie durchsuchten noch rasch im Schein einer Kerze seine Taschen und nahmen ihm seinen Geldbeutel und ein kleines Messer ab. Als der eine jedoch nach dem Medaillon greifen wollte, das golden im Lichtschein aufgeblitzt hatte, hielt ihn der andere zurück. »Lass! Siehst du?« Langsam ließ er das Licht noch einmal über Kette und Medaillon gleiten, so dass man deutlich das Bild der Muttergottes erkennen konnte. »Es gibt Dinge, die darf man auch einem Lumpen wie dem nicht nehmen«, meinte er. Nach einem letzten Blick auf den ahnungslos Schlafenden verließen sie den Raum. Krachend fiel die schwere Eichentür hinter ihnen ins Schloss. Der Schlüssel drehte sich quietschend. Dann war Ruhe.

Am nächsten Morgen übergab ein Botenjunge Johanns Mutter ein kleines Päckchen. Als sie ihn fragte, von wem es denn sei, zuckte er nur die Achseln und meinte: »Hat mir irgendso'n Mann gegeben. Kenn ich nich.«

Kaum war der Junge gegangen, öffnete sie das Päckchen. Darin lagen Johanns Geldbörse und sein kleines Messer, das er immer einstecken hatte. Verwundert drehte sie es hin und her. Ob er die Sachen letzte Nacht irgendwo verloren hatte? Sie hatte ihn heute noch gar nicht gesehen.

Nachdenklich ging sie die Treppe hinauf und klopfte an seine Tür. Keine Antwort. Einen Moment lauschte sie angestrengt, hörte aber nichts. Da drückte sie die Klinke hinunter und ging in sein Zimmer. Das Bett war noch unberührt, alle Dinge an ihrem Platz. Johann war offensichtlich gar nicht nach Hause gekommen. Langsam sank sie auf einen Stuhl.

Es war zwar nicht ungewöhnlich, dass ihr Sohn nachts nicht nach Hause kam. Aber der Inhalt des Päckchens beunruhigte sie zutiefst. Was mochte es nur bedeuten?

Den ganzen Tag war sie angespannt und nervös, schaute alle paar Minuten die Straße hinauf und hinunter und fragte jeden, der ins Geschäft kam, ob er nicht ihren Johann gesehen habe.

Als der auch am nächsten Morgen noch nicht wieder aufgetaucht war, wusste sie, dass etwas Schlimmes passiert sein musste. Wo sollte er denn ohne Geld hingegangen sein? Noch einmal nahm sie sich das kleine Paket vor, doch es enthielt wirklich nichts anderes als die Geldbörse und das Messer. Es gab nicht den winzigsten Hinweis auf den Absender.

Schon wollte sie es wieder wegstellen, da fiel ihr das Packpapier auf. Schwarzes Packpapier. Schwarz – so waren, wie es hieß, die Masken, die die Geheimen bei ihren Verhandlungen trugen. Schwarz – das war auch die Farbe des Todes. Und im Jenseits brauchte man kein Geld mehr …

Schluchzend schlug sie die Hände vors Gesicht. »Oh Gott, Johann, das hab ich nicht gewollt! Du bist doch mein einziges Kind! Nein, das dürfen die nicht. Das lass ich nicht zu!«

Hastig warf sie sich ein Tuch um die Schultern und rannte, so schnell ihre zittrigen Beine sie trugen, zu dem Haus des Kaufmanns, dem sie ihren Sohn angezeigt hat. Laut hämmerte sie mit beiden Fäusten gegen die Haustür. Als ihr aufgemacht wurde, stürmte sie an dem erstaunten Dienstmädchen vorbei ins Haus und schrie mit heiserer Stimme: »Was habt Ihr mit ihm gemacht? Gebt mir meinen Sohn zurück! Ich will mein Kind wiederhaben!«

Da packte sie eine harte Männerhand von hinten und hielt ihr den Mund zu. »Seid still, dummes Weib!« zischte ihr der Kaufmann ins Ohr. »Wollt Ihr uns alle an den Galgen bringen? Oder glaubt Ihr etwa, die Schöffen würden mit den Anklägern mehr Mitleid haben als mit den Richtern?« Vorsichtig ließ er sie los. »Ihr wusstet, auf was Ihr Euch einlasst. Also jammert mir jetzt nicht die Ohren voll. Was geschehen ist, ist geschehen. Die Geheimen haben noch nie ein Urteil zurückgenommen und sie werden es auch für Euch nicht tun. Also findet Euch mit Eurem Schicksal ab.«

Tränen rannen über das Gesicht der Frau. »Aber er ist doch mein einziger Sohn! Ich liebe ihn doch, auch wenn er Fehler hat. Ich wollte doch nur, dass er so bestraft wird, dass es ihm eine Lehre ist.«

Eiskalt sagte der Mann: »Nun, dann ist Euer Wunsch doch in Erfüllung gegangen. Und jetzt macht, dass Ihr rauskommt und lasst Euch nie wieder bei mir blicken!«

Mit letzter Kraft schleppte sie sich nach Hause, wo sie weinend auf Johanns Bett zusammenbrach. Tagelang blieb sie in dem Zimmer, wollte nichts essen, kaum etwas trinken und erst recht niemanden sehen. Wer sollte ihr in ihrem Elend denn auch helfen können?

Einige Monate später verkaufte sie das Geschäft und ihr großes Haus. Statt dessen zog sie in ein kleineres in der Nähe der Weckschnapp, wo sie selbst in einfachen Verhältnissen lebte, während sie ihr gesamtes Vermögen dazu verwendete, den Armen zu helfen. Und jeden Tag ging sie zu St. Kunibert, um Gott um Verzeihung zu bitten für ihre große Schuld und für die Seele ihres Kindes zu beten. Was aber war wirklich mit Johann geschehen?

Nun, als er am Morgen nach seiner Verurteilung aufwachte, dachte er zunächst noch, das Schlimmste, was es auf Erden geben könnte, seien seine Kopfschmerzen. Dann merkte er, dass er auf dem harten Fußboden lag und dachte, er sei in der Nacht aus dem Bett gefallen. Also tastete er mit der Hand nach dem Bettpfosten, um sich wieder hinaufzuziehen. Statt dessen stieß er gegen harten, kalten Stein. Verwundert hob er ein wenig die Augenlider und blinzelte in das grelle Licht der Mittagssonne. Er befand sich in einem großen, leeren Raum, in den aus kleinen Fenstern, weit über seinem Kopf, die Sonne schien. In der Mitte des Bodens sah er eine Falltür. Mit einem Ruck setzte er sich auf, ließ sich aber gleich unter lautem Stöhnen wieder zu Boden sinken. Warum hatte er auch nur so viel getrunken letzte Nacht?! Er drehte sich vorsichtig auf den Rücken und sein Blick fiel auf das, was er befürchtet hatte, genau dort zu sehen: In der Mitte hing von der Decke ein Laib Brot.

Das konnte doch alles nicht wahr sein. Wie sollte er denn in die Weckschnapp gekommen sein? Was war letzte Nacht geschehen? Verzweifelt versuchte er sich zu erinnern. Er war im Gasthaus gewesen. Dann wollte er irgendwann nach Hause. Jemand hatte ihn auf der Straße angesprochen und zu einem Kostümfest eingeladen. Aber das ergab keinen Sinn, denn es war doch gar nicht Karneval. Sie waren in ein großes Haus gegangen. Wo es nicht lustig gewesen war. Und Wein hatte er auch keinen bekommen. Plötzlich sah er wieder, wie sich zwölf Messer mit den Spitzen auf ihn richteten, und es fiel ihm wie Schuppen von den Augen: Das war kein Kostümfest gewesen – die Geheimen hatten über ihn zu Gericht gesessen! Leise murmelte er: »Oh Gott, bitte, gib, dass es nicht wahr ist. Alles, nur das nicht ...«

Doch so bitter es auch war, er war in der Weckschnapp, zum Tode verurteilt, ohne jede Hoffnung auf Errettung. Oder? Er dachte an seine Mutter. Wahrscheinlich hatte sie mit ihrer Drohung Ernst gemacht und ihn tatsächlich angezeigt, weil er die letzte Zeit wieder nur noch sein Vergnügen im Sinn gehabt hatte. Aber eines wusste er genau: Den Tod hatte sie ihm trotz allem nicht gewünscht. Wenn sie erfuhr, was mit ihm geschehen war, würde sie dann nicht versuchen, ihn frei zu bekommen?

Das war seine einzige Hoffnung. Vielleicht brauchte er ja nur ein paar Tage durchhalten. Dann würde sich der Schlüssel im Schloss drehen. Er würde den Turm frei und lebendig verlassen dürfen. Und würde die Mutter in die Arme nehmen und schwören, ihr nie wieder Kummer zu bereiten …

Erschöpft schloss er die Augen und fiel in einen unruhigen Halbschlaf, aus dem er erst nach Sonnenuntergang erwachte. Sein Mund war wie ausgedörrt und nirgendwo ein Tropfen Wasser! Schließlich leckte er in seiner Verzweiflung über die kalten Steine, um sich ein wenig Erleichterung zu verschaffen.

Anfangs versuchte er, die Tage zu zählen, doch sie glitten vorbei und ineinander, einer wie der andere, bis er, wenn es dämmerte, oft nicht einmal mehr sagen konnte, ob es wohl Abend oder Morgen sei.

Gelegentlich regnete es und einige Tropfen verirrten sich durch die Fenster in den Turm, wo sie an der Wand hinunterrannen und von ihm begierig aufgesogen wurden. Manchmal erhaschte er eine Fliege, eine Spinne oder eine Motte, die er sich hastig in den Mund stopfte, um wenigstens die Illusion zu haben, er hätte etwas gegessen.

Wenn er die schrillen Schreie der Möwen über dem Rhein hörte, versuchte er sich vorzustellen, wie es wohl sein müsste, so frei zu sein. Und wenn er die Tauben, die auf dem Dach nisteten, gurren hörte, dachte er daran, wie seine Mutter gesagt hatte, sie wünsche sich nichts sehnlicher, als dass er endlich zur Ruhe käme, ein nettes Mädchen heiratete und eine Familie gründete. Wie sehr hatte sie von ein paar Enkelchen geträumt, die wieder etwas Leben in das große Haus bringen würden.

Immer wieder strich seine Hand über das goldene Medaillon, das sie ihm zu seiner Ersten Heiligen Kommunion geschenkt hatte. Und er begann zu beten. Er erzählte der Muttergottes von seinem Leben und wie er nun so vieles bedauerte. Dass er doch eigentlich alles hatte besser machen wollen als der Vater, ihn dann aber die leicht gewonnene Zuneigung in den Wirtshäusern geblendet und ins Verderben gelockt hatte. Wie er so gerne alles wieder gut machen und der Mutter noch einen schönen Lebensabend schenken würde.

Allmählich verließen ihn die Kräfte. Jeden Tag wurde er ein bisschen dünner und ein bisschen schwächer. Endlich gab er sich einen Ruck und sagte sich, dass es keinen Sinn mehr hatte, auf Rettung von außen zu hoffen.

Wissenswertes

Von diesem Turm wird gerne behauptet, er sei die Weckschnapp. Tatsächlich handelt es sich aber um das kleine »Thürmchen«, das ebenfalls zur Hafenmauer gehörte. Die echte Weckschnapp befand sich etwa da, wo heute die Bastei steht, und wurde 1784 von der großen Eisflut, einem der schlimmsten Hochwasser, die Köln je erlebte, fortgerissen. Ob sie wirklich als Hinrichtungsstätte der Femegerichte gedient hat, gilt als höchst zweifelhaft. Möglicherweise ist der Ursprung der Geschichte darin zu finden, dass die nahe gelegene Kunibertstorburg als Gefängnis benutzt wurde.

Er musste selbst versuchen, zu entkommen. Die Eichentür war zu stark und das Schloss konnte er nicht aufbrechen. Die Fenster waren zu schmal und zu weit oben. Der einzig mögliche Weg nach draußen war durch die Falltür. Also legte er sich vor ihr auf den Boden und drückte sie nach unten. Lauter wurde das Rauschen des Rheines und schwach sah er die Messer im Schacht aufblitzen. So gut es ging prägte er sich ihre Lage ein, ehe er die Falltür wieder hochklappen ließ.

Den Rest des Tages verbrachte er im Gebet. Als die Nacht hereinbrach und die Geräusche der Stadt allmählich verebbten, bekreuzigte er sich noch einmal und befahl seine Seele Gott. Dann nahm er alle Kraft zusammen und sprang nach dem Weck, den er auch tatsächlich erhaschte. Lang ausgestreckt fiel er hinunter, direkt auf die Falltür, die aufklappte. Der Wind sauste ihm einen Augenblick um die Ohren, doch schon tauchte er in den rauschenden Fluss. Mühsam stemmte er sich gegen die Strömung und paddelte ans Ufer, das Brot noch immer in der Hand.

Keine einzige Verletzung hatte er davon getragen, denn er war, wie er gehofft hatte, genau in der Mitte hinuntergefallen, wo die Messer gerade genug Platz ließen für jemanden, der so dürr war wie er und der sich kerzengerade ausgestreckt hielt! Zitternd kniete er sich in den Kies und sandte ein Dankgebet zu Maria. Dann nahm er das inzwischen leicht aufgeweichte Brot und biss herzhaft hinein. Doch nur ein paar Mal, denn sonst wäre es für seinen geschwächten Körper vielleicht zu viel gewesen. Während dieses Festmahls überlegte er, wo er nun hin sollte. Am liebsten wäre er ja zu seiner Mutter nach Hause gelaufen, aber da durfte er sich wegen der Geheimen die nächste Zeit nicht sehen lassen. Die brachten es fertig und sperrten ihn noch einmal ein. Also musste er die Stadt verlassen, was im Schutze der Nacht nicht schwierig war.

Mühsam rappelte er sich auf, klemmte sich das Brot unter den Arm und trabte am Ufer entlang. Erst als er die Stadt schon eine ganze Weile hinter sich gelassen hatte, kletterte er eine Böschung hoch und gelangte an eine Straße.

Nach einiger Zeit begegnete ihm ein Bauer, der ihn ein Stück auf seinem Wagen mitnahm. Dann schloss er sich für ein paar Wochen einem Händler an. Eine Weile reiste er mit dem fahrenden Volk, wo man ihm das Jonglieren und allerlei kleine Zauberkunststückchen beibrachte.

Weiter und weiter entfernte er sich von seiner Heimatstadt, bis er nach Flandern gelangte. Dort trat er in den Dienst eines reichen Kaufmannes und brachte es, da er klug und geschickt war, schließlich sogar zu einem eigenen Geschäft.

Niemand fragte nach seiner Herkunft oder was ihn in das fremde Land getrieben hatte, bis er eine junge Frau kennen lernte, die er liebte und heiratete. Ihr vertraute er sich eines Tages an, als ihn wieder einmal das Heimweh nach Köln überfiel. Da riet sie ihm, doch zurückzukehren und zu sehen, was aus seiner Mutter geworden sei. Vor den Geheimen brauchte er sich nach all den Jahren schließlich nicht mehr zu fürchten. Die würden in dem erfolgreichen, vornehm gekleideten Kaufmann niemals den missratenen Jüngling von einst wiedererkennen.

Er folgte ihrem Rat. Mit einem seiner schönsten und größten Schiffe reiste er nach Köln. Viel Volk lief zusammen, um es zu bestaunen, als es anlegte. Da fragte er gleich nach seiner Mutter, ohne aber zu sagen, wer er war und weshalb er Genaues über sie wissen wollte.

Wie erschrak er, als er hörte, dass sie nun schon seit zehn Jahren an St. Kunibert lebte und all ihr Geld für die Armen und Kranken verwendete, ohne auch nur einen Pfennig mehr für sich selber auszugeben, als unbedingt nötig. Hätte er ihr doch nur schon früher zumindest geschrieben, dann hätte sie nicht das Gefühl gehabt, sich so hart bestrafen zu müssen!

Doch nun war er ja da und er würde sie heimholen zu sich und seiner lieben Frau, die schon bald ihr erstes Kind erwartete. Keinen Tag länger sollte seine Mutter sich um ihn grämen!

Eilig machte er sich auf den Weg. Schon bald fand er das Haus, das man ihm beschrieben hatte. Er klopfte und nach ein paar Minuten öffnete ihm eine alte Frau mit verhärmtem Gesicht und schlohweißem Haar. Erstaunt sah sie ihn an. »Was wünscht Ihr, edler Herr? Ihr habt Euch gewiss in der Tür geirrt ...«

»Nein nein«, entgegnete Johann, »ich denke, ich bin bei Euch schon richtig. Hattet Ihr nicht einen Sohn?«

Die Frau erbleichte und alle Kraft schien aus ihrem Körper zu weichen. Den Blick gesenkt antwortete sie leise: »Ich ... hatte ... einen Sohn, ja ...«

Behutsam nahm der Mann sie bei den Schultern, schob sie ins Haus und schloss die Tür. »Ich glaube, es ist besser, wenn Ihr Euch setzt, ehe ich Euch sage, weshalb ich hier bin«, meinte er.

Gehorsam führte die Alte ihn in ein kleines Zimmer, in dem ein Lehnstuhl stand, in den sie sich sinken ließ. Nachdenklich musterte sie ihn dabei. »Ich weiß nicht, ich habe das Gefühl, dass ich Euch schon einmal irgendwo gesehen habe. Auch Eure Stimme klingt so vertraut«, murmelte sie. Da kniete Johann vor ihr nieder. Tränen standen in seinen Augen, als er ihre rauen, faltigen Hände ergriff und sagte: »Ihr habt mich gesehen. Und Ihr habt meine Stimme gehört. Bis man mich in die Weckschnapp gesperrt hat, Mutter. Aber jetzt bin ich gekommen, um Euch heimzuholen zu meiner Familie.«

Erst schien es, als hätte die Frau ihn nicht recht verstanden. Doch dann sagte sie ungläubig: »Johann?« und einen Augenblick später lagen Mutter und Sohn sich in den Armen, als wollten sie einander niemals mehr loslassen.

»Nicht
die Kinder bloß

speist man mit

Märchen ab.«

Lessing

Der Bürgermeister in der glühenden Kutsche

»Nächste Woche ist es wieder so weit.«

»Ja, mir graust auch schon davor. Vielleicht fahr ich diesmal aufs Land, bis es vorbei ist.«

»Hast du eigentlich mal richtig zugeguckt?«

»Ich? Nee, wenn das Gerumpel losgeht, steck ich den Kopf unter die Bettdecke und sage so viele Vaterunser auf wie sonst das ganze Jahr nicht.«

Die beiden Männer saßen in einer Gaststätte, an einem Tisch in der hintersten Ecke. Der große, kräftig gebaute beugte sich verschwörerisch zu dem kleineren, schmächtigen.

»Ich hab es schon mal gesehen.«

»Ja? Ist es wirklich so, wie die Leute immer sagen?«

»Also, du musst dir vorstellen, am Rathaus geht es ja los. Während die Glocken noch Mitternacht verkünden, öffnet sich da die Erde und du siehst plötzlich Flammen aus diesem Loch schlagen. Und dann ertönt ein Dröhnen und Gerumpel, dass die Straße unter deinen Füßen bebt.«

Der Erzähler nahm genüsslich einen langen Schluck aus seinem Bierkrug, während der andere hastig seinen Schnaps hinunterkippte und sich mit zittriger Hand über den Mund wischte. Wie gebannt hing er an den Lippen seines Tischnachbarn und wartete, dass er fortfuhr.

»Als nächstes kommen die Pferde: sechs feurige Rappen ...«

»Jupp hat aber gesagt, es wären Schimmel!«

»Quatsch – Schimmel! Als ob es in der Hölle Schimmel gäbe! Das sind Rappen, schwarz wie die Sünde, und unter ihren Hufen sprüht es Funken, wenn sie die Straße entlang galoppieren. Die Kutsche dahinter sieht aus, als wäre sie aus glühendem Eisen. Und der Kutscher! Die roten Haare flattern

wie lodernde Flammen und in seinem roten Gewand scheint er das Höllenfeuer noch in sich zu tragen. Mit seiner großen Peitsche treibt er die Pferde die Straße hinunter ...«

Erneut unterbrach der Mann seine Erzählung und bedeutete dem Wirt, dass er kommen und ihnen nachschenken möge. Als dies geschehen war, fuhr er fort: »Und in der Kutsche sitzt der Bürgermeister. Genau, wie sie es immer sagen. Und dass das für den keine Spazierfahrt ist, das sieht man deutlich. Die Höllenqualen sind ihm ins Gesicht geschrieben und aus seinen Haaren steigen Rauchschwaden auf, so heiß ist es da drin.«

»Weiß man eigentlich, wer das ist?«

»Nein, den Namen kennt wohl keiner mehr. Aber es heißt, er soll ein wahrhaft böser Mann gewesen sein, mit einem Herzen hart wie Stein und kalt wie Eis.«

»Ich hab mal gehört, er soll sich geweigert haben, den Leuten während einer Hungersnot Korn aus seinem Speicher etwas billiger zu verkaufen. Statt dessen hat er es die Mäuse fressen lassen.«

»Jaja, die Geschichte sollte sich auch in der heutigen Zeit vielleicht noch der eine oder andere eine Warnung sein lassen, dass Hochmut bekanntlich vor dem Fall kommt.«

»Da hast du wohl recht.« Aus den Blicken, die sich die beiden zuwarfen, konnte man schließen, dass sie dabei an ein und dieselbe Person dachten.

»Und am Festhaus, am Gürzenich, ist dann Schluss mit dem Spuk?«

»Genau. Da verschwindet das Höllengefährt wieder in der Erde. Bis zum nächsten Karfreitag. Aber den Schwefelgeruch, den kannst du noch lange danach in der Luft spüren.«

Den Schnapstrinker schauderte es sichtlich bei dieser Vorstellung. »Ich werd wohl diesmal wirklich wegfahren. Auch wenn ich es mir in diesen schlechten Zeiten eigentlich gar nicht leisten kann.« Mit einem Stoßseufzer setzte er sich seinen Hut auf.

»Na denn. Schönen Abend noch. Trotz alledem. Und danke für die Einladung. War schön, mal wieder mit dir zu reden.«

»Bitte, wie war das? Was wollt ihr von mir?!«

Drohend ging Bürgermeister Lyskirchen einen Schritt auf die

Abordnung der Kölner Bürger zu, die er im Langen Saal des Rathauses zu empfangen geruht hatte. Und diese wichen ängstlich zurück, bis sie direkt unter den Statuen der neun guten Helden standen, die eine Wand des Saales schmückten. Doch waren die Kunstwerke nicht nur Schmuck. Je drei edle Menschen aus der Zeit vor Christi Geburt, aus der Zeit Christi und aus der jüngeren Vergangenheit sollten Vorbild für Ratsherren und Bürgermeister der Stadt sein.

Aber Bürgermeister Lyskirchen hatte nur Augen für die verängstigten Bürger, die sich zusammendrängten wie eine Herde magerer Schafe vor dem Wolf.

»Meine Kornspeicher soll ich öffnen für euch? Ja, meint ihr denn, mir hätte jemand jemals etwas geschenkt? Dass ich noch Korn habe, während eure Speicher leer sind, das ist alleine mein Verdienst. Weil ich beizeiten gespart habe. Und jetzt soll ich eure Faulenzerei und schlechte Haushaltung auch noch belohnen?«

Das Historische Rathaus

»Hoher Herr«, versuchte einer der Kölner vorsichtig einzuwenden, »wir wollen ja gar nichts geschenkt haben. Wenn Ihr nur die Gnade hättet, uns mit dem Preis ein wenig entgegenzukommen ...« Mit hochrotem Kopf starrte Lyskirchen den Sprecher an. Dann donnerte es aus ihm heraus: »Da kann ich mein Korn ja gleich den Mäusen zum Fraß ...«

»Vorsicht«, unterbrach ihn ein anderer, schon etwas älterer Mann. »Bedenkt, bald ist Karfreitag!«

»Jetzt reicht es mir aber! Macht, dass ihr rauskommt, alle miteinander! Und mit eurem Spuk, mit dem mögt ihr Waschweiber das Fürchten lehren! Ich werde euch zeigen, was ich von eurem Spuk halte ...«

In der darauffolgenden Karfreitagnacht konnte man ein seltsames Schauspiel beobachten. Einige Männer brachten auf Handkarren Säcke in die Straße zwischen Rathaus und Gürzenich und begannen, auf Anweisung des Bürgermeisters deren Inhalt dort zu verteilen. Im ersten Moment dachten die Leute, die das sahen, der Bürgermeister sei jetzt vollends verrückt geworden und schütte sein Korn auf die Straße. Doch Korn war nicht so schwarz ... Und bald zog das Gerücht durch die Stadt: »Der Lyskirchen hat Schießpulver auf die Straße geschüttet! Glaubt der denn allen Ernstes ...?«

Ja, er glaubte tatsächlich, damit den Höllenspuk beseitigen zu können. Und natürlich wollte er sich das mitternächtliche Schauspiel um keinen Preis entgehen lassen. Er postierte sich also rechtzeitig in einem Hauseingang in der Nähe des Rathauses und wartete, während anständige Bürger sich in ihre Häuser zurückzogen und Vorhänge und Fensterläden schlossen, um so wenig wie möglich von der Geisterfahrt mitzubekommen.

Lange Zeit blieb alles ruhig. Doch plötzlich berührte etwas seinen Fuß. Nach einigen Minuten wieder. Und

Wissenswertes

Wenn man sich die Rathauslaube weg- und die dichte mittelalterliche Bebauung auf der linken Seite dazudenkt, hat man einen guten Eindruck von der Straße, durch die der spukende Bürgermeister alljährlich fahren musste.

wieder. Angestrengt versuchte der Bürgermeister, im Dunkel etwas zu erkennen. Und dann sah er sie: Hunderte, Tausende, vielleicht sogar Zehntausende von Mäusen und Ratten strömten von überall her aus der Stadt und aus den Kellerlöchern zum Rathaus, stürzten sich auf das Schießpulver und fraßen es. Ausgemergelt und vor Hunger fast wahnsinnig durch die lange Notzeit schienen sie gar nicht zu merken, dass das kein Korn war. Verzweifelt rannte er auf die Straße und fuchtelte wild mit den Armen, um die Tiere zu vertreiben, doch selbst als er begann, sie mit seinen schweren Stiefeln zu zertreten, nahmen die Überlebenden keinerlei Notiz von ihm. In seiner Aufregung hörte er nicht, wie die Glocken am Rathausturm begannen, die Mitternacht einzuläuten. Und er spürte auch nicht, wie, während das letzte Schießpulver von der Straße verschwand, die Erde zu beben begann.

Als der teuflische Kutscher mit der Peitsche knallte, war es zu spät. Wie ein glühendes Band legte sich ihm die Schnur um den Hals und er spürte, wie er den Boden unter sich verlor und in die Kutsche gezerrt wurde.

Wie gerne hätte er geschrieen, als er sich plötzlich auf einem glühendheißen Sitz neben seinem hartherzigen Amtsvorgänger wiederfand, doch brachte er nur ein heiseres Krächzen hervor, ehe sich am Gürzenich die Erde auf immer über ihm schloss. Ein anderer Zuschauer hatte den Spuk hingegen unbeschadet überstanden. Vorsichtig löste sich jetzt aus dem Dunkel die Silhouette des alten Mannes, der versucht hatte, Lyskirchen im Rathaus zu warnen. »Jesus, Maria und Josef«, murmelte er, während er sich wiederholt bekreuzigte. Das musste er unbedingt den anderen erzählen. Die würden Augen machen!

Wie ein Lauffeuer verbreitete sich die Nachricht vom unrühmlichen Ende des Bürgermeisters in der Stadt und nur wenige sagten statt eines erleichterten »Geschieht dem alten Kniesbüggel recht!« ein leises »Gott sei seiner armen Seele gnädig!«.

Tatsächlich war und blieb Lyskirchen verschwunden. Doch hatte er zumindest eines erreicht: Auch sein spukender Vorgänger belästigte die Kölner in Zukunft nicht mehr.

Jan von Werth

Ein toller Bursche

Jan war auf einem Bauernhof aufgewachsen, wollte aber nicht in seinem kleinen Heimatdorf bleiben. Sobald er alt genug war, zog er deshalb nach Köln und verdingte sich dort auf einem großen Gutshof.

Die Zeiten waren schwer, denn es herrschte Krieg. Der Stadt am Rhein war es gelungen, weitgehend davon verschont zu bleiben, indem sie sich für neutral erklärte, aber trotzdem gab es immer wieder Engpässe in der Versorgung. Auch fand so mancher junge Mann den Frieden eher langweilig und hatte sich als Landsknecht werben lassen. So war der Gutsherr vom Kümpchenshof froh, den starken Dorfburschen als Hilfe zu haben.

Doch nach einiger Zeit packte auch Jan die Unzufriedenheit. In jeder freien Minute schlich er um die Werber auf dem Alter Markt herum, die jedem, der es hören wollte, das Soldatenleben in den buntesten Farben ausmalten. Von Abenteuern war da die Rede, von Heldenmut und natürlich auch von reicher Beute.

Noch aber hielt den jungen Mann etwas in der Stadt. Genauer gesagt: jemand. Schon am ersten Tag war ihm auf dem Hof eine junge Frau aufgefallen. Zuerst hatte er gedacht, sie sei sicher eine Tochter seines Herrn, so selbstbewusst trat sie auf. Doch schon bald erfuhr er von den andern, dass sie nur eine einfache Magd war, die Griet hieß, und dass ihre Eltern nicht mehr besaßen als seine eigenen. Je länger Jan sie beobachtete, desto sicherer wurde er sich: Die und keine andere wollte er zur Frau haben! Es gefiel ihm, wie leicht ihr die Arbeit von der Hand ging, wie hübsch und stolz sie war.

Oft träumte er, während er ein Feld umpflügte oder die Kühe molk, davon, wie es wohl wäre, mit ihr verheiratet zu sein. Er wäre natürlich ein tapferer Soldat und sie seine brave Frau, die ihm das Haus führte und die Kinder erzog. Und wenn er müde und abgekämpft heimkehrte, würde sie ihn mit offenen Armen und ihrem strahlenden Lächeln begrüßen. Und wenn sie ihm dann seinen Lieblingsstuhl an den warmen Herd rückte, zöge er eine goldene Kette oder einen silbernen Ring aus der Tasche, den er irgendeinem reichen Halunken, nachdem er ihn einen Kopf kürzer gemacht hatte, abgenommen hatte. Vor Dankbarkeit würden sich ihre Augen mit Tränen füllen, und er konnte es regelrecht vor sich sehen, wie sie ihm um den Hals fiel und ihm ins Ohr flüsterte: »Ach, mein Jan, ohne dich könnte ich gewiss nicht mehr leben!«

Eines Tages passte er also einen Moment ab, wo er mit ihr alleine war, und sagte: »Du, Griet, ich wollte dich schon länger was fragen ...«

Sie war gerade damit beschäftigt, die Wäsche von der Leine zu nehmen und in den großen Weidenkorb zu falten. Jetzt richtete sie sich auf, stemmte beide Hände in die Seiten, legte den Kopf etwas schief und meinte: »Na, dann frag doch. Ich beiß schon nicht.«

Wissenswertes

Äpfel kann man an der Severinstorburg noch immer kaufen. Aber es ist sehr unwahrscheinlich, dass die Marktfrau Griet heißt.

Zurück konnte er nicht mehr. Also wagte er es einfach: »Griet, willst du meine Frau werden?«

Wenn er erwartet hatte, dass sie nun vor Begeisterung in Ohnmacht fallen würde, dann hatte er sich geirrt. Sie blieb einfach stumm stehen und blickte ihn an, als erwartete sie, dass er noch mehr sagen wollte.

Etwas verunsichert begann er zu stottern: »Na ja, du ... du weißt ja, ich ... ich hab nicht viel, aaber ich werd Landsknecht und dann, ... ja, dann krieg ich viel Geld ... und dann ... dann sind wir bald reich ... und dann ...« Mehr fiel ihm nicht mehr ein. Zum Teufel, was starrte sie ihn auch so an? Irgendwie hatte er sich das anders vorgestellt.

Endlich erbarmte sich Griet. Sie tat einen Schritt auf ihn zu und nahm seine Hände. Dann sagte sie: »Jan, bitte versteh mich nicht falsch. Du bist ein netter Kerl, und ich hatte ja keine Ahnung, dass du ... na, dass du mich heiraten willst. Aber es geht nicht.«

Jan war wie vom Donner gerührt. »Aber warum denn nicht? Ich bin Knecht und du eine Magd – da passen wir doch zueinander!«

Griet lächelte ihn mitleidig an. »Stimmt, du bist ein Knecht. Und vielleicht wirst du als Soldat auch wirklich reich. Vielleicht aber auch nicht. Und wenn du ohne Beine aus dem Krieg heimkehrst? Oder ohne Arme? Dann kannst du nicht einmal mehr als Knecht arbeiten.

Nein, Jan. Ich verlange nicht viel vom Leben. Aber ich möchte nicht noch in zwanzig Jahren für andere Leute waschen, putzen und die Hühner füttern. Wenn schon, dann möchte ich es für mich selber tun. Bäuerin, das wär ich gern. Und ich glaube, der Anton vom Nachbarshof, der hat ein Auge auf mich geworfen. Und ich bin ihm auch gut.« Leise fügte sie noch hinzu: »Tut mir leid für dich.« Dann wandte sie sich ab, nahm den Korb und verschwand im Haus, ohne sich noch einmal umzusehen.

Jan verstand die Welt nicht mehr. Was wollte sie denn mit dem dicken Anton? Nur weil der den Hof erben würde! Im ersten Moment hätte er sich am liebsten in eine dunkle Ecke gesetzt und Tränen der Enttäuschung geweint, doch dann wurde er immer wütender. Blöde Ziege! Der würde er es heimzahlen! Die würde schon noch sehen, was sie davon hatte.

Am nächsten Morgen ließ er sich von seinem erstaunten Herrn auszahlen und zog als Landsknecht in den Krieg.

Im folgenden Jahr hielten Griet und Anton Hochzeit. So erfüllte sich der größte Wunsch der jungen Frau: Sie wurde Herrin über ein eigenes Gehöft. Und da sie und ihr Mann sich herzlich liebten, war ihr Glück vollkommen.

Nach und nach bekamen die beiden eine Reihe Kinder, die, als sie älter wurden, den Eltern zur Hand gingen, so dass deren Arbeit sich verringerte. Schließlich betreute Griet nur noch einmal in der Woche den Marktstand an der Severinstorburg, an dem sie ihr Obst und Gemüse und im Herbst auch Kastanien verkauften.

Langsam mischte sich das erste Grau in ihre Haare, doch war sie noch immer hübsch und steckte oft mit ihrer Fröhlichkeit die anderen Marktfrauen an.

Eines Tages hielt sie gerade ein gemütliches Schwätzchen mit einem Kunden, als ihre Standnachbarin sich einmischte und sagte: »Habt ihr schon gehört? Heute kommt ja der große von Werth nach Köln! Sie sagen, dass er hier durch die Severinstorburg reitet. Ich bin ja schon so aufgeregt!«

Griet runzelte die Stirn. In der Politik wusste sie nicht so genau Bescheid, aber den Namen hatte sie schon einmal irgendwo gehört. »Ist das nicht der Reitergeneral, der die Festung bei Koblenz befreit und die Franzosen vertrieben hat?« fragte sie.

»Genau. Jetzt haben die Schiffe endlich wieder freie Fahrt auf dem Rhein. Dieser von Werth, das muss ein ganz toller Bursche sein. Und gut aussehen soll er noch obendrein! Aber dem ist wohl keine Frau gut genug.«

Jan von Werth auf dem gleichnamigen Brunnen am Altermarkt

»Na, Martha, wer weiß«, lachte Griet, »vielleicht verliebt er sich ja ganz plötzlich in dich, wenn er hier vorbeikommt. Oder in deine dicken roten Äpfel!«

Immer mehr Volk strömte zusammen. Alle wollten den berühmten General erleben. Und da es ein kalter Herbsttag war, wollten fast alle bei Griet heiße Kastanien kaufen. Sie kam richtig ins Schwitzen, die Locken hingen ihr strähnig über die Nase und ihre Wangen glühten feuerrot, als endlich die ersten Fanfaren den hohen Besuch ankündigten. Immer wieder reckte sie sich zwischendurch auf die Zehenspitzen, um vielleicht auch einen Blick zu erhaschen. Doch als der General näher kam, drängten die Soldaten die Menge so weit zurück, dass sie von ihrem Marktstand aus eine ganz hervorragende Aussicht hatte.

Endlich: Da war er! Großartig sah er aus, in seiner grün-weiß-gelben Uniform und mit den Federn am Hut. Mit Schnäuzer und Spitzbart wirkte er richtig frech, obwohl er von den vielen Siegesfeiern etwas rundlich geworden war. Aber alles in allem eine imposante Erscheinung auf seinem stolzen Ross.

Plötzlich sah der General zu Griet hinüber. Ihre Blicke trafen sich und beide erstarrten für einen Moment. Langsam lenkte er sein Pferd zu ihrem Marktstand. Von oben herab sagte er spöttisch zu ihr: »Tja, meine liebe Griet, da staunst du, was? Hättest du mich damals nur geheiratet.«

Griet strich sich eine Haarsträhne aus der Stirn, lächelte versonnen und meinte: »Ach Gott, Jan, wenn man das damals alles so hätte wissen können … Aber, wer weiß, vielleicht ist es so doch besser.«

Den letzten Satz hatte Jan jedoch nicht mehr gehört. Er hatte sein Pferd schon wieder abgewendet. Zu einem seiner Begleiter meinte er nur abfällig: »Kannst du dir vorstellen, dass ich in die mal verliebt war?! Das muss wohl eine Geschmacksverirrung gewesen sein.«

Bei diesen Worten verspürte Griet einen kleinen Stich in der Brust. Aber wirklich nur einen ganz kleinen. Und als sie am Abend Anton von ihrem Erlebnis erzählt hatte, nahm sie ihn in den Arm und drückte ihn kräftig. Anschließend gestand sie ihm, dass ihr ein Bauer mit viel Herz noch immer tausendmal lieber sei, als ein General mit viel Geld.

»Die Literatur
der Völker beginnt
mit Sagen und endet
mit Romanen.«

Josef Joubert

Der gespenstische Geizkragen

Der Geist im Sack

Vor langer, langer Zeit lebte in einem großen und wunderschönen Haus am Rheinufer ein alter Mann, der war furchtbar reich und ganz alleine. Das hätte nicht so sein müssen, denn von dem vielen Geld hätte er Leuten helfen, Freunde zum Essen einladen oder Feste feiern können. Aber er interessierte sich nur für die klimpernden Münzen, die er, hatte er sie erst einmal in den Klauen, nicht mehr hergab. Manche behaupteten sogar, dass ihm nichts heilig sei, wenn es darum ging, noch mehr Geld zu scheffeln, und dass er schon manchen gutgläubigen Menschen betrogen und ins Unglück gestürzt habe, nur um den eigenen Reichtum zu vermehren.

Niemand besuchte ihn mehr, denn von Tag zu Tag schien er böser und hartherziger zu werden. Den eigenen Kindern

Häuser am Rheinufer

hatte er vorgeworfen, sie seien bloß hinter seinem Geld her, und sie aus der Türe gejagt. Zu guter Letzt hatte er selbst auf den Herrn Pastor, der ihn warnte, er solle doch auch an sein Seelenheil denken, seinen bissigen Wachhund gehetzt.

Sein ganzes Vermögen aber stapelte er in dem riesigen Gewölbe unter seinem Haus, und war ein Raum voll, so mauerte er ihn zu, damit ja niemand etwas stehlen könnte.

Jeden Abend sah man durch die Kellerfenster seine Kerze flackern und hörte, wie der Alte sorgfältig die Münzen zählte, damit ihm nur keine verloren ginge.

Eines Tages saß er wieder einmal so da und sortierte seine Schätze; da hörte er plötzlich ein Geräusch hinter sich. Als er sich umdrehte, stand dort ein Fremder. Er erschrak darüber so sehr, dass ihm sogar seine üblichen Schimpftiraden im Halse stecken blieben.

Sein Besucher strich sich mit langen Fingern über den schwarz glänzenden Spitzbart und grinste ihn frech an. »Nun, das ist ja ein schönes Sümmchen, was Ihr da zusammengekratzt habt, mein Guter. Eure Erben werden sich freuen«, meinte er mit schnarrender Stimme.

»Meine ... was? Wieso? ... Was ... wollt Ihr?« stotterte der Geizkragen.

»Was ich will? Nicht viel, eigentlich. Nur deine Seele!« lautete die Antwort. Noch ehe der Alte ein weiteres Wort sagen konnte, trat der andere einen Schritt auf ihn zu und legte ihm die Hand auf die Brust. Der Mann spürte, wie sich sein Herz zusammenkrampfte, als würde es zerquetscht, dann wurde ihm schwarz vor Augen.

So fand man ihn am nächsten Tag. Das Gesicht schmerzhaft verzerrt, die Augen verdreht, lag er tot zwischen Talern und Dukaten.

Niemand war betrübt über seinen Tod. Ganz im Gegenteil, mancher hätte wahrscheinlich am liebsten einen Freudentanz auf seinem Grab aufgeführt.

Seine Kinder teilten das Vermögen gerecht untereinander und überließen das Haus der jüngsten Tochter, die als einzige noch in Köln wohnte und eine große Familie hatte, die ein solches Prachthaus gut mit Leben füllen konnte.

Doch damit sollte es noch eine Weile dauern. Kaum war der Geizkragen nämlich beerdigt, da begann es in dem Haus zu spuken.

Sobald es Mitternacht schlug, flammte im Keller plötzlich Kerzenlicht auf. Dazu hörte man wie eh und je den Alten seine Münzen zählen und mit ihnen klimpern. Doch nicht genug damit. Es war natürlich nur noch wenig Geld da, weil die Erben es ja untereinander aufgeteilt hatten. Und so begann der Geist schon nach kürzester Zeit zu jammern und zu klagen, zu schimpfen und zu schreien, dass man ihn ganz schrecklich bestohlen habe und er an den Dieben grausame Rache nehmen werde. So ging es jede Nacht eine Stunde lang. Schlug die Kirchturmuhr eins, war der Spuk vorbei.

Wer wollte schon gerne sein Haus mit so einem Untermieter teilen? Die junge Frau beriet sich also mit ihrem Mann und sie wandten sich an einen Mönch, von dem es hieß, er habe Erfahrung im Bannen von Gespenstern. Der ließ sich alles aufs Genaueste schildern und überlegte ein Weilchen. »Das ist ein ausgesprochen schwieriger Fall«, sagte er endlich bedächtig. »Aber ich will sehen, was sich machen lässt.« Schon am nächsten Abend betrat er kurz vor der Geisterstunde das unheimliche Haus mit einem großen Sack auf dem Rücken. Einige Zeit später kam er wieder aus der Haustür, den Sack prall gefüllt. Mühsam ging er die wenigen Schritte zum Ufer des Rheines hinunter, wo er einen Fischer antraf, der eigentlich gerade Feierabend machen und nach Hause gehen wollte. Der Mönch bot ihm ein ganzes Goldstück, wenn er ihn zu dieser Uhrzeit noch mit seiner Last ins Siebengebirge und anschließend nach Köln zurück fahren würde. So einen

hervorragenden Handel wollte sich der Mann natürlich nicht entgehen lassen. Allerdings schaute er etwas besorgt, als das Boot unter dem Gewicht des Sackes bis fast an den Rand ins Wasser sank. Trotzdem, es war eine ruhige Nacht, das Geld war leicht verdient und er legte ab. Eine Zeit lang fuhren sie so stumm über den dunklen Strom. Gelegentlich schien sich in dem Sack etwas zu bewegen. Manchmal meinte der Fischer sogar, ein leises Stöhnen zu hören. Oder war es nur Einbildung?

Endlich erreichten sie das Siebengebirge. Das Schiff legte an und der Mönch ging mit seiner schweren Last an Land, wo er schon bald nicht mehr zu sehen war.

Als er vielleicht eine halbe Stunde später zurückkehrte, den leeren Sack über den Arm gehängt, konnte der Fischer seine Neugier nicht mehr länger zügeln. »Sach ens, wat wor dann do dren?« fragte er seinen Fahrgast. Dieser schmunzelte und erzählte von dem ruhelosen Geizkragen und wie es ihm gelungen war, seinen Geist durch Beschwörungen in den Sack zu bekommen. Und wie er diesen schließlich im Siebengebirge freigelassen hatte, natürlich nicht, ohne ihn vorher mit einem Bannspruch daran zu hindern, jemals wieder in Köln sein Unwesen zu treiben.

Als sie anlegten, war er gerade mit seiner Geschichte fertig geworden. Zum Abschied mahnte er den Fährmann noch, sich das eine Warnung sein zu lassen und gut zu überlegen, was er mit seinem Goldstück anfange.

Das Gespenst ist seither noch oft in seiner neuen Heimat gesehen worden, wo es jammert und schimpft, dass es nicht mehr in Köln nach seinen Schätzen sehen darf.

Die junge Frau zog mit ihrer Familie in das große Haus, das nun jeden Tag mit Fröhlichkeit und Leben gefüllt war.

Und der Fischer kaufte sich von seinem unerwarteten Reichtum ein zweites Boot, brachte es durch seinen Fleiß zu Wohlstand und Ansehen, vergaß darüber aber trotzdem niemals, dass es im Leben Wichtigeres gibt als das Klimpern der Münzen.

»Die Kinder glauben
an die Wirklichkeit
der Märchen, aber auch das
Volk hat noch nicht ganz
aufgehört an seine Sagen
zu glauben.«

Josef Joubert

Das spukende Milchmädchen

Um Mitternacht
auf der Burgmauer

»So, es wird Zeit für mich. Man sieht sich!« Leicht schwankend erhob sich Hermann von dem Tisch, an dem seine Freunde saßen und tranken. Er wäre ja noch geblieben, aber sein Weg führte ihn in eine andere Richtung und durch dunkle Straßen, die er nicht gerne nach Mitternacht durchquerte.

»Ach komm, Hermann, einer geht noch!«

»Nein, nein, es ist mir ernst. Ich muss doch …«

»Hermann, ich geb' noch einen aus. So leicht schleichst du dich nicht davon.«

Das war Hartger, dessen Namenstag sie an diesem Abend schon recht ausgiebig begossen hatten. Und wenn Hartger einlud … Mit einem Seufzer ließ sich Hermann wieder in seinen Stuhl sinken.

Erst eine halbe Stunde später gelang es ihm, sich zu verabschieden. Als er aus der Tür der Gaststätte trat, fröstelte er im kalten Nachtwind und schlug den Mantelkragen hoch. Es war viel zu spät. Er hätte schon längst zu Hause im warmen Bett liegen sollen. Vorsichtig ging er an den Häusern entlang über den Alter Markt, Richtung Dom. Immer wieder musste er aufpassen, dass er nicht auf den Abfällen ausglitt, die von den Händlern fortgeworfen worden waren. Doch auch, als er den Markt hinter sich gelassen hatte, wurde es nicht viel besser. Durch den Regen in den letzten Tagen hatten sich die meisten Straßen in Schlammlöcher verwandelt, da sie nicht gepflastert waren.

So hielt er den Blick auf die Füße geheftet, auch als er in die Burgmauer einbog, eine schmale Straße am Dom.

Ihren Namen hatte sie nicht von einer richtigen Burg. Schließlich glich die Stadt mit ihrer gewaltigen Stadtmauer

selbst einer großen, stolzen Burg. Nein, hier verliefen noch Reste der uralten Mauer, die von den Römern erbaut worden war. Das war die erste Schutzmauer Kölns gewesen und es war schon verwunderlich, dass nun, nach weit über anderthalb Jahrtausenden, immer noch so viel davon stand. Die ersten Kölner hatten ihr Handwerk offensichtlich verstanden. Als Hermann etwa in der Mitte der Straße war, hörte er ein seltsames, wimmerndes Geräusch. Fast wie ein weinendes Kind. Erstaunt hielt er inne und hob den Kopf. Einen Augenblick schien es, als würde er gleich vor Schreck tot umfallen.

Vom anderen Ende der Straße bewegte sich leise klagend eine Frau auf ihn zu, die ganz in Weiß gekleidet war. Es war dies aber ein besonderes Weiß, denn es leuchtete wie Schnee in der Wintersonne, obwohl es finstere Nacht war. Und andererseits war es so durchscheinend, dass er durch die Gestalt hindurch die Wände der Häuser erkennen konnte.

Entsetzt schlug er die Hände vor das Gesicht, drehte sich auf dem Absatz um und rannte zurück, am Dom vorbei, zum Markt, als sei der Teufel persönlich hinter ihm her.

Wenige Minuten später polterte er durch die Tür der Gaststätte, in der er seine Freunde zurückgelassen hatte.

Die starrten ihn mit offenen Mündern an, denn wie hatte er sich in der kurzen Zeit verändert: Die Haare standen ihm wirr vom Kopf, die Kleidung war dreckverschmiert und zerris-

Ein Rest der alten Römermauer unterhalb der Burgmauer

sen, weil er mehrfach gefallen war, sein Blick schien der eines Irren zu sein.

»Mein Gott, was ist …«

»Sag mal, was hast du …«

»Ist dir nicht …«

Nach dem ersten Schreck redeten sie alle auf einmal auf den armen Mann ein. Doch schließlich hob der die Hand und sagte mühsam: »Wartet. Wartet. Gleich … ich muss nur erst … ihr könnt euch ja nicht vorstellen …«, und damit ließ er sich in einen Stuhl sinken. Tief holte er Luft. Dann erzählte er, was ihm geschehen war.

Die Freunde warfen sich über seinem Kopf wissende Blicke zu. Der arme Hermann. Das letzte Glas Wein war wohl ein wenig zu viel gewesen für ihn. War ja nichts gewöhnt, der arme Kerl. Ein Gespenst auf der Burgmauer – das gab es doch gar nicht!

Langsam versuchten sie, ihn zu beruhigen. Eine weiße Frau, die in Köln spukte? Nein, da hätte man doch eher von gehört, wenn es das gäbe. Wo weiße Frauen doch immer Unheil verkündeten. Ach, und was sie sagte, das hatte er nicht verstanden? War wahrscheinlich der Wind gewesen. Und der weiße Schimmer – na ja, ein Mondstrahl vielleicht?

Langsam begann Hermann selber, ihnen mehr zu glauben als seiner eigenen Erinnerung. Später dann erklärten seine Freunde sich sogar bereit, ihn nach Hause zu begleiten, und als sie über die Burgmauer gingen, ohne auch nur ein weißes Taschentuch, geschweige denn ein ganzes Gespenst zu Gesicht zu bekommen, da fühlte er sich schon ein bisschen dumm.

Wahrscheinlich wäre die ganze Geschichte sehr schnell in Vergessenheit geraten, hätte sich der Spuk nicht drei Monate später wiederholt. Und wäre das Gespenst nicht ausgerechnet einem derjenigen begegnet, die an jenem Abend über Hermanns Geschichte nachsichtig gelächelt hatten.

Hartger nämlich war bei Hermann zu Besuch gewesen. Zusammen hatten sie gegessen, erzählt, Karten gespielt und dabei, wie es guten Freunden passieren kann, die Zeit völlig vergessen. Zögernd hatte Hermann beim Abschied gemeint, ob er denn wirklich zu dieser späten Stunde den Weg über die

Burgmauer nehmen wolle. Hartger hatte gelächelt und versichert, dass ihn kein Spukweib so schnell in die Flucht jagen werde.

Nur wenig später jedoch stand er kreidebleich wieder bei Hermann in der Tür.

»Kann ich heute bei dir schlafen?«

»Natürlich. Aber wieso … du hättest doch schon vorhin fragen können.«

»Ach, vorhin – das war doch bevor … Hermann, ich muss dir was gestehen.« Flehentlich blickte er den Freund an. »Ich … ich muss mich entschuldigen. Der Spuk … das ist echt. Und weißt du was: Das Schlimmste ist, ich kenn die Frau.«

»Du – was?« Verschämt gestand Hartger ein, was geschehen war. Natürlich hatte er keinen Grund gesehen, die Burgmauer zu meiden, auch wenn es schon fast Geisterstunde sein musste und das Gespenst auf den Tag genau vor drei Monaten dort erschienen sein sollte. Er hatte es sogar lustig gefunden, dem Freund damit noch einmal beweisen zu können, dass es sich dabei um reine Einbildung gehandelt haben musste. Doch kaum war er ein Stück weit in die finstere Straße hinein gegangen, da sah er plötzlich eine Gestalt auf sich zuschweben, die genauso aussah, wie in Hermanns Bericht. Zuerst wollte er es wie dieser machen und so schnell wie möglich so weit wie möglich fortlaufen, doch dann fasste er sich ein Herz und ging auf die schluchzende und wimmernde Gestalt zu. Je näher er ihr kam, desto kälter wurde es um ihn, so dass er schließlich den Atem vor seinem Mund sehen konnte, obwohl es eine warme Frühlingsnacht war. Doch nun gelang es ihm auch auszumachen, was die Frau eigentlich sagte. Als er schließlich dicht vor ihr stand, da hörte er es ganz deutlich: »Halv Wasser, halv Milch – Liever Jott, sei minger ärmen Siel gnädig!« In diesem Augenblick fiel es ihm wie Schuppen von den Augen und er erkannte, wen er vor sich hatte.

»Ja, wen denn?« fragte Hermann ungeduldig.

»Erinnerst du dich noch an die alte Lien?«

»Lien? Meinst du die Milchhändlerin, die in der Nähe vom Blaubach gewohnt hat?«

»Genau die. Die war doch berüchtigt dafür, dass sie immer Wasser unter die Milch gerührt hat, um noch ein bisschen mehr Geld scheffeln zu können. Und weißt du, wann die gestorben ist?«

»Keine Ahnung. Ich hab sie aber auch kaum gekannt.« »Sie ist genau in der Nacht gestorben, wo dir die weiße Frau begegnet ist!« Die beiden sahen sich an.

»Meinst du, wenn ich ...«

»Ich glaube, ich werde ...«

Sie hatten beide den gleichen Gedanken gehabt. Am nächsten Morgen gingen sie gemeinsam zum Pastor und bestellten eine Messe für Lien. Und so taten sie es jedes Jahr einmal, bis ans Ende ihrer Tage.

Schon lange hat das spukende »Milchmädchen« keiner mehr gesehen. Vielleicht haben die vielen Messen ihrer Seele tatsächlich geholfen. Vielleicht aber ist auch einfach ihre Spukzeit abgelaufen. Genauso, wie die Zeit der Milchmädchen inzwischen vorbei ist.

Wissenswertes

Von der Burgmauer kann heute wohl niemand mehr behaupten, dass sie eine besonders unheimliche Straße sei. An einigen Stellen kann man aber trotz der modernen Bebauung noch sehen, woher sie ihren Namen hat: von der alten Römermauer nämlich, welche die Stadt einst »barg« beziehungsweise schützte.

Die Heinzelmännchen-Sage

Ach, dass es noch
wie damals wär'!

Vor langer, langer Zeit, als die Menschen noch an Wunder und Geister glaubten, lebten in Köln hilfreiche Zwerge, die man Heinzelmännchen nannte. Nur wenige haben sie jemals gesehen, denn, wie es heißt, waren die großen roten Kappen, die sie trugen, in Wirklichkeit keine normalen Mützen, sondern Tarnkappen. Ihre Arbeit aber sah man überall.

Kaum war es finstere Nacht, kamen sie aus ihren Verstecken unter den Häusern geströmt und sahen nach, wo Arbeit liegengeblieben war. Geschickt wie sie waren, konnten sie fast alles. Dem Bäcker halfen sie mit der Hochzeitstorte, dem Metzger schlachteten sie das Schwein und zerlegten es, dem Schreiner sägten sie die Bretter für seine Schränke zurecht, sie füllten den Wein in Fässer, fegten die Böden in Geschäften und Häusern, stopften für die geplagten Hausfrauen die Strümpfe und wuschen für erschöpfte Mütter die Windeln.

Kein Wunder also, dass sie sich großer Beliebtheit erfreuten und ihnen viele Leute gerne eine Tasse Milch oder einen Teller mit Essen hinstellten.

So hielt es auch die Frau des Schneiders. Doch hätte sie nur allzu gerne einmal ein Heinzelmännchen gesehen. Sie war nämlich sehr wissbegierig und die ungenauen Beschreibungen, die sie von anderen Leuten gehört hatte, genügten ihr nicht. Abends, wenn sie den freundlichen Hausgeistern etwas hinstellte, sagte sie oft zu ihrem Mann: »Ach, wenn ich doch nur ein einziges Mal eines der Männchen sehen könnte! Was würde ich nicht darum geben …«

Doch ihr Mann brummte nur in seinen Bart, dass Frauen aber auch immer so neugierig wären, und sie solle die kleinen Helfer nur ja in Ruhe lassen.

Eines Tages bekam der Schneider einen großen Auftrag. Der Bürgermeister brauchte ganz dringend einen neuen Festtagsanzug, denn den alten hatten die Motten zerfressen. Hocherfreut nahm der Mann den Auftrag an und versprach sogar, bis zum nächsten Tag alles fertig zu haben. Kaum war der Bürgermeister gegangen, begann die Frau zu schimpfen: »Bist du völlig von Sinnen? Wie willst du das denn bis morgen schaffen? Das ist doch Arbeit für mindestens einen Monat!«

Der Schneider aber schmunzelte und rieb sich die Hände: »Ach, mach dir da mal keine Sorgen. Wozu haben wir denn unsere Heinzelmännchen? Die sollen ruhig einmal ordentlich zupacken für all die gute Milch, die sie nun schon über die Jahre von uns bekommen haben!«

Die Frau murrte zwar noch etwas, gab sich aber endlich zufrieden. Vielleicht hatte ihr Mann ja recht. Schließlich taten die Zwerge ihre Arbeit freiwillig. Da konnten sie sich nicht beschweren, wenn man ihnen mal ein wenig mehr aufbürdete.

Und dann hatte sie eine Idee. Wenn es stimmte, dass die Heinzelmännchen Tarnkappen trugen, musste man doch nur dafür sorgen, dass ihnen diese von den Köpfen fielen, um sie zu sehen ...

Als ihr Mann schlafen ging, ließ sie sich nichts anmerken. Nach einer Weile sagte sie: »Du, ich glaube, ich habe in deiner Werkstatt die Kerze brennen lassen. Ich geh schnell noch mal nach-

Wissenswertes

Der Heinzelmännchenbrunnen ist dem Dichter August Kopisch gewidmet, der die Sage auf unnachahmliche Art in Verse fasste. Entgegen anderen Darstellungen ist die Schneidersfrau hier so hübsch, dass sie oft mit Schneewittchen verwechselt wird. Wie es heißt, wollten die Künstler damit zeigen, dass für die preußische Mentalität des Herrn Kopisch, der aus Breslau stammte, diese Frau eher eine positive Persönlichkeit gewesen sein muss, weil sie die Kölner wieder zum Arbeiten brachte.

sehen.« Der Mann knurrte nur kurz in sein Kissen und drehte sich auf die andere Seite.

Rasch stand sie auf, zog sich den Morgenrock über und nahm die Laterne vom Haken. Vor der Schlafzimmertür zündete sie die Lampe an, verdeckte sie aber so weit, dass nur ein dünner Lichtstrahl auf den Boden fiel. Dann griff sie in die Tasche und nahm das Beutelchen Erbsen heraus, dass sie vorher dort versteckt hatte. Lautlos huschte sie zu der steilen Treppe, die nicht nur zum Schlafzimmer, sondern auch zur Werkstatt ihres Mannes führte, und streute den Inhalt dort aus. Anschließend versteckte sie sich in einer dunklen Nische.

Tatsächlich ging ihr Plan auf. Gegen Mitternacht hörte sie leises Trippeln von vielen Füßen, das die Kellerstufen heraufkam, durch das untere Stockwerk hastete und die Treppe erreichte. Doch kaum waren die ersten Männlein ein paar Stufen hinauf gelaufen, rutschten sie auf den runden Erbsen aus, die sie im Dunkel nicht hatten sehen können, und fielen unter lautem Gepolter und Wehegeschrei hinunter, wobei sie andere mitrissen und ihre Mützen verloren.

Rasch kam die Schneidersfrau aus ihrem Versteck und ließ das Licht ihrer Laterne über die kleinen Unglücksraben gleiten. Welch ein Bild bot sich ihr da: Über- und untereinander lagen sie, fast schienen sie ineinander verknotet, hier und dort ragte ein Ärmchen in die Luft, oder ein Fuß, von dem der Schuh gefallen war. Ein Zappeln und Zetern war das, dass die Frau unwillkürlich laut auflachen musste. Hastig schlug sie die Hand vor den Mund, doch es war bereits zu spät.

Aus dem wirren Knäuel der Leiber löste sich ein Zwerg, der einen besonders langen, silbergrauen Bart hatte. Drohend erhob er den Zeigefinger und rief mit einer tiefen Stimme, die man dem kleinen Körper gar nicht zutraute: »Das werdet Ihr noch bitter bereuen, Frau! Eure elende Neugier kommt Euch teuer zu stehen!«

Die Schneidersfrau erbleichte. Zögernd trat sie einen Schritt vor und streckte bittend die Hand aus: »Aber … ich wollte doch nur … es war doch nicht böse gemeint!« Grimmig sahen die Kleinen sie an, während sie sich aufrappelten. Dann setzten sie, eines nach dem anderen, ihre Kappen wieder auf und verschwanden.

Bedrückt schlich sie zurück ins Schlafzimmer, wo ihr Mann tief und fest schlief. Die ganze Nacht warf sie sich hin und her und überlegte, wie die Heinzelmännchen sie wohl bestrafen wollten.

Endlich graute der Morgen und sie stand auf und ging in die Küche. Da sah sie die Bescherung: Der Boden war nicht gefegt, der Abwasch nicht gemacht, die Asche nicht aus dem Herd geholt. Bald darauf hörte sie ihren Mann in der Werkstatt toben: Der Festtagsanzug des Bürgermeisters lag noch immer zugeschnitten auf dem Tisch, gerade wie am Abend zuvor.

Doch nicht nur in diesem Haus war das Geschrei groß. Die Straßen hinauf und hinunter riefen es sich die Leute zu: Keinen einzigen Handschlag hatten die Heinzelmännchen in jener Nacht getan. Und so war es auch in der nächsten. Und der übernächsten. Und so ist es noch heute und wird auch nie mehr anders werden. Die schöne Zeit ist für immer vorbei, die Heinzelmännchen sind auf Nimmer-Wiedersehen verschwunden und jeder Kölner muss, wie andere Leute auch, seine Arbeit schön selber machen. Und so mancher stöhnt dabei: »Ach, dass es noch wie damals wär'!«

Der Heinzelmännchenbrunnen

3

Domgeschichten

St. Ursula

Ein dorniger Weg

Lange hatte König Maurus, der über die Bretagne herrschte, Gott vergebens um ein Kind gebeten. Doch endlich gebar Königin Daria eine Tochter, und vom ersten Tag an konnte man merken, dass dieses Mädchen, das sie auf den Namen Ursula taufen ließen, etwas Besonderes war. Nicht nur, dass es ausgesprochen brav und fromm war. Je älter es wurde, desto schöner schien es auch zu werden. Als aus dem Kind schließlich eine junge Frau geworden war, gaben sich die jungen Männer bei ihr die Klinke in die Hand, aber keiner von ihnen konnte ihr Herz gewinnen, denn sie hatte sich geschworen, niemals zu heiraten, sondern Nonne zu werden.

Zwar hatte Maurus gehofft, dass er sie eines Tages als Brautvater einem mächtigen König zuführen könnte, der Ursula ein guter Mann und der Bretagne ein guter Herrscher wäre, doch liebte er seine Tochter so sehr, dass er ihren Entschluss respektierte.

Hoch im Norden von England regierte in jener Zeit ein wilder und grausamer König, der alle Nachbarländer in Angst und Schrecken versetzte. Sein ältester Sohn, Conanus, war hingegen aus ganz anderem Holze geschnitzt. Er war eher still und nachdenklich, liebte die Musik und die Geschichten, welche die Spielleute manchmal aus fernen Ländern mitbrachten, und war der Meinung, dass ein scharfes Wort größere Wunder wirken konnte als ein scharfes Schwert.

Der Vater ärgerte sich darüber und hätte es gerne gesehen, wenn sein Sohn sich mehr für die Kunst des Kämpfens interessiert hätte, die er selber für wichtiger als alle anderen Künste hielt. So betrachtete er auch an diesem schönen Sommertag Conanus wieder mit Sorge. Wie sollte aus einem Jun-

Die Heilige Ursula und ihre 11... ungvauen
treffen in Köln auf den Hunnenkönig

Gisela Laufenberg

gen ein richtiger König werden, wenn er sich den ganzen Tag im Garten nette Liedchen vorspielen ließ und dabei irgendwelche kleinen Bildchen betrachtete!

Wütend trat er hinzu und herrschte seinen Sohn an: »Was hast du da? Womit vertust du wieder deine Zeit?«

Seufzend drehte der junge Mann das kleine Gemälde hin und her. »Ist sie nicht wunderschön?« fragte er den Vater und hielt ihm das Bild hin.

»Schön. Ja. Und wer ist das?«

»Sie heißt Ursula und lebt in der Bretagne.«

»So ein verweichlichtes Dämchen aus dem Süden also. Du solltest endlich heiraten, dann bräuchtest du nicht über gemalten Schönheiten träumen. Ungesund ist so was.«

Conanus lächelte. »Nein, Vater. Wenn ich eine heiraten würde, dann müsste es schon diese sein. Seit ich ihr Bild von dem französischen Barden bekommen habe, geht sie mir nicht mehr aus dem Sinn. Aber leider ist sie bereits vergeben.«

»Wie – vergeben?!« Zwei steile Zornesfalten hatten sich über der königlichen Nase gebildet. »Sag mir, wer es ist und ich schicke ihm mein Heer auf den Hals. Wenn du dieses Mädchen willst, dann sollst du es auch kriegen!«

Conanus schüttelte nachdenklich den Kopf. »Ich habe es nicht ganz verstanden, was der Barde erzählte. Aber es ist so etwas, was die Christen wohl manchmal machen. Sie will ihren Gott heiraten, glaube ich.«

»Ha!« lachte der Vater. »Und ich dachte schon, es sei ein ernsthafter Gegner. Lass dir eines von mir gesagt sein: Du willst sie – du kriegst sie. So ist das in meinem Reich. Keine Diskussion.« Damit drehte er sich auf dem Absatz herum und stapfte davon.

Einige Wochen später erbaten Gesandte aus dem fernen England eine Audienz bei König Maurus. Der empfing sie zunächst freundlich, doch als er hörte, was sie wollten, verfinsterte sich seine Miene. »Niemals!« sagte er mit Nachdruck.

»Majestät,« entgegnete einer der Unterhändler, »wenn Ihr es nicht tut, werden wir unser ganzes Heer gegen Euch aufbieten. Ihr werdet uns nicht standhalten können und Euer schönes Land wird sich in eine Einöde verwandeln. Aber wir wollen Euch nicht drängen. Schlaft noch einmal eine Nacht darüber.«

Kaum war die Gesandtschaft gegangen, rief Maurus seine Tochter zu sich. »Ursula,« sagte er, »ich habe schlechte Nachrichten. Ein mächtiger englischer König wünscht, dass du seinen Sohn heiratest. Wenn du es nicht tust, droht er, das Land mit Krieg zu überziehen.«

Das Mädchen erbleichte. »Das … das möchte ich nicht, Vater. Aber … ich habe es Gott doch gelobt. Was soll ich nur tun?« Maurus, der wie ein gefangener Tiger im Thronsaal auf und ab ging, zuckte ratlos mit den Schultern. »Ich weiß es auch nicht, mein Kind. Vielleicht dasselbe, was mir der Unterhändler geraten hat: eine Nacht darüber schlafen.« Dann wies er auf einen Tisch. »Dort liegt übrigens ein Medaillon, das den Prinzen zeigt. Vielleicht hilft es dir bei deinem Entschluss.«

Als Ursula die Kette mit dem Bildnis aufhob, legte er ihr die Hand auf die Schulter. »Ich möchte, dass du eines weißt, mein Kind: Egal, wie deine Entscheidung ausfällt, ich werde dich niemals zu irgendetwas zwingen.«

3 Kronen für die Hl. Drei Könige – 11 Flammen für die 11.000 Jungfrauen

Dankbar nickte sie und drückte ihm schnell einen Kuss auf die Wange. Dann ging sie hinaus, die Treppe hinab und über den Hof zur Kapelle. Hierhin ging sie immer, wenn irgendetwas sie bedrückte. Gott und die Heiligen hatten jederzeit ein offenes Ohr für den, der Hilfe brauchte.

Still setzte sie sich in eine Bank und betrachtete zum ersten Mal das kleine Kunstwerk in ihrer Hand. Ungläubig ließ sie die Finger darüber gleiten. Nach dem, was sie gerade von ihrem Vater gehört hatte, erwartete sie, einen hässlichen, grimmigen Barbaren zu sehen. Statt dessen zeigte das Bild einen hübschen jungen Mann, der auf einer Bank in einer Laube saß. In der Hand hielt er eine Blüte, die halb entblättert war, fast so, als hätte er mit ihr »Sie liebt mich, sie liebt mich nicht« gespielt, dann aber plötzlich beschlossen, dem Blumenorakel doch nicht zu vertrauen. Seine Augen schienen sich fragend in ihre zu bohren, und es wurde ihr ganz warm ums Herz.

Wenn sie sich jemals dazu durchringen konnte, einen Mann zu heiraten, dann diesen. Aber – sie hatte doch schon vor Jahren gelobt, Nonne zu werden ... »Oh Gott, bitte hilf mir, was soll ich nur tun?« flüsterte sie. »Ich kann doch nicht zulassen, dass unser ganzes Volk leidet. Wenn ich nicht schon gebunden wäre, ich würde ihn heiraten. Da bin ich mir sicher. Aber ich will doch eine gute Christin sein. Wie kann ich das, wenn ich ein Versprechen breche, das ich Gott gegeben habe?«

Und der Himmel half ihr. Mitten in dieser Nacht fuhr sie aus tiefem Schlaf auf. Ihr Zimmer war taghell und von einem wunderbaren Duft erfüllt. Vor ihr stand ein Engel. »Seid gegrüßt, Prinzessin«, sagte er. »Ich wurde zu Euch geschickt, um Euch den Weg zu weisen. Doch er wird dornig sein. Überlegt Euch also gut, ob ihr stark genug dafür seid!«

Ursula biss sich einen Augenblick unsicher auf die Lippe. Dann nickte sie. »Ja, egal, was es ist, ich werde es tun. Und ich werde stark sein.« Aufmerksam hörte sie zu, was der Engel ihr zu sagen hatte.

Danach lag sie noch lange wach. Zu aufregend und schön, zu furchtbar und schrecklich war das gewesen, was sie erfahren hatte.

Am nächsten Morgen ging sie zu Maurus und erzählte ihm von der Erscheinung und was sie ihr geraten hatte. Traurig senkte der König den Kopf. »Und du bist sicher, dass es nicht einfach ein Traum war?« fragte er.

»Das war kein Traum. Ganz bestimmt nicht. So klar kann kein Traum sein«, sagte Ursula mit fester Stimme.

»Gut. Ich werde tun, was du von mir verlangst. Auch wenn es mir das Herz bricht, mein Kind.«

Jetzt war die Reihe an der Tochter, die Augen niederzuschlagen. »Ich weiß, Vater. Aber ich muss Gottes Willen folgen.«

Da ließ der König die Unterhändler holen und teilte ihnen mit: »Meine Tochter hat sich bereit erklärt, einer Verlobung mit Prinz Conanus zuzustimmen. Allerdings stellt sie Bedingungen. Es ist ihr als Christin nicht zuzumuten, mit einem Heidenmenschen zusammenzuleben. Sie verlangt daher, dass ihr Bräutigam sich im Christentum unterweisen lässt. Da ein eingehendes Studium einige Zeit dauert, möchte sie währenddessen eine Pilgerfahrt nach Rom antreten, auf der zehn der vornehmsten Jungfrauen meines und Eures Landes sie begleiten werden. Dazu möge jede Jungfrau noch einmal tausend Begleiterinnen sowie ein gutes Schiff mitbringen. Ein weiteres Schiff mit Begleiterinnen wird Ursula selber befehligen. Die Verlobungszeit soll drei Jahre betragen.«

Die Gesandten waren zurückhaltend mit ihrer Begeisterung, versprachen aber, bald mit einer Antwort ihres Herrschers zurückzukehren.

Der war zunächst gar nicht erfreut, sondern schrie seine Untergebenen an: »Wie konntet ihr euch darauf einlassen? Mein Sohn soll Christ werden! Eine Frechheit ist das. Und was soll der Unsinn mit den Schiffen?«

Da zog ihn Conanus am Ärmel. »Vater, meint Ihr nicht auch, dass ich das entscheiden sollte? Schließlich geht es doch um mich und meine Braut, oder?«

Knurrend gab ihm der Vater Recht und der Prinz sagte zu den Gesandten: »Ich erkläre mich mit den Bedingungen einverstanden. Ohne Einschränkungen.«

Dann wandte er sich an den König. »Und nun sollten wir möglichst bald einen guten Lehrer für mich und fünf passende Jungfrauen für meine Braut finden.«

Wenige Wochen später stachen fünf große Schiffe mit fünftausend jungen Frauen und den Unterhändlern an Bord in See.

Auch Maurus hatte inzwischen eine entsprechende Anzahl Frauen als Begleiterinnen für seine Tochter ausgesucht. In Küstennähe übten sie bereits für die lange und beschwerliche Reise, so dass sich ihnen die Engländerinnen gleich anschließen konnten. Tag für Tag kamen nun die Menschen ans Meer, um sich das seltsame Schauspiel anzusehen, wie vornehme junge Damen das Seemannshandwerk lernten, wobei sowohl die Zuschauer als auch die »Seefrauen«, wie man sie bald nannte, viel Vergnügen hatten.

Nur Maurus schlich betrübt durch seinen Palast. Jeden Morgen, ehe seine Tochter sich auf den Weg zum Hafen machte, verabschiedete er sich von ihr, als sollte er sie niemals wiedersehen. Und jeden Abend, wenn sie heimkam, begrüßte er sie, als wären sie Jahre voneinander getrennt gewesen.

Und dann geschah es: Als die »Seefrauen« gerade wieder ein paar schwierige Wendemanöver ausführten, kam plötzlich ein Sturm auf und trieb sie hinaus aufs Meer. Während sich die Menschen am Ufer entsetzt ansahen, brach auf den Schiffen Jubel aus. Die Segel wurden in den Wind gesetzt und innerhalb kürzester Zeit hatten die Frauen die Küste weit hinter sich gelassen. Voller Zuversicht ließen sie sich von dem Sturm treiben, den ihnen Ursula angekündigt hatte, und so erreichten sie schließlich mühelos die Mündung des Rheins. Von dort aus reisten sie langsam stromaufwärts.

Die Nachricht von den seltsamen Pilgerinnen verbreitete sich schneller zu Lande, als sie zu Wasser fahren konnten. Wo sie auch hinkamen, überall war das Ufer von fröhlichen Menschen gesäumt, die ihnen zuwinkten und ihnen alles Gute für ihre Weiterreise wünschten. So gelangten sie schließlich nach Köln, wo sie eine Rast einlegten.

Die Kölner waren begeistert, so viele fromme Frauen in ihrer Stadt begrüßen zu dürfen, und veranstalteten ein großes Fest, das bis weit in die Nacht hinein dauerte. Erst als die Sonne schon über den Horizont lugte, kamen die letzten auf die Schiffe zurück, um unter ihre Decken zu kriechen. Und manche hörte man dabei flüstern, dass man hier doch vielleicht noch ein bisschen bleiben könne, während ein paar andere

Die hl. Ursula auf dem Altar der Stadtpatrone

versonnen Namen wie »Jupp«, »Köbes« oder »Tünnes« vor sich hin murmelten.

Doch Gott hatte anderes mit ihnen vor. Kaum war Ursula eingeschlafen, da wurde sie schon wieder unsanft geweckt. Jemand rief laut und mit grimmigem Unterton ihren Namen. Als sie die Augen aufschlug, stand neben ihr der Engel. Diesmal war er kurz angebunden. »Ihr müsst noch heute weiterreisen!« Als sie widersprechen wollte, sah er sie streng an und sagte: »Prinzessin, Ihr wisst, was ich Euch gesagt habe. Es wird ein dorniger Weg.« Damit verschwand er. Ursula stöhnte leise. Es war gar nicht so einfach, immer Gottes Willen zu tun.

Mit großem Bedauern nahm man also Abschied von Köln. Weiter ging die Fahrt. Immer den Rhein hinauf, bis nach Basel. Da war der Fluss schließlich so schmal geworden, dass die Pilgerinnen ihre Schiffe zurücklassen mussten, um den langen Fußmarsch über die Alpen anzutreten.

Mühselig war das, und sicher wünschte sich manches Mädchen dabei, in Köln geblieben zu sein. Doch endlich ging es wieder bergab. Die Sonne schien wärmer. Und schließlich waren die Umrisse der heiligen Stadt auf den sieben Hügeln zu erkennen. Singend zogen die Jungfrauen in Rom ein, wo sie von Papst Cyriacus empfangen wurden. Der hatte schon viel von Ursula und ihren Gefährtinnen gehört und war hocherfreut, sie nun persönlich begrüßen zu dürfen.

Aber nicht jeder war der großen Schar der Christinnen wohlgesonnen. Claudius und Julius Decimus, zwei Römer von altem Adel, hatten ihren Einzug mit Sorge verfolgt, denn sie hielten von dieser neuen Religion gar nichts. Hatten nicht die alten Götter Rom zu Wohlstand und Weltherrschaft verholfen? Wenn sich das Christentum weiter so verbreitete, dann würde bald niemand mehr Jupiter, Juno oder Minerva verehren wollen. Und die Götter würden sich von ihren untreuen Anhängern abwenden und die Stadt dem Verderben preisgeben.

Ärgerlich sagte Claudius: »Christengesindel! Es heißt, diese Pilgerinnen, das seien über zehntausend. Stell dir das mal vor! Die Erde sollte sich auftun und sie alle verschlingen. Das wäre den Leuten eine Lehre, sich nicht auf solch einen dummen Irrglauben einzulassen. Dann würde es Rom bestimmt bald wieder besser gehen.«

Julius Decimus schien gar nicht richtig zugehört zu haben. Nachdenklich fragte er seinen Freund: »Sag mal, hast du eine Ahnung, welchen Weg die eigentlich für ihre Rückreise nehmen wollen?«

»Was interessiert dich das denn? Willst du jetzt etwa auch diesen Weibern und ihrem Christus hinterherlaufen?«

Empört antwortete Julius Decimus: »Wofür hältst du mich eigentlich?! Natürlich nicht. Aber ich hätte da so eine Idee. Du wolltest sie doch gerade alle auf einmal loswerden ...«

»Na und? Man wird ja wohl noch wünschen dürfen.«

»Natürlich darf man. Aber manchmal kann man auch ein bisschen nachhelfen, damit die Wünsche wahr werden.«

Verwirrt sah Claudius den anderen an. »Was denn? Du meinst doch nicht etwa, dass du wüsstest, wie man zehntausend Christenweiber vom Erdboden verschwinden lassen kann?«

»Hmmm, in gewisser Weise schon«, antwortete Julius Decimus mit einem listigen Lächeln. »Ein Freund von mir lebt in Germanien. Und er hat mir mal erzählt, dass er schon eine Reihe guter Geschäfte mit diesen Barbaren aus dem Osten, den Hunnen, gemacht hat. Wenn ich dem einen Boten schicke ... Die Mädel hier, die sind doch alle stinkreich. Das wäre sicher ein lohnender Beutezug.«

Jetzt begriff Claudius. Ein hämisches Grinsen zog sich langsam über sein Gesicht. »Ja, das würde Jupiter uns sicher lohnen!« meinte er.

Unterdessen genossen Ursula und ihre Begleiterinnen ahnungslos den inzwischen ungewohnten Luxus, ein Dach über dem Kopf zu haben, ausreichend zu essen und ein Bett für die Nacht.

Während der ganzen Reise hatten die Engländerinnen die Prinzessin und ihre Freundinnen immer wieder über den neuen Glauben ausgefragt und nun traten sie mit der Bitte an sie heran, dass sie, nachdem sie so viel über Christus erfahren hatten, endlich auch selber Christinnen werden wollten.

Cyriacus war sofort einverstanden, als Ursula ihn fragte, ob alle ihre Begleiterinnen, die dieses heilige Sakrament bisher noch nicht empfangen hatten, taufen könne. Und es gab ein Fest, wie es die Christengemeinde Roms noch nie zuvor erlebt hatte.

Doch auch diese Zeit ging vorbei und die Pilgerinnen begannen, sich auf die Heimreise vorzubereiten, als der Papst die Prinzessin noch einmal aufsuchte. Wie erschrak sie, als er blass wie ein Leichentuch und im einfachen Priestergewand, ohne alle Zeichen seiner Würde, in ihr Gemach trat und vor ihr niederkniete.

Sofort befahl sie ihm sich zu erheben, denn knien dürfe man nur vor Gott, und fragte ihn, was denn geschehen sei. Da berichtete ihr Cyriacus, dass auch ihm in der letzten Nacht ein Engel erschienen sei. Der habe ihm geoffenbart, dass die Pilgerinnen schon bald als heilige Märtyrerinnen den Tod finden würden. Da hatte er seinen Namen aus dem Verzeichnis der Päpste streichen lassen, sein Amt einem anderen übertragen und sich auf den Weg zu Ursula gemacht, um sich ihr anzuschließen. Denn nichts hielt ihn mehr hier auf Erden und sein größter Wunsch war es, möglichst bald Jesus, dem er nun schon so viele Jahre treu gedient hatte, von Angesicht zu Angesicht gegenüberzutreten.

Die Nachricht von der Vision des Papstes verbreitete sich in der Stadt wie ein Lauffeuer und schon bald kamen noch andere, die sich den Jungfrauen anschließen wollten. Ursula wies niemanden ab, redete aber wohl jedem ins Gewissen, ob er wirklich bereit sei, alles Irdische hinter sich zu lassen.

Auch mit ihren eigenen Gefährtinnen sprach sie darüber und zeigte Verständnis, falls jemand dieses Schicksal

Wissenswertes

Oft wird Ursula, wie bei dieser Figur aus dem 16. Jahrhundert, im Stil einer Schutzmantelmadonna dargestellt, unter deren Mantel sich statt der Kinder die Jungfrauen scharen. Ob es die Heilige wirklich gegeben hat, kann niemand genau sagen. Jedenfalls belegt eine Inschrift in der Kirche St. Ursula, dass an ihrer Stelle schon in frühchristlicher Zeit eine Kapelle »für die jungfräulichen Märtyrerinnen« gestanden hat.

nicht auf sich nehmen wollte. Schließlich hatten die englischen Begleiterinnen ja erst nach der Taufe erfahren, was ihnen bevorstand, während die Jungfrauen aus ihrer Heimat von Anfang an eingeweiht gewesen waren.

Doch alle blieben sie bei ihr, und niemand, der die Pilger erlebte, hatte das Gefühl, es mit Menschen zu tun zu haben, über denen der Schatten des Todes schwebte. Ganz im Gegenteil, die Männer und Frauen lachten und scherzten, als befänden sie sich bei schönstem Sonnenschein auf einem Familienausflug.

So traten sie den Rückweg an und reisten, wie sie gekommen waren, wieder über die Alpen bis nach Basel, wo ihre Schiffe auf sie warteten. Und dann ging es in schneller Fahrt den Rhein hinunter, bis nach Mainz. Dort legten sie an, als Ursula im Hafen Schiffe unter englischer Flagge erspähte und wissen wollte, was es damit auf sich hatte.

Wieder wurden die frommen Reisenden mit Jubel begrüßt und Ursula sogleich zum Bischof geführt, der sie freundlich willkommen hieß und ihr einen jungen Mann vorstellte, welcher ihr seltsam bekannt vorkam. Und tatsächlich war es Conanus. Er war ihr kurzerhand gefolgt. Doch wie war es dazu gekommen?

Über zwei Jahre hatte der Prinz sich eifrig mit der Lehre der Christen beschäftigt und die Bibel gelesen. Was er gelernt hatte, gefiel ihm. Und so beschloss er, sich taufen zu lassen. Damit seine Braut aber merkte, dass es ihm ernst war, wollte er sie gerne dabei haben, wenn er diesen wichtigen Schritt tat. Deshalb war er ihr hinterhergefahren, obwohl die dreijährige Verlobungszeit noch nicht um war.

Nun standen sie sich also zum ersten Mal persönlich gegenüber. Neugierig musterten sie sich gegenseitig. Der Prinz fand, dass seine Braut eigentlich in allem genau dem entsprach, wie er sie sich vorgestellt hatte: schön und vornehm, klug und liebenswert. Und auch Ursula dachte ganz ähnlich über ihren Bräutigam.

Schon bald zog sich der Bischof zurück und ließ die beiden alleine, denn er merkte, dass sie sich viel zu erzählen hatten, von ihrer Kindheit, aus ihren Heimatländern, von Ursulas langer Pilgerreise und Conanus' raubeinigem Vater …

Die Stunden vergingen den Liebenden wie im Fluge und die Nacht senkte sich bereits, da hielt Ursula plötzlich inne. Eine kleine Träne rann über ihre Wange. »Du hättest nicht kommen dürfen«, flüsterte sie. Conanus sah sie verstört an. »Aber warum denn? Ich dachte, du freust dich ...«

»Ja, Liebster, ich freue mich ja auch«, antwortete sie und schlang ihm die Arme um den Hals. »Aber gleichzeitig bin ich tieftraurig. Du weißt doch, dass ich schon als Kind gelobt habe, Nonne zu werden, oder?« Conanus nickte.

»Und inzwischen weißt du auch, was das bedeutet, nicht wahr?«

»Ja, sicher. Eine Nonne ist eine fromme Frau, die ihr ganzes Leben Christus geweiht hat.«

»Eben. Siehst du, es ist, als ob ich Christus versprochen hätte, ihn zu heiraten. Und ein solches Versprechen darf nicht gebrochen werden. Das wäre eine ganz große Sünde und ich könnte nicht in den Himmel kommen. Zumindest nicht gleich.«

»Aber mir hast du doch auch versprochen, mich zu heiraten.«

»Nein, Conanus. Nicht wirklich. Du solltest das nur glauben. Denk einmal darüber nach, was die Gesandten dir als meine Bedingungen genannt haben.«

Der Prinz runzelte die Stirn. »Also, sie haben gesagt, dass ich Christ werden müsste.«

»Stimmt.«

»Und dass ich dir fünf Jungfrauen mit Begleiterinnen und Schiffen schicken sollte.«

»Stimmt auch.«

»Und dass nach Ablauf von drei Jahren Hochzeit sein sollte.«

»Stimmt auch.«

»Ja, aber ... dann ist doch alles klar. Die drei Jahre sind in wenigen Tagen um, und dann heiraten wir.«

Seufzend schüttelte Ursula den Kopf. »Nein, so wird es nicht sein. Noch ehe die drei Jahre um sind, wird mich mein himmlischer Bräutigam heimgeholt haben.«

»Moment, was meinst du denn damit, wie kann er dich denn ...« Mit vor Schreck geweiteten Augen sah er sie an. »Du meinst, du ... du ... du ... stirbst?«

Ernst nickte die junge Frau. »Ich ... und alle, die bei mir sind.«

»Aber - wie willst du das denn wissen?«

Da erzählte sie ihm von dem Engel, der ihr erschienen war. Dann stöhnte sie auf: »Ich konnte ja nicht ahnen, wie dornig gerade das letzte Wegstück werden würde! Warum musstest du mir auch entgegenkommen!«

»Weil ich dich liebe. Weil etwas in mir mich dazu gedrängt hat. Weil du für mich die einzige Frau bist, die ich jemals heiraten möchte. Können wir denn gar nichts tun, um den Lauf des Schicksals noch zu ändern?«

»Nein. Ich habe dir doch schon gesagt, dass ich es sonst bis in alle Ewigkeit bereuen würde. Und was wiegt schwerer: ein paar Jahre gestohlenen irdischen Glücks oder immerwährende Strafe nach dem Tod? Also, bitte, mein Liebster, geh und lass mich mit den anderen tun, was mir der Engel aufgetragen hat.«

Conanus hatte nachdenklich die Hände im Schoß gefaltet. »Und wenn ich bei dir bleibe?«

»Dann wirst auch du sterben.«

Einen Moment überlegte er. »Das heißt, wir sterben zusammen. Und wir werden zusammen zu Gott in den Himmel kommen. Gut, so soll es sein.«

»Nein, nein! So einfach ist das nicht! Wir werden in den Himmel kommen, weil wir für unseren Glauben sterben. Wenn du dich uns anschließt, nur weil du bei mir bleiben willst ...«

Conanus unterbrach sie. »Ich weiß. Ich liebe dich mehr als alles auf der Welt. Deshalb habe ich mich zum Christentum bekehrt. Weil du es gewollt hast. Aber ich habe in der Bibel und in den Worten Jesu auch vieles gefunden, was mir gefallen hat. Ideen, von denen ich überzeugt bin, dass sie den Menschen einmal größeren Frieden bringen können, als wir ihn heute haben. Und wenn unser Tod dazu dienen kann, den Leuten zu zeigen, dass die Lehre Christi so überzeugend und gut ist, dass wir bereit sind, dafür zu sterben ... wenn wir damit ein Zeichen auch für die Generationen nach uns setzen können, dann möchte ich dabei sein.«

Einen Moment herrschte Schweigen. Dann sagte Ursula: »Gut. Wenn du wirklich überzeugt bist ... Aber zuerst musst du noch getauft werden.«

Und so geschah es. Gemeinsam überlegten sie sich einen neuen Namen für den Prinzen, denn Ursula meinte, unter »Conanus« hätte sie sich anfangs einen breitschultrigen, muskelbepackten Barbaren mit eckigem Gesicht und in stinkende Bärenfelle gekleidet vorgestellt. Darüber mussten sie beide herzlich lachen. Schließlich fiel ihre Wahl auf »Aetherius«, was, wie sie fanden, viel besser passte und auch schöner klang.

Die beiden genossen die kurze Zeit, die ihnen noch auf Erden blieb, so gut es ging. Doch schon bald ging die Reise weiter. Der frischgebackene Aetherius stand Hand in Hand mit Ursula im Bug des Schiffes, als ihnen auffiel, wie wüst und leer auf einmal die Landschaft an den Ufern des Rheines wirkte. Wo ihnen früher Bauern freundlich zugewinkt hatten, sahen sie nun verbrannte Felder und verwüstete Häuser.

Von einem Kaufmann, der mit seinen Waren den Fluss hinauffuhr, hörten sie schließlich, dass die Hunnen vor kurzem in das Land eingefallen waren und insbesondere um Köln herum, das sie belagerten, ihr Unwesen trieben.

Entsetzt sahen sich die Frauen an. Ausgerechnet jene Stadt, die sie damals so liebevoll aufgenommen hatte, sollte nun ein Opfer der mordenden und plündernden Horden werden? Wenn man nur irgendwie helfen könnte ...

Doch es blieb keine Zeit zum Planen. Unbarmherzig trugen die Wellen sie weiter, blähte der Wind ihre Segel und trieb sie ihrem Schicksal zu.

Schon tauchte die eingeschlossene Stadt vor ihnen auf, da gab Ursula den Befehl zur Landung. Von Mund zu Mund wurde es weitergegeben: Sie würden versuchen, sich zwischen die Krieger und Köln zu drängen. Auch wenn sie mit nichts als ihrem Glauben bewaffnet waren - vielleicht gelang es ihnen ja alleine damit und mit ihrer Überzahl, die Feinde in die Flucht zu schlagen.

Als die ersten das Ufer erklommen, bemerkten sie, wie sich einer der Krieger im Sattel erhob und seinen Soldaten laut etwas zurief. König Attila hatte seiner Horde den Befehl gegeben, die schon lange erwarteten Pilger zu töten. Mit Grausen sahen sie die kleinen, schlitzäugigen Reiter auf ihren kurzen, stämmigen Pferden auf sich zu galoppieren. Doch schneller, als die Hunnen sie niedermetzeln konnten, drängten andere nach. Irgendwo stimmte jemand ein Kirchenlied an und alle fielen ein. Manche hielten den blitzenden Krummsäbeln ein Kreuz entgegen, andere nur die gefalteten Hände. Doch die wilden Krieger kannten kein Erbarmen. Wie die Wölfe unter den Lämmern wüteten sie unter den Christen. Ströme von Blut tränkten die Erde und färbten den Rhein.

Irgendwo in der Menge liefen auch Ursula und Aetherius, die sich noch immer an den Händen hielten. Plötzlich spürte Ursula einen kurzen Ruck und die Hand ihres Verlobten entglitt ihr. Als sie sich umdrehte, sah sie, wie er, von einem Pfeil getroffen, sterbend zu Boden sank. Verzweifelt stemmte sie sich gegen die vorwärts Drängenden und kämpfte sich mühsam zu ihm zurück. Liebevoll kniete sie nieder, nahm ihn in die Arme und drückte ihm einen Kuss auf die Lippen. »Warte auf mich, Liebster. Bald sind wir wieder vereint.«

Ein letzter Atemzug, ein leises Zittern, dann war es vorbei. Aetherius war ihr vorangegangen. Da packte eine Hand in ihre Haare und riss sie hoch. Einer der mörderischen Reiter blickte ihr grinsend ins Gesicht. Laut rief er etwas in seiner Sprache. Einen Moment später tauchte der Hunnenkönig neben ihm auf. Mit seinen kalten Augen schien er sie auszuziehen. Dann leckte er sich über die Lippen. »Du särr schön. Du mein Frau heut nacht«, sagte er mit krächzender Stimme.

»Nein!« schleuderte ihm Ursula entgegen. »Wärst du ein Christ und hättest deinem sündigen Leben abgeschworen, vielleicht. Aber so ... Du widerst mich an!«

Attila sah sie einen Augenblick hasserfüllt an. Dann brüllte er etwas in seiner Sprache und in der nächsten Sekunde wurde Ursula von einem Pfeil durchbohrt. Achtlos ließ der Reiter, der sie festgehalten hatte, den leblosen Körper zu Boden fallen, direkt neben den Prinzen. Dann galoppierte er über die toten Liebenden hinweg.

Leiser wurde es auf dem Schlachtfeld. Nur hier und da regte sich noch ein Sterbender. Als auch die letzte der Jungfrauen, die sich aus Furcht erst versteckt hatte, ihrem Herzen einen Ruck gegeben und sich einem Hunnen direkt ins Messer gestürzt hatte, ließ Attila den Blick zufrieden über das Meer der Leichen gleiten. Viele Tote, viel Beute. So hatte es ihm der Römer versprochen.

Schon beugten sich die ersten über die Getöteten, um ihre Taschen zu plündern, da ertönte ein schriller Schrei. Erschrocken wiesen Finger zum Himmel. Finstere Wolken ballten sich dort zusammen. Blitze zuckten und Donner grollte. Ängstlich wieherten die Pferde. Plötzlich schien mit einem ohrenbetäubenden Krachen der Himmel aufzureißen und aus dem gleißenden Licht stürzte sich ein Heer von Engeln mit flammenden Schwertern auf die gewissenlosen Mörder.

Nur wenige entkamen.

Die Kölner hatten alles hilflos von der Stadtmauer aus mitverfolgt. Nun öffneten sie die Tore. Traurig begannen sie damit, die Leichen der Märtyrer zu bergen und in Würde zu bestatten. So viele Menschen hatten ihr Leben kampflos hingegeben, dass es kaum zu glauben war.

Doch entgegen den Hoffnungen der beiden heidnischen Römer erwies sich ihr Tod nicht als Schlag gegen das Christentum, sondern genau das Gegenteil trat ein. In den darauffolgenden Jahren pilgerten mehr und mehr Menschen zu den Gräbern der Heiligen, und überall, wo Christen lebten, erzählte man sich von den elftausend Jungfrauen, die nicht davor zurückgeschreckt waren, kampflos für ihren Glauben zu sterben, sowie von den beiden Liebenden, die nun gewiss im Himmel vereint waren. Und viele, die die Geschichte hörten, waren so davon beeindruckt, dass sie mehr über diese Religion erfahren wollten.

So hatten die Märtyrer zwar ihr irdisches Leben geopfert, dafür aber eine Ewigkeit im Himmel gewonnen, und das noch junge Christentum hatte viele Gläubige verloren, durch deren Tod aber am Ende noch mehr hinzugewonnen.

»Erwirbt ein Erdensohn
sich Lob und Preis,
gleich bildet sich
um ihn ein Sagenkreis.«

Josef Joubert

Hildebold

Das Geschenk des Jägers

Bischof Rikolph war gestorben und das Bistum Köln war verwaist. Nicht, dass es nicht genug Männer gegeben hätte, die das Amt gerne übernommen hätten. Ganz im Gegenteil. Doch die Priesterschaft hatte ihre liebe Not damit, unter den vielen Männern den richtigen zu finden. Da gab es diejenigen, die nur den Herrgott im Sinn hatten und darüber vergaßen, dass ein Bischof manchmal auch ein guter Politiker sein muss. Oder die, die nur an Ruhm und Ehre für sich und das Bistum dachten. Oder die, die sich ausschließlich für das Geld interessierten.

Als man sich nun gar nicht einig werden konnte, wurde ein Bote zu König Karl nach Aachen gesandt mit der Bitte, den Kölnern bei ihrer schwierigen Wahl zu helfen.

Karl beschloss, das Angenehme mit dem Nützlichen zu verbinden. Schon lange hatte er keine Zeit mehr für die Jagd gehabt. Zwischen Aachen und Köln aber lagen viele Wälder, in denen es von Wild nur so wimmelte. So sammelte er eine Handvoll seiner Getreuen um sich, zog seine Jagdkleidung an und machte sich auf den Weg.

Am dritten Tag, als er nicht mehr weit von den Toren Kölns entfernt war, hörte er die Glocken einer kleinen Kirche. Er beschloss, die Gelegenheit zu einem Gottesdienst zu nutzen.

Die Messe hatte gerade begonnen, als er eintrat. Es wunderte ihn, so viele Besucher in einer einfachen Dorfkirche zu finden, doch löste sich dieses Rätsel bald. Der Priester, dessen freundliches Gesicht genauso wettergegerbt war wie das seiner Gemeindemitglieder und dessen kräftige Hände sicher noch anderes zu halten verstanden als ein Gebetbuch, zog seine Zuhörer schon mit den ersten Worten der Predigt in den

Bann. Noch nie hatte der König jemanden erlebt, der Gottes Wort so schlicht und doch so eindrucksvoll verbreitete. Nach dem Schlusssegen gingen die meisten Leute nach vorne, um ein kleines Opfer auf den Altar zu legen. Karl schloss sich ihnen an. Es war nicht viel, was da zusammenkam: einige kleine Münzen und ein paar Eier waren alles.

Er griff in seinen Geldbeutel und nahm einen Goldgulden heraus. Da packte ihn der Priester am Ärmel. »Steckt das wieder weg«, sagte er und blickte mit gerunzelter Stirn auf das glänzende Geldstück.

»Aber warum denn?« fragte der König. »Ich gebe es gerne und Ihr könnt es gewiss gut brauchen.«

Der andere schüttelte den Kopf. »Nein. Die paar Münzen, die hier liegen, reichen für das Nötigste. Wir helfen einander hier nicht mit Geld. Da gibt es bessere Wege.«

Prüfend sah er Karl an. »Wenn Ihr wirklich ein Opfer bringen wollt ... nun, ich sehe, dass Ihr ein Jäger seid. Schaut her.« Er wies auf sein Gebetbuch, dessen Rücken ganz verschlissen war. »Gebt mir die Haut des nächsten Rehs, das Ihr schießt. Das lasse ich gerben. Im Dorf wohnt ein ehemaliger Buchbinder. Der wird mir daraus einen neuen Einband machen. Damit würdet Ihr mir wirklich helfen.«

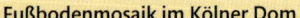

Fußbodenmosaik im Kölner Dom

Beschämt senkte der König den Blick und nickte. Der Mann hatte recht. Den Weg in den Himmel konnte man nicht mit Geld erkaufen.

Nachdenklich ging er hinaus. Da standen noch ein paar Gemeindemitglieder zusammen und unterhielten sich. Wie zufällig gesellte er sich zu ihnen und fragte: »Sagt mal, euer Priester, wie ist der eigentlich? Taugt der was?«

Eine junge Frau sagte: »Oh ja. Der Hildebold, der redet nicht nur. Der packt auch an. Als mein Mann kürzlich so krank war, da ist er gekommen und hat bei uns auf dem Hof mitgeholfen. Der war sich nicht mal zu fein, den Stall auszumisten!«

Wissenswertes

Im Fußbodenmosaik des Domes, das aus dem 19. Jahrhundert stammt, ist Hildebold mit einem Modell des alten Domes dargestellt, da man ihn früher für dessen Erbauer hielt. Inzwischen weiß man, dass er bei Baubeginn schon nicht mehr lebte. Er war nicht nur Bischof, sondern wurde auch zum ersten Erzbischof Kölns ernannt.

Und ein alter Mann meinte: »Ich hab hier schon viele Priester kommen und gehen sehen. Der Hildebold ist von allen der Beste. Gebe Gott, dass er uns noch lange erhalten bleibt.« Die anderen nickten und murmelten zustimmend.

Da nahm Karl von ihnen Abschied, schwang sich auf sein Pferd und ritt davon. Als ihm wenig später im Wald ein Reh über den Weg lief, schoss er es und schickte einen seiner Männer mit der Haut zurück ins Dorf.

Endlich erreichte er Köln, wo man ihn mit allen Ehren empfing. Dann wurden ihm die vielen Bewerber um den Bischofsstuhl vorgestellt. Mit jedem unterhielt er sich, fragte ihn, was ihm am wichtigsten wäre und wie er dieses oder jenes Problem lösen würde. Als er endlich am zweiten Tag alle befragt hatte, da war auch der König erst einmal ratlos. Von keinem einzigen war er überzeugt, dass er einen wirklich guten Bischof abgeben würde. Also erbat er sich noch etwas Bedenkzeit.

Und als er spät am Abend, mit einem Becher Wein in der Hand, noch immer grübelnd in seinem Zimmer saß, fiel ihm Hildebold ein. Schade, dass der sich nicht beworben hatte. Den hätte er sofort genommen.

Plötzlich fuhr er hoch. Jetzt wusste er, was zu tun war! Rasch schickte er einen Boten zu dem Dorfpriester mit der Nachricht, dass der König ihn in Köln zu sehen wünsche.

Hildebold erschrak natürlich zutiefst. Woher kannte der König seinen Namen? Und was konnte er von ihm wollen? Wenn das nur nichts Schlimmes bedeutete ... Doch wenn der König befahl, so hatte man zu folgen. Also begab er sich, so schnell es ging, in die Stadt und zu dem Gasthaus, in dem Karl wohnte. Ein Diener empfing ihn, geleitete ihn zu einem Zimmer, öffnete die Tür, verbeugte sich tief und sagte: »Majestät, der Dorfpriester, den Ihr zu sehen wünschet.«

Hildebold trat einen Schritt vor, sah jedoch nur den Jäger, der in seiner Kirche gewesen war. Verwirrt blickte er sich um, während der Diener leise die Tür hinter ihm schloss. Wo war denn der König? Er musste doch ...

Kreidebleich sank er in die Knie. »Majestät, ich wusste ja nicht ... bitte, verzeiht ... wenn ich nur geahnt hätte ...«, stammelte er.

Mit einem Lächeln trat Karl auf ihn zu und reichte ihm die Hand. »Lasst den Unsinn«, meinte er. »Es gibt schon viel zu viele, die in mir nur noch die 'Majestät' sehen. Ich brauche aber mehr, die den Menschen sehen. Deshalb habe ich Euch holen lassen.«

Langsam stand der Priester auf.

»Nun, habt Ihr das Geschenk des Jägers erhalten?« fragte Karl.

»Ja. Und vielen Dank auch«, murmelte Hildebold, der es kaum wagte, den Blick vom Boden zu heben.

»Ich fürchte, das Geschenk des Königs wird Euch nicht so gut gefallen. Aber setzt Euch erst einmal und füllt Euren Becher. Der Wein ist gut. Ihr werdet ihn brauchen.«

Am nächsten Morgen stellte König Karl den Kölnern ihren neuen Bischof vor. Er hatte eine Wahl getroffen, die weder er noch die Kölner je bereut haben.

»Ich weiß nicht, was soll
es bedeuten,
Daß ich so traurig bin;
Ein Märchen aus alten
Zeiten, Das kommt mir
nicht aus dem Sinn.«

Heinrich Heine

Der Bau des alten Domes

Die Geister
auf dem Hügel

Zu Beginn des 9. Jahrhunderts fasste der Kölner Erzbischof den Entschluss, zu Ehren Gottes einen großen Dom zu bauen. Nach seinem Willen sollte er auf dem Hügel im Nordosten der Stadt entstehen, nicht weit vom Rheinufer entfernt.

Die Kölner allerdings waren nicht begeistert. Natürlich hätten sie gerne einen schönen Dom gehabt, aber ausgerechnet an dieser Stelle?

Noch stand dort manches Mauerstück aus heidnischer Zeit, noch fand man bei fast jedem Spatenstich Steine mit rätselhaften Inschriften oder Bruchstücke von Statuen, die sicher die alten Götter zeigten. Auch munkelte man, dass es bei Nacht am Hügel nicht geheuer sei.

Einige kluge und wichtige Männer versuchten daher, den Erzbischof zu bewegen, einen anderen Standort für die neue Kirche zu suchen, doch er entgegnete ihnen: »Ihr Kleinmütigen! Längst hat doch unser Gott schon die Götter der Heiden besiegt und zerschmettert. Aber, selbst wenn auf dem Hügel noch die eine oder andere verlorene Seele ihr Unwesen treibt, so wird damit endgültig Schluss sein, sobald die Kirche erst einmal geweiht ist. Was habt ihr also zu fürchten?«

Gesenkten Hauptes gingen die Männer fort, denn darauf wussten sie keine rechte Antwort.

Schon bald machten sich aus dem ganzen Land erfahrene Baumeister, Steinmetze und Zimmerleute auf den Weg nach Köln. Im Frühjahr begann man mit dem Ausheben der Baugrube, doch die Arbeiten gingen nur langsam voran. Immer wieder fand man römische Reste, und da niemand zu sagen wusste, wozu diese Steine einmal gedient hatten, wurde jedes Mal ein Priester gerufen, der den Fundort mit Weihwasser

besprengen und den Stein mit einem Bannspruch belegen musste. Erst dann ging die Arbeit wieder weiter.

So kam es, dass die Grube auch im Herbst noch nicht fertig war. Es wurde deutlich kälter, doch die Leute schauderten nicht nur wegen des Wetters zusammen, wenn sie an der Baustelle vorbei kamen. So mancher hatte dort inzwischen bei Nacht Unheimliches erlebt. Einige erzählten von einer Rauchsäule, die um Mitternacht aus der Grube aufsteige. Andere wollten unerklärliche Lichter gesehen und jammernde Stimmen gehört haben.

Außerdem hatten sich einige seltsame Unfälle ereignet. Die Frau des Bürgermeisters etwa behauptete, sie hätte ganz genau gespürt, wie ihr jemand ein Bein stellte an dem Abend, als sie sich auf dem Heimweg das Bein brach.

Deutz – die »Schäl Sick« von Köln

Unter Tränen beteuerte ein Dienstmädchen, es habe deutlich nachts aus der Waschküche teuflisches Gelächter gehört, ehe es am nächsten Tag die Wäsche mit Jauche übergossen vorfand.

Ein Handwerker erklärte jedem, der es hören wollte, dass er nur deshalb von der Leiter gefallen sei, weil ihn jemand gestoßen habe. Das müsse wohl ein böser Dämon oder dergleichen gewesen sein.

Es dauerte nicht lange, bis für die Kölner ebenso wie für die Arbeiter der Dombauhütte klar war, dass an all diesen Dingen nur die bösen Geister vom Hügel schuld sein konnten, die sich dafür rächten, dass man versuchte, sie von ihrer Jahrhunderte alten Heimstatt zu vertreiben.

Eine Gesandtschaft wurde zum Erzbischof geschickt, um ihm mitzuteilen, dass man bei so großer Gefahr für Leib und Leben nicht mehr bereit sei, die Arbeiten fortzusetzen. Es folgte eine lange Auseinandersetzung. Endlich machte der Erzbischof einen Vorschlag: »Brüder, lasst uns nicht streiten wegen eines Kirchenbaus. Ich verstehe eure Sorge, weiß allerdings nur einen Ausweg. Ich werde die nächsten vierzig Tage und Nächte mit Fasten und Gebet verbringen und um Gottes Beistand bitten. In der einundvierzigsten Nacht aber will ich den Hügel von allem Bösen befreien, was dort noch hausen mag, auf dass es dem Teufel nicht gelinge, ein solch bedeutendes Gotteshaus zu verhindern.«

Mit Spannung wurde nun der Tag erwartet, an dem die Geisteraustreibung stattfinden sollte. Endlich war es so weit. Doch kaum hatte der Erzbischof den Fuß vor die Tür gesetzt, da durchzuckten Blitze den schwarzen Himmel, es donnerte ohrenbetäubend, in dicken Tropfen fiel Regen herab und der

Wissenswertes

Vielleicht sind es die bösen Geister schuld, die der Erzbischof vertrieben hat, dass die meisten Kölner so ungern auf die andere Rheinseite gehen? Wahrscheinlicher aber ist ein Zusammenhang damit, dass bis zur Eingemeindung von Deutz Ende des 19. Jahrhunderts Köln nur linksrheinisch existierte und das andere Rheinufer im Laufe der Jahrhunderte oft Feindesland war.

vorher sanfte Wind wurde zu einem wilden Orkan, der jaulend über die Dächer der Stadt tobte. Unbeirrt ging der fromme Mann weiter, erreichte schließlich den Hügel und begann, ihn Gebete murmelnd zu umschreiten und mit Weihwasser zu besprengen. Wo dieses hinfiel, fing der Boden an zu dampfen, als sei er glühend heiß. Schrille Schreie gellten plötzlich durch das Tosen des Sturms und finstere Schemen wühlten sich aus der Erde.

Als der Erzbischof den Hügel zum zweiten Mal umrundete, drängten sich die düsteren Schatten dicht zusammen und hoben drohend die Fäuste. Dunkle Stimmen grollten zu ihm herab: »Scher dich weg, elender Pfaffe! Dieser Ort ist unser! Er ist unser und wird unser noch sein, wenn deine Gebeine längst verrottet sind. Wage es nicht, deine Beschwörungen zu vollenden, sonst zerreißen wir dich und zerstreuen, was von dir übrig bleibt, in alle vier Winde!«

Bei diesen Worten verlor der arme Mann beinahe den Mut, doch fasste er sich schnell wieder und dachte bei sich: »Ich weiß, dass Gott stärker ist als diese Dämonen. Er wird seine Hand schützend über mich halten.« Also umschritt er, trotz der grausigen Drohungen, den Hügel noch ein drittes Mal.

Kaum war er diesmal wieder an der Stelle angelangt, wo er angefangen hatte, da ließ sich ein lautes Jammern und Wehklagen vom Hügel vernehmen. Der Sturm, der über der Stadt getobt hatte, stürzte sich auf die Baugrube. In seinem Sog wurden Bretter, Erdklumpen, Geister und Dämonen empor gewirbelt und wie eine dunkle Wolke Richtung Rhein und über ihn hinüber getragen, ins Rechtsrheinische. Der Regen und das Gewitter hörten mit einem Schlag auf. An einem klaren Himmel funkelten Hunderte von Sternen.

Mit zittrigen Beinen sank der Erzbischof auf die Knie und dankte Gott, dass er noch lebte.

Von jenem Tag an gingen die Bauarbeiten zügig weiter und der »Alte Dom«, wie man ihn später nannte, wurde zu einer der schönsten Kirchen seiner Zeit.

Manche Kölner allerdings haben auch heute noch eine unerklärliche Abneigung dagegen, den Rhein zu überqueren und dem Rechtsrheinischen einen Besuch abzustatten.

»Niemals wiederholt sich
die Geschichte, sondern
ist überall neu und frisch,
unaufhörlich wiedergeboren
wird die Sage.«

Josef Joubert

Der Fromme Petersmann

Über die Baustelle auf dem Hügel im Nordosten Kölns schlenderte ein hochgewachsener Mann, dem die gelockten blonden Haare bis auf die Schultern fielen. Achtete man nur auf seine Haltung, so schien er ein Adliger zu sein. Doch er trug ein einfaches, zerschlissenes Mönchsgewand, welches zu diesem Eindruck nicht recht passen wollte. Niemand kannte seinen Namen, obwohl er nun schon einige Zeit in der Stadt lebte. Deshalb hatten die Leute sich angewöhnt, ihn nach dem Kloster, in dem er Unterschlupf gefunden hatte, den St.-Peters-Mann zu nennen.

Die meisten Menschen mochten ihn, denn er war liebenswert und hilfsbereit. Aber es gab auch jene, die murrten, was er überhaupt auf der Baustelle, die er fast täglich besuchte, verloren hätte; er würde nur stören und sie von der Arbeit abhalten. Seltsamerweise waren das in der Regel gerade diejenigen, die ganz gerne, wenn niemand hinsah, eine kurze Extrapause einlegten.

Eben hatte der Dombaumeister den frommen Mann entdeckt. Zielstrebig ging er auf ihn zu und sagte: »Hör mal, es hat Beschwerden gegeben. Du lenkst die Leute von der Arbeit ab, und zwar schon seit Wochen. Das geht so nicht weiter.«

Freundlich lächelte der Fremde ihn an. »Ich verstehe. Wenn das so ist ... Aber sagt mir, gibt es nicht irgendeine Arbeit hier, die ich verrichten könnte? Ich würde gerne beim Bau dieser gewaltigen Kirche mithelfen.«

Nachdenklich musterte der Meister sein Gegenüber. »Hmmm ... also, für schwere körperliche Arbeit scheinst du mir nicht gerade der Richtige zu sein. Mal sehn ... tja, du könntest hier vielleicht ein bisschen die Aufsicht führen, darauf achten, dass die Leute anständig arbeiten und so.« Und dann fügte er noch hastig hinzu: »Aber zahlen kann ich dir nicht viel!«

Der andere nickte. »Das ist kein Problem. Ich brauche nicht viel. Gebt mir, was Ihr entbehren könnt.«

So wurden sie recht bald handelseinig. Schon am nächsten Tag baute der St.-Peters-Mann sich an einer Ecke der Baustelle einen kleinen Bretterverschlag, in dem er von nun an wohnte. Tag und Nacht wachte er über die Baustelle und die Arbeiten am Gotteshaus. Mit einem fast schon unheimlichen Spürsinn tauchte er immer dort auf, wo gerade einmal wieder jemand ein kleines Nickerchen hinter einem Holzstapel einlegen wollte. Nie ließ er es dabei zu bösen Worten kommen, aber der Erwischte wurde von ihm mit so viel Arbeit eingedeckt, dass er bis zum Abend kaum fertig werden konnte und an eine Verschnaufpause gar nicht mehr zu denken war.

Doch nicht genug damit. Überall, wo gerade jemand gebraucht wurde, packte er mit an, und alle staunten über die Kraft dieses Mannes, dem sie solches gar nicht zugetraut hatten.

Nach getaner Arbeit kümmerte er sich noch um die Armen und Bedürftigen, die er besuchte, um das wenige, was er selbst besaß, mit ihnen zu teilen.

Ganz besonders aber liebte er die Kinder, für die er aus Holzabfällen von der Baustelle Spielzeug schnitzte. Dabei erzählte er ihnen Geschichten aus fernen Ländern und von tapferen Rittern, die so faszinierend klangen, als hätte er sie selbst erlebt.

So ging die Zeit dahin, während die Kirche auf dem Hügel wuchs und Gestalt annahm. Mit ihr wuchs jedoch auch die Schar der Unzufriedenen, denen der St.-Peters-Mann ein Dorn im Auge war, weil er ihnen ständig als leuchtendes Vorbild die eigenen Unzulänglichkeiten und Fehler zeigte. Unter ihnen waren auch einige üble Gesellen, die nicht einmal vor

Wissenswertes

Vom alten Dom ist noch ein Baptisterium (Taufbecken) erhalten geblieben, das man sich ansehen kann, wenn man an der Chorseite des Domes zum Dionysos-Brunnen hinuntergeht und dort durch die vergitterte Tür blickt.

dem Gedanken an Mord zurückschreckten, so verhasst war ihnen der seltsame Fremde inzwischen.

Auch seinen Freunden war es natürlich nicht verborgen geblieben, dass es Neider gab. Immer wieder drangen sie in ihn, er möge seinen einsamen Bretterverschlag aufgeben und zu ihnen ziehen oder zumindest seine Besuche bei den Armen aufgeben, weil er in den finsteren Gassen seines Lebens nicht sicher sein könne. Er aber lächelte nur mild und sagte ihnen, wenn sie wieder einmal auf ihn einredeten: »Ich verstehe euch ja. Aber Gottes Wille wird geschehen, so wie er es mir in einem Traum gezeigt hat. Sorgt euch nicht, denn noch bin ich bei euch. Und was geschehen wird, könnt ihr nicht ändern.«

Das Schicksal nahm also seinen Lauf. Eines Abends, als er gerade auf dem Weg zur Kirche St. Mauritius war, um dort zu beten, lauerte ihm eine Handvoll Männer auf. Auf der men-

schenleeren Straße erschlugen sie ihn mit schweren Knüppeln. Dann steckten sie seine Leiche in einen Sack, den sie im Schutz der Dunkelheit zum Rhein hinunter schleppten, mit Steinen beschwerten und ins Wasser warfen.

Am nächsten Tag herrschte helle Aufregung in der Stadt. Rasend schnell hatte sich die Nachricht vom Verschwinden des St.-Peters-Mannes verbreitet und jeder wusste, dass das nichts Gutes bedeuten konnte. Jeder Winkel, jede Gasse wurde abgesucht. Ohne Erfolg. Nur in der Nähe von St. Mauritius entdeckte man einige Blutspritzer, die die schlimmsten Befürchtungen zu bestätigen schienen.

Am Abend ging die Sonne wie ein böses Omen blutrot unter. Doch so, wie die wirkliche Sonne versank, schien eine zweite, goldene, aus den Tiefen des Rheines hervorzuleuchten, bis gegen Mitternacht auch dieses Licht erlosch.

Am nächsten Abend wiederholte sich das seltsame Schauspiel. Am dritten Abend schließlich war viel Volk am Rheinufer zusammengeströmt, in der Hoffnung, das Wunder werde sich auch diesmal ereignen. Und tatsächlich, wieder leuchtete es golden aus dem Strom heraus. Da hörten die Menschen einen gellenden Schrei: »Seht nur! Seht doch nur! Ja, seid ihr denn blind?!« Eine alte Frau bahnte sich mühsam mit ihrem Stock einen Weg durch die Menge zum Ufer hinunter. Mit zittriger Hand wies sie auf das Wasser hinaus. Als sie merkte, dass niemand außer ihr dort etwas erkennen konnte, warf sie den Stock hin und watete in den Fluss. Kaum konnte sie sich gegen die Strömung wehren, doch dann sah man sie nach etwas greifen und den Rückweg antreten. Da war der Bann gebrochen. Einige Männer kamen ihr entgegen, halfen ihr und schleppten den schweren Sack, den sie entdeckt hatte, an Land.

Dann achtete niemand mehr auf die Alte, die sich erstaunt aufrichtete, die Hände ins Kreuz legte, lächelte, einen letzten Blick auf den Stock warf, der noch immer am Ufer lag, und dann kerzengerade und hoch aufgerichtet wie ein junges Mädchen in der Menge verschwand.

Aller Augen waren auf den Sack gerichtet, denn es war klar, was darin sein musste. Ringsherum herrschte Stille. Schließlich fasste sich einer ein Herz und schnitt ihn mit einem scharfen Messer auf. Ein Raunen ging durch die Menge. Da lag der fromme St.-Peters-Mann, als ob er schliefe, und ein überirdisches Licht umspielte ihn.

Der Erzbischof, den man rasch herbeigerufen hatte, gab den Befehl, den Toten im Dom aufzubahren.

Kaum trug man ihn über die Schwelle der noch unfertigen Kathedrale, da wurde die Luft erfüllt von Blütenduft, und manche behaupteten später auch, sie hätten die Engel im Himmel singen hören. Als man den Heiligen an der Stelle niederlegte, wo später einmal der Altar stehen sollte, verrutschte sein Hemd und gab den Blick auf einen kostbar bestickten Gürtel frei, auf dem deutlich lesbar in Gold sein Name stand: Reinold, Herzog von Montalban. Da wussten die Menschen, dass er wirklich ein Adliger gewesen war, wie mancher vermutet hatte, denn Reinold war ein Neffe Karls des Großen, mit dem

Reinoldi-Kirche in Dortmund

er allerdings in Streit gelegen hatte. Nachdem er von Kaiser Karl besiegt worden war, war er verschwunden und niemand hatte bis zu diesem Tage geahnt, was aus ihm geworden sein mochte.

Viele Jahre später kam eine Gesandtschaft aus Dortmund nach Köln. Schon damals war bekannt, dass es hier mehr Reliquien gab als in jeder anderen Stadt. Da hatten sich die Dortmunder gedacht: »Vielleicht geben uns die reichen Kölner ja einen von ihren vielen, vielen Heiligen ab, denn sie haben Tausende, wir aber keinen einzigen.«

Als man ihm diese Bitte unterbreitete, nickte der Erzbischof auch erst einmal wohlwollend mit dem Kopf. Doch so eine wichtige Entscheidung konnte er nicht alleine treffen. Also rief er das Domkapitel zusammen, um zu beraten, auf welchen Heiligen man wohl am ehesten verzichten könnte. Doch wie das so ist: Wer viel hat, gibt meist nicht gerne etwas her. Den ganzen Tag wurde diskutiert und debattiert, aber am Ende war man sich einig: »Wir brauchen unsere Heiligen selber!«

Kaum hatte man allerdings beschlossen, die Dortmunder unverrichteter Dinge wieder nach Hause zu schicken, da stand plötzlich wie durch Zauberhand der Schrein des heiligen Reinold mitten unter den Männern. Der Erzbischof legte nachdenklich einen Finger an die Nase und meinte: »Ich fürchte, das bedeutet, dass wir die ganze Angelegenheit noch einmal besprechen müssen. Also kommt morgen alle wieder her. Selber Ort, selbe Zeit. Und sorgt dafür, dass der Reinold wieder in die Kirche kommt.«

Am nächsten Tag gab es also ein neues Treffen. Und wieder heftige Diskussionen. Niemand mochte glauben, dass der heilige Reinold allen Ernstes nach Dortmund wollte. Wo er hier den Dombau begleitet hatte und für seinen Glauben gestorben war! Kaum aber hatte man erneut beschlossen, die Dortmunder nach Hause zu schicken, da stand wieder der Schrein im Raum. Der Erzbischof runzelte grimmig die Stirn und sagte: »Na gut, einmal noch. Aber dann ist Schluss!«

Doch das Ergebnis war auch am dritten Tag nicht anders. Da ließ er die Dortmunder holen und eröffnete ihnen, dass die Kölner in ihrer Großherzigkeit bereit seien, ihnen den heiligen Reinold samt Schrein zu überlassen.

Die Abgesandten waren völlig aus dem Häuschen. Mit einer so großzügigen Gabe hatten sie gar nicht mehr gerechnet. Sofort gaben sie den Befehl, alles für den Abtransport vorzubereiten.

Am nächsten Tag wurde der Schrein mit einer Prozession zum Rhein begleitet, von wo aus er mit einer Fähre ans andere Ufer gebracht wurde. Dort luden die Dortmunder ihn auf einen Wagen. Als sie jedoch die Pferde anschirren wollten, da setzte der sich von ganz alleine in Bewegung und rollte los, dass sie kaum Schritt halten konnten, geradewegs bis nach Dortmund. Dort, wo er anhielt, ließ man die Reinoldi-Kirche bauen. In Notzeiten und wenn der Stadt Gefahr drohte, soll der heilige Reinold in den folgenden Jahrhunderten noch oft in silberner Rüstung auf der Stadtmauer zu sehen gewesen sein und die Bewohner geschützt haben.

Warum er aber unbedingt ausgerechnet nach Dortmund wollte, dass kann noch heute kein Kölner begreifen.

Reinald von Dassel

Ein Hitzkopf und störrisch wie ein Maulesel

Seit über einem Jahr lag das Heer Kaiser Friedrich Barbarossas nun schon vor den Toren Mailands. Eigentlich gehörte die Stadt zu seinem Reich, aber die Mailänder waren stolz und eigensinnig. Sie hatten zusammen mit einigen kleineren Städten kurzerhand beschlossen, keine Steuern mehr zu entrichten, sondern das Geld einzubehalten und für ihre eigenen Angelegenheiten zu verwenden.

Die anderen Rebellen hatten sich inzwischen längst ergeben, doch die Mailänder verfügten über reiche Vorräte und eine dicke Stadtmauer.

Verärgert stapfte der Kaiser in seinem Zelt auf und ab. Den Beinamen »Barbarossa«, was »Rotbart« heißt, hatten ihm die Italiener gegeben. Und zur Zeit machte er diesem Namen alle Ehre. Bart- und Haupthaare waren wild zerzaust und der Mann wirkte so wütend und jähzornig, wie man es Rotschöpfen ja gerne unterstellt. »Diese verfluchten Mailänder«, wetterte er. »Man könnte meinen, ihre Kornspeicher hätten einen doppelten Boden! Und dieser Bürgermeister ... der scheint seine Leute wohl völlig im Griff zu haben! Wie kann der es wagen, mir so lange zu trotzen! Wenn die Stadt gefallen ist, will ich ihn hängen sehen! Sollen die Raben ein Festmahl halten, auf dass die Bürger sehen, was es bringt, wenn man sich mir widersetzt!«

Der Mann mit der Bischofsmütze rutschte unruhig auf seinem Sessel hin und her. Reinald von Dassel war nicht nur Erzbischof von Köln, sondern auch Kanzler und enger Vertrauter des Kaisers. Doch wenn der schlechte Laune hatte, sah man sich auch als guter Freund besser vor. »Es kann ja nicht mehr ewig dauern«, versuchte er zu besänftigen. »Ihr habt doch die

jüngsten Berichte gehört: Der letzte Vorratsspeicher wurde von unseren Leuten getroffen und in Brand gesetzt. Von Luft und Wasser kann man nicht lange leben ...«

Barbarossa blieb stehen, seufzte tief und sah ihn an. »Ich weiß. Ihr habt ja recht. Aber dieses verdammte Nichtstun! Es macht mich noch wahnsinnig. Als ob es in diesem riesigen Reich nichts Wichtigeres gäbe. Aber wenn ich hier weggehe, dann verbünden sich die bereits besiegten Städte womöglich doch wieder mit den Mailändern. Wenn ich aber hier bleibe, wer weiß, welchem Widerstand ich dann plötzlich an irgendeiner anderen Ecke des Landes begegne. Zum Donnerwetter! Es ist nicht gut, wenn das Volk seinen Kaiser so lange nicht zu Gesicht bekommt.«

»Nein, das ist nicht gut«, antwortete Reinald. »Genauso wenig, wie wenn die Gläubigen ihren Erzbischof nicht zu Gesicht bekommen. Und das trifft leider ganz besonders auf meine Schäfchen zu, die Kölner.«

Nun war es an dem Kirchenmann, einen tiefen Seufzer zu tun. Dann erhob er sich. »Mit Verlaub, Majestät, ich denke, wir sollten schlafen gehen und die Entwicklung der nächsten Tage in Ruhe abwarten.«

»Ach, zum Teufel, wahrscheinlich habt Ihr recht«, gab der Kaiser zu. »Na dann, angenehme Nachtruhe.«

»Ja danke, ebenso. Ach, und, Majestät ...« Reinald drehte sich im Zelteingang noch einmal um. »Eure Wortwahl, Majestät ... müsst Ihr nicht bald wieder beichten?«

»Raus!!!« brüllte Barbarossa und warf ihm seinen Weinkelch hinterher, der aber nur den Vorhang traf und wirkungslos zu Boden schepperte.

Draußen schüttelte der Erzbischof den Kopf und grinste schelmisch. Wie konnte man nur so unbeherrscht sein!

Dann schlenderte er durch die milde Nachtluft zu seinem eigenen Zelt, das nicht weit entfernt stand. Einmal drehte er sich noch um, ehe er eintrat, und warf einen Blick auf die belagerte Stadt. Finster erhoben sich die Mauern, die zwar die Feinde draußen hielten, für die Bewohner nun aber zu unüberwindlichen Gefängnismauern geworden waren. Kein Laut war von dort zu vernehmen. Die Menschen konnten einem leid tun. Selbst wenn sie sich jetzt ergaben, wäre das Schlimmste für sie noch nicht vorbei. Die Soldaten würden die Stadt plündern, bis kein Stein mehr auf dem anderen stand. Mit einem Schlag war seine gute Laune verflogen. Traurig schob er den Vorhang zur Seite.

Und blieb wie angewurzelt stehen. Vor ihm stand eine Frau, die er noch nie zuvor gesehen hatte. Sie trug die Kleidung einer Nonne.

»Wer seid Ihr? Was wollt Ihr?« herrschte er sie an, während er unwillkürlich einen Schritt zurückwich.

Flehend streckte die Unbekannte die Hände aus. »Nein, wartet! Ruft nicht die Wachen! Ich muss mit Euch reden. Bitte, helft mir. Ich weiß mir alleine einfach keinen Rat mehr ...« Tränen rannen über ihre Wangen.

»Dann ... setzt Euch. Und erzählt«, sagte Reinald zögernd und wies auf einen Stuhl, während er sich in einen etwas bequemeren Sessel sinken ließ.

»Kennt Ihr San Eustorgio?« fragte die Nonne. »Das ist die Klosterkirche direkt an der Stadtmauer. Ich bin die Äbtissin des Klosters.«

Erstaunt blickte der Erzbischof sie an. »Aber, was habt Ihr denn dann für ein Problem? Euer Kloster liegt außerhalb der Stadt und ist daher bislang verschont geblieben. Daran wird sich auch nichts ändern, wenn sich Mailand endlich ergibt.«

»Das weiß ich. Es geht ja auch nicht um mich oder das Kloster.« Sie machte eine Pause. Nervös flatterten die Hände in ihrem Schoß.

»Es geht um meinen Bruder. Er ist in der Stadt.«

»Nun, ich glaube, da kann ich Euch beruhigen. Natürlich wird die Stadt geplündert werden, doch der Kaiser hat die Absicht, sie vorher räumen zu lassen und allen Bürgern die Freiheit zu schenken.«

»Allen?«

»Allen ... bis auf den Bürgermeister natürlich. Ihr könnt Euch sicher vorstellen, was seine Einstellung gegenüber diesem Aufrührer ist. Selbst wenn ich mit Engelszungen reden könnte, wäre es mir unmöglich, ihn vor dem Tod zu bewahren.«

»Das ist es ja. Gualvagno ist mein Bruder. Mein großer Bruder. ... Erzbischof, könnt Ihr Euch vorstellen, was es für mich heißt, dabeistehen und zusehen zu müssen, wie man ihn hängt? Ich weiß, dass er viele Fehler hat. Er ist stolz, überschätzt sich oft selbst und ist ein Dickkopf. Aber für mich ist er auch der Junge, der mir das Leben gerettet hat, als ich einmal beinahe im Meer ertrunken wäre. Der sich von Mama hat schlagen lassen, statt zu verraten, dass ich es war, die den Kuchen vom Fensterbrett geklaut hatte. Der den kleinen Vogel, der aus dem Nest gefallen war, wieder hineingesetzt hat. Gualvagno ist kein schlechter Mensch. Wirklich nicht. Nur ein Hitzkopf und störrisch wie ein Maulesel. Er hat diesen Tod nicht verdient. Ich muss ihm helfen!«

»Hmmm … und wie stellt Ihr Euch das vor? Ich glaube nicht, dass ich Euch dabei von Nutzen sein kann. Nein, ich bin überzeugt, dass niemand Euren Bruder noch retten kann. Vielleicht nicht einmal Gott selbst.«

»Ich … ich habe einen Plan. Und es soll Euer Schaden nicht sein.« Die Äbtissin neigte sich zu Reinald und begann zu flüstern. Schon nach wenigen Minuten weiteten sich dessen Augen erstaunt und nach einer Weile hellte sich seine Miene auf. »Wahrhaftig, gute Frau, so könnte es gehen!« gab er zu. Dann rief er eine Handvoll seiner Leute zusammen und schickte sie mit der Äbtissin zum Kloster. Einige Zeit darauf verließen sie es wieder, diesmal in Begleitung von drei Lasttieren, die auf ihren Rücken sargähnliche Kisten trugen. Damit verschwanden sie in der Nacht.

Am nächsten Morgen ging Reinald klopfenden Herzens zum Kaiser. Wenn der Plan nur funktionierte! Ein Hitzkopf und störrisch wie ein Esel, hatte sie gesagt. Nun, so jemanden kannte er auch, und nur allzu gut!

»Einen wunderschönen guten Morgen, Majestät«, rief er fröhlich, als er den Vorhang zur Seite schlug.

»Wunderschön? Gut? Das wird sich wohl erst noch rausstellen müssen«, brummte es ihm entgegen.

»Oh, ich denke, ich kann Euch ein wenig aufmuntern. Majestät: Aus sicherer Quelle habe ich soeben erfahren, dass sich Mailand noch heute Mittag bedingungslos ergeben wird!«

»Was?!« Der Kaiser sprang auf, stürzte sich auf seinen Kanzler und packte ihn an den Schultern. »Mann, wenn das wahr ist … verdammt will ich … ach zum Kuckuck, seht mich nicht so an! Wie soll ich denn in so einem Moment auf mein verfl ... auf mein Mundwerk achten!

Aber, wenn das wahr ist, dann könnt Ihr Euch den größten Schatz der Stadt von mir wünschen und er soll Euer sein!«

»Oh, aber Majestät ... so unverschämt würde ich niemals sein. Das wisst Ihr. Dennoch, es gäbe da eine Kleinigkeit ...«

»Nun macht es nicht so spannend! Raus mit der Sprache, worauf habt Ihr ein Auge geworfen? Was auch immer es ist - wenn die Mailänder sich heute ergeben, gehört es Euch!«

»Ja, also ... Ihr kennt doch das kleine Kloster an der Stadtmauer?« Der Kaiser nickte.

»Die Äbtissin wird, wenn sich die Tore öffnen, etwas aus der Stadt holen, was ihr größter Schatz ist. Das, was sie auf den Schultern herausträgt, das erbitte ich mir von Euch.«

Barbarossa blickte ihn ein wenig von der Seite an. »Und Ihr wollt mir nicht verraten, was es ist? Der größte Schatz einer Äbtissin? Sicher wieder so eine Reliquie. In Ordnung. Ihr habt mein Wort.«

Wissenswertes

In der Marienkapelle auf der Südseite findet man das Grab Reinald von Dassels etwas versteckt in der Ecke.

Das war ja fast zu einfach gewesen! Vorsichtshalber fragte Reinald noch einmal nach: »Euer Wort?«

»Ja, mein Wort! Oder wollt Ihr daran etwa zweifeln?« knurrte ihn der Kaiser an.

Lächelnd schüttelte er den Kopf.

Wenige Stunden später bot sich den Belagerern ein eindrucksvolles Schauspiel. Sämtliche Stadttore Mailands öffneten sich gleichzeitig. Heraus kamen die Bürger, halb verhungerte Gestalten, die so viel ihrer Habe mitschleppten, wie sie nur tragen konnten. Ihnen voran aber schritten die Adligen und Patrizier, die Vornehmen der Stadt, denen ihre kostbaren Kleider um die dürren Glieder schlotterten. Verzweifelt um ein letztes bisschen Würde bemüht, sanken sie vor dem Kaiser in die Knie und baten um Gnade für sich und das Volk.

Gerne gewährte er diese, nun, da Mailand ihm gehörte. Nach und nach wurden es weniger Leute, die noch auf das freie Feld strömten. Die letzten Alten, Kranken und Lahmen quälten sich aus den Toren, da sah man mitten zwischen ihnen eine Nonne, die unter einer schweren Last gebeugt dahinwankte. Mühsam schleppte sie sich bis dorthin, wo der Kaiser mit seinem Kanzler wartete. Endlich ließ sie den großen, aber bis auf die Knochen abgemagerten Mann von ihrem Rücken gleiten.

Reinald wandte sich an Barbarossa. Mit unsicherer Stimme sagte er: »Majestät, darf ich vorstellen? Gualvagno Visconti, Bürgermeister von Mailand.«

Das Gesicht des Kaisers lief rot an. Seine Hände ballten sich zu Fäusten. Vor Wut zitternd starrte er seinen Kanzler an und stieß zwischen zusammengebissenen Zähnen hervor: »Nein ... ich ... fluche ... nicht! Ich ... bin ... ganz ... ruhig.« Und dann platzte es mit Macht aus ihm hervor: »Aber würdest du wohl die Freundlichkeit besitzen, mir zu erklären, was das soll?!«

Der Erzbischof wischte sich den Schweiß mit einem Tuch von der Stirn. »Ich fürchte, das ist eine lange Geschichte ...«

Mühsam um Fassung ringend zischte der Kaiser: »Das ist mir egal. Ich will wissen, weshalb du diesem Aufrührer ... diesem Rebellen ... diesem hinterhältigen Dreckskerl das Leben gerettet hast!«

Langsam begann Reinald zu erzählen, von dem nächtlichen Besuch der Äbtissin, von ihrer Liebe zu ihrem Bruder ... und schließlich von dem Handel, den sie ihm angeboten hatte. Und der so gut gewesen war, dass er ihn nicht ausschlagen konnte.

Allmählich beruhigte sich Barbarossa wieder. Reinald gab ihm zu bedenken: »Wenn Ihr Gualvagno gehängt hättet, was hätte das schon gebracht? Für einen Augenblick hättet Ihr Euer Rachegelüst befriedigt. So aber haben wir dem Reich, der Stadt Köln und nicht zuletzt den Heiligen Drei Königen auf Jahrhunderte hinaus einen unschätzbaren Dienst erwiesen. Hier waren sie fast in Vergessenheit geraten. In Köln aber werden wir ihnen einen kostbaren Schrein bauen, wie ihn die Welt noch nicht gesehen hat, und sie in unseren Dom bringen, wo die Pilger nur so zu ihnen strömen werden. Davon

Reinald von Dassel (Dreikönigenschrein)

haben die Kölner Nutzen und Ehre, aber auch das Reich, das einen solchen Schatz sein eigen nennt. Und ist es nicht auch für Euch ein beruhigendes Gefühl«, fügte er listig hinzu, »die Gebeine der ersten Christenkönige, die Jesus selber gesegnet hat, in Eurer Nähe zu wissen?«

Grimmig starrte der Herrscher ihn an. »Nun gut. Ich will Euch vergeben, Kanzler. Aber lasst Euch solche hinterhältigen Spiele nicht zur Gewohnheit werden. Es könnte Euch einmal Euren schlauen Kopf kosten. Und jetzt zeigt mir endlich Eure wertvollen Gebeine, für die ihr das alles gewagt habt.«

»Majestät, die Reliquien sind bereits auf dem Weg nach Köln. Ich habe sie noch gestern nacht in aller Heimlichkeit auf die Reise geschickt, denn wenn die Sache erst einmal bekannt wird, werden sich bestimmt noch andere für sie interessieren und versuchen, sie an sich zu bringen.«

Darauf wusste auch Barbarossa nichts mehr zu sagen. Zornig knurrend wandte er sich ab und verließ das Feld.

Reinald holte tief Luft. »Das war knapp«, sagte er und wischte sich noch einmal über die Stirn. Dann sah er die Äbtissin und ihren Bruder an. »Ich hoffe, das Ganze war es auch wert.« Die beiden senkten beschämt die Augen. Da nahm er die Hand der Äbtissin, legte sie auf die ihres Bruders und sprach: »Ihr habt beide einander das Leben gerettet. Möge eure Liebe zueinander niemals geringer werden und der Herr auf allen euren Wegen über euch wachen. Gehet hin in Frieden.«

Er wandte sich ab, ohne noch wahrzunehmen, dass seine Schützlinge dankbar in die Knie gesunken waren. Leise sagte die Äbtissin: »Ein kluger Mann, dieser Kaiser. Man sollte ihn nicht unterschätzen. Nur etwas hitzköpfig. Und störrisch wie ein Maulesel.« Mit einem Seitenblick auf die plötzlich erröteten Ohren Gualvagnos fügte sie hinzu: »Nur gut, dass er so einen hervorragenden Berater hat.«

»Die Märchen
ohne
Happy End
nennen wir

Realität.«

Hans Christian Andersen

Die Dombausage

Die Wette mit dem Teufel

Der Dombaumeister, der 1248 die riesige gotische Kathedrale begann, hieß Meister Gerhard, und er soll ein eitler und jähzorniger, aber andererseits auch sehr fähiger Mann gewesen sein.

Eines Tages tauchte ein fremder Baumeister in der Stadt auf, der bald jeden Tag um die gewaltige Baustelle herumstrich und über die Arbeit des Meisters lästerte. Lange Zeit bemühte der sich, wie es sich für einen frommen Mann gehört, die dummen Reden zu ignorieren und die Ruhe zu bewahren. Doch eines Tages, als er wieder mit anhören musste, wie der Fremde seine Arbeit schlecht machte, da konnte er nicht mehr länger an sich halten. Voller Wut fuhr er ihn an, er solle doch erst einmal beweisen, dass er es besser könne. Ein Wort gab das andere, und schließlich sagte der Fremde: »Nun, Meister, so lasst uns doch wetten. Ich will Euch ein vergleichbar großes Bauvorhaben in kürzerer Zeit vollenden als Ihr Euren Dom!« Als Meister Gerhard ihn fragte, an was er denn so gedacht habe, antwortete der andere, er könne ja eine gewaltige Wasserleitung bauen, die das Wasser aus Trier nach Köln bringen werde.

Sie diskutierten noch ein Weilchen hin und her, doch schließlich willigte der Dombaumeister ein. Durch geschicktes Fragen hatte er nämlich inzwischen herausgefunden, dass der andere längst nicht so schlau war, wie er glaubte. So wusste er zum Beispiel nicht, dass man bei einer solch langen Wasserleitung in bestimmten Abständen von oben Löcher bohren musste, damit das Wasser fließen konnte. Siegesgewiss erklärte Meister Gerhard sich mit der Wette einverstanden.

Kaum aber hatten sie alles mit einem Handschlag besiegelt, da fiel ihm ein, dass sie ja noch gar nicht abgemacht

hatten, was der Preis der Wette sein sollte. Als er sich danach erkundigte, blickte ihn der Fremde mit einem eisigen Lächeln an und sagte mit schneidender Stimme: »Da Ihr Euch des Sieges wohl sehr gewiss seid, Meister, werdet Ihr sicher nichts gegen einen hohen Preis einzuwenden haben, oder? Eure Seele soll es sein, und nichts Geringeres!« Meister Gerhard erbleichte, als ihm klar wurde, dass er sich mit dem Teufel eingelassen hatte, denn wer sonst hätte ein Interesse an seiner Seele haben sollen? Doch es gab kein Zurück mehr.

Tage und Wochen vergingen. Je länger der Meister über seine Wette nachdachte, desto unwohler wurde ihm dabei. Er wurde immer blasser und hagerer. Auch seine Frau merkte, dass mit ihm irgendetwas nicht stimmte. Ständig fragte sie ihn nun aus und drang in ihn, dass er ihr doch die Wahrheit sagen solle. Schließlich wurde die Last für den Dombaumeister zu groß, und er vertraute sich ihr unter dem Siegel absoluter Verschwiegenheit an. Natürlich war seine Frau entsetzt über das, was er getan hatte. Trotzdem versuchte sie, ihm ein wenig Mut zu machen.

Inzwischen hatte der Teufel die Wasserleitung längst fertiggestellt, doch gelang es ihm nicht, das Wasser hindurchzuleiten. Immer wieder verstopfte sich die Röhre und er konnte sich gar nicht erklären, woran das liegen könnte.

Schließlich setzte er sich hin, legte den Kopf in die Hände und dachte nach. Nur allzu gut erinnerte er sich des triumphierenden Gesichtsausdrucks von Meister Gerhard, als sie die Wette schlossen. Weshalb war der Meister so siegesgewiss gewesen? Doch wie er auch hin und her überlegte, er konnte sich keinen Reim darauf machen. Aber sollte der Teufel persönlich eine Wette gegen einen Menschen verlieren? Niemals!

In Verkleidung kehrte er nach Köln zurück und hörte sich ein paar Tage um. Schon bald kam ihm zu Ohren, dass der Dombaumeister krank sei und ihm bisher kein Mittel habe helfen können. Da wusste der Teufel, was er zu tun hatte. Er verkleidete sich erneut, und zwar als Arzt. Dann ließ er überall verkünden, dass er ein weitgereister Medicus sei, der auch bei den schwierigsten Krankheiten noch Hilfe wisse.

Seine List hatte Erfolg. Schon nach wenigen Tagen kam die Frau des Dombaumeisters zu ihm und bat ihn händeringend, ihrem armen Mann zu helfen. Vorsichtig und geschickt fragte er sie nach den genauen Umständen der Krankheit aus,

Es gibt immer was zu tun - »Arbeiter« in der Dombauhütte

wann sie begonnen habe, was ihr Mann an dem Tag getan habe ... Die Frau aber vertraute ihm völlig. Erleichtert, endlich mit jemandem darüber sprechen zu können, erzählte sie ihm schließlich die ganze Geschichte von der Wette und wie ihr Mann hoffte, den Teufel doch noch besiegen zu können. Kaum hatte der vermeintliche Arzt erfahren, was er wissen wollte, da gab es auch schon einen lauten Knall und er war verschwunden. Nur der Gestank von Pech und Schwefel lag noch eine Weile in der Luft.

In Windeseile machte er die erforderlichen Löcher in seine Leitung und schon rauschte das Wasser hindurch.

Der Dombaumeister stand, nichts Böses ahnend, auf dem Gerüst am Domchor, als er es plötzlich unter sich plätschern und rauschen hörte. Da wusste er, dass er die Wette verloren und aus Eitelkeit seine Seele verspielt hatte. In seiner Verzweiflung hob er ein letztes Mal die Augen zum Himmel und rief mit lauter Stimme: »Da es mir nicht vergönnt ist, diesen Dom zu vollenden, so soll es auch niemandem nach mir gelingen!« Mit diesen Worten stürzte er sich vom Gerüst. Der Teufel aber sprang wie ein dunkler Hund hinter ihm her und packte seine Seele.

Der Fluch Meister Gerhards zeigte Wirkung. Schon bald gingen die Bauarbeiten immer langsamer vonstatten. Im 16. Jahrhundert wurden sie sogar eingestellt, und dreihundert lange Jahre sah es so aus, als würde dieses Gotteshaus genauso wenig vollendet wie der Turmbau zu Babel. Im 19. Jahrhundert strengten die Kölner sich dann doch noch einmal ordentlich an. 1880 wurde die Domvollendung gefeiert. Doch wer genau hinsah, entdeckte, dass der Bau von außen zwar fertig war, im Innern aber noch immer fleißige Handwerker zugange waren. So ist es bis heute geblieben. Manchmal hat man den Eindruck, jedes Mal, wenn an einer Ecke des Domes etwas fertig wird, geht gerade an einer anderen Ecke etwas kaputt. Die Mitarbeiter der Dombauhütte jedenfalls sind fest davon überzeugt, dass ihnen die Arbeit bis zum Jüngsten Tag nicht ausgehen wird.

Einer der Türme des Kölner Domes – von der Südseite aus gesehen

Die Wasserspeier

Wie der Dom zu seinen Wasserspeiern kam

Nachdem es Luzifer auf heimtückische Weise geschafft hatte, die Seele des ersten Dombaumeisters zu gewinnen, gab es in der Hölle ein großes Fest. Immer wieder musste der Oberteufel erzählen, wie ihm dieses Kunststück gelungen war, und immer wieder zogen die großen Teufel die kleinen an den Ohren und schärften ihnen ein, sich das ein leuchtendes Beispiel sein zu lassen und später auch einmal solche Heldentaten zu vollbringen.

Die nächsten Wochen erfreuten sich Spiele wie »Teufel und Sünder«, »Himmel, Hölle, Fegefeuer«, »Mensch, ärgere dich!« und ähnliches besonderer Beliebtheit. Doch nach einiger Zeit war der Reiz des Neuen weg und die kleinen Teufel begannen, sich zu langweilen. Bis zwei von ihnen eine Idee hatten.

»Sagt mal«, meinte Isataroth eines Tages, »wie sollen wir denn jemals etwas richtig Aufregendes erleben, wenn wir immer nur hier in der Hölle herumhängen?«

»Genau!« sagte Asmorleon. »Wenn unsere Eltern wollen, dass wir ein paar anständige Untaten vollbringen, dann müssen sie auch akzeptieren, dass wir nach oben zu den Menschen gehen.«

Und Isataroth schlug sogar vor: »Einfach nur zu den Menschen? Nein, wenn wir etwas wirklich Teuflisches tun wollen, dann müssen wir es in dieser Kirche tun ... wie hieß sie doch gleich – ja! Kölner Dom.«

Die anderen Teufelchen nahmen das mit Begeisterung auf. In jeder freien Minute schlichen sie sich nun, manchmal in Gruppen, manchmal aber auch alleine, nach oben, zum Dom. Hätten ihre Eltern das gewusst, dann hätten sie wahr-

Wissenswertes

Gegen den Nachthimmel wirken die Wasserspeier besonders grausig. Dabei haben sie eigentlich nur die harmlose Funktion, das Wasser vom Dach abzuleiten.

scheinlich alle mindestens hundert Jahre Höllenarrest bekommen, denn auf die Erde dürfen kleine Teufel eigentlich nur in Begleitung eines Erwachsenen. Und erwachsen ist man in der Hölle erst mit zweitausendeinhundert Jahren.

So aber wurde das Domgelände für sie zu einem riesigen Abenteuerspielplatz. Noch war der Bau ja längst nicht abgeschlossen. Nur der Chor stand schon und wurde auch benutzt. Alles andere war mit großen Bauzäunen abgetrennt, hinter denen man fleißige Handwerker bei der Arbeit beobachten konnte.

Ein gefundenes Fressen für die kleinen Teufelchen: Zahlreiche Stapel mit Baumaterialien brachten sie im Laufe der Zeit zum Einsturz, ließen einfache Holzbalken, wenn sie weggetragen werden sollten, plötzlich so schwer werden, als wären sie aus Blei, oder erschienen nichts Böses ahnenden Arbeitern in grausigster Verkleidung auf dem Gerüst, in der Hoffnung, einer von ihnen möge vor Schreck zu Tode stürzen.

Doch wie das so ist: auch diese »Spiele« wurden irgendwann uninteressant.

Und wieder wussten Isataroth und Asmorleon Abhilfe. Als die anderen maulten, dass sie keine Lust mehr hätten, Kopf und Kragen für so etwas Langweiliges zu riskieren, sagten sie: »Hey, und wie wär das, wenn wir die Kirche selber zur Abwechslung mal ein bisschen unsicher machen?«

Zuerst waren die anderen wie versteinert. In die Kirche hinein gehen? Da gab es doch Weihwasser. Und Kreuze. Und Weihrauch. Und überhaupt allerhand, was für Teufel ausgesprochen ungesund ist.

Aber je länger sie darüber nachdachten, desto verlockender erschien ihnen die Sache. Und so dauerte es nicht mehr lange, bis die ersten es tatsächlich wagten, durch die Kirchentür zu treten.

Schon bald verloren die Teufelchen alle Scheu und trieben ihr Unwesen nun im Dom selbst. Da blies plötzlich von irgendwoher ein Windstoß alle Opferkerzen aus, der gute Messwein fiel dem Ministranten aus der Hand, das Gewand des Priesters blieb in der Tür hängen und bekam einen langen Riss ...

Vor allem dem Küster, der so eine Art Hausmeister der Kirche ist, fiel das natürlich auf. Und ihm war auch klar, wer daran schuld sein musste. So etwas konnte ja nur Teufelswerk sein.

Wasserspeier am Kölner Dom

Nun ging der Spaß für die Kleinen erst richtig los. Den ganzen Tag neckten sie den armen Küster, streckten ihm aus dem finstersten Winkel des Domes plötzlich die Zunge heraus, zeigten ihm hinter den Pfeilern eine lange Nase und zerrten unsichtbar an seiner Kleidung. Verzweifelt sprengte der arme Mann jede Ecke des Domes mit Weihwasser aus, sagte alle Gebete auf, die er kannte, und ließ soviel Weihrauch brennen, dass mancher Gottesdienstbesucher am Ende der Messe ein wenig grün um die Nase aussah. Doch nichts davon nützte etwas. Immer wieder fanden die Teufelchen in dem riesigen Kirchenraum Stellen, die für sie ungefährlich waren.

So kam der Tag, an dem sich der Mann einfach nicht mehr zu helfen wusste. Nachdem er wieder einmal stundenlang erfolglos hinter den kleinen Monstern hergejagt war, sank er mitten im Dom in die Knie, hob die tränenüberströmten Augen zum Himmel und begann zu beten: »Bitte, lieber Gott, ich kann nicht mehr … Bitte hilf mir, diese Plagegeister endlich loszuwerden!«

Gott hörte diesen Stoßseufzer und wunderte sich sehr, was denn da in einer seiner schönsten Kirchen wohl los war. Und entdeckte natürlich gleich Isataroth, Asmorleon und die anderen. Voller Zorn packte er die beiden Hauptschuldigen am Genick wie zwei junge Hunde und raunzte sie an: »Was habt ihr euch denn dabei gedacht, darf man das mal erfahren?!«

»Nichts … nicht wirklich … «, jammerten die beiden, während sie gleichzeitig versuchten, sich einerseits aus Gottes Hand zu winden und ihn andererseits durch besonders furchterregendes Aussehen zu erschrecken.

»So … mir wollt ihr Angst einjagen, ja?« grollte Gott. »So soll das hinfort eure Aufgabe sein: Angst einzujagen bis ans Ende aller Tage.« Er ließ seinen Blick durch den Dom gleiten. Jedes Teufelchen, dass von diesem Blick getroffen wurde, verwandelte sich augenblicklich zu Stein. Isataroth und Asmorleon aber setzte er fast sanft ab, ehe er sie andonnerte: »Schert euch nach Hause und lasst euch nie wieder hier blicken! Und den Eltern eurer Freunde könnt ihr sagen, dass sie wieder erwachen werden an dem Tag, da der Kölner Dom fertig wird. Das wird bekanntlich der Jüngste Tag sein. Bis dahin werden sie als Wasserspeier bei Tag und Nacht und Wind und Wetter jeden Tunichtgut warnen, was ihm geschehen wird, wenn er es wagt, sein Unwesen in meinem Dom zu treiben!«

Seither wurden Isataroth und Asmorleon nicht mehr auf Erden gesichtet. Wahrscheinlich haben die großen Teufel sie zu einer wahrhaft höllischen Strafe verurteilt ...

Andere vorwitzige Teufelchen gibt es aber offensichtlich auch heute. Wenn man genau darauf achtet, kann man nämlich sehen, dass hin und wieder bei den Wasserspeiern des Domes ein neuer hinzukommt.

Wasserspeier am Kölner Dom

Eine verschollene Glocke

Die Teufelsglocke

Als der Dombau so weit gediehen war, dass die Kirche ihre erste Glocke erhalten konnte, hielt der Dombaumeister Ausschau nach einem geeigneten Mann für diesen ehrenvollen Auftrag. Seine Wahl fiel auf Meister Wolf, der ihm allgemein als der beste Glockengießer des Landes genannt worden war. Dieser war natürlich hocherfreut über den Auftrag und begab sich sogleich an die Arbeit.

Das Gießen einer Glocke ist keine einfache Angelegenheit, denn sie besteht nicht nur aus Eisen, wie manche Leute meinen. Größe und Dicke müssen genauestens berechnet, Kupfer, Zinn, Blei und Zink im richtigen Verhältnis gemischt werden, damit sie den gewünschten Klang bekommt. Sogar die Tonform herzustellen ist schon eine Kunst. Mehrere Monate vergehen bis zum eigentlichen Guss, und auch dann kann der Meister noch nicht sicher sein, dass sein Werk gelungen ist. Das erweist sich erst, wenn die Form vom erkalteten Metall geschlagen ist und man mit Gewissheit sagen kann, dass die Glocke auch nicht den feinsten Riss aufweist.

Meister Wolf aber hatte keinen Zweifel, dass es ihm auch für den Dom gelingen würde, ein tönendes Kunstwerk zu schaffen.

Endlich war der große Tag angebrochen: Die Form war fertig, das Metallgemisch hatte genau die richtige Temperatur, alles von Menschen Machbare war getan worden. Da sammelte Wolf seine Gesellen um sich, alle nahmen die Mützen vom Kopf, falteten die Hände und baten im Gebet um den Segen des Himmels für ihr Werk. Laut klang die Stimme des Meisters:

»Hebt die Augen himmelwärts
und lasst rinnen jetzt das Erz,
dass die Glocke wohl gelinge
und das Lob des Höchsten singe!
In Gottes Namen. Amen.«

Erst danach durchstieß er den Pfropf, der den Siedekessel verschloss, und durch eine Rinne schoss das glühende Metall in die Form.

Als die Arbeit getan war, ging er mit seinen Gesellen feiern, wie es Brauch war, und so mancher Becher Wein wurde auf das Wohl der neuen Glocke getrunken.

Am nächsten Tag war es soweit. Die Form konnte abgeschlagen werden. Nervös schritt der Meister immer wieder um sie herum und begutachtete jedes Stück der Glocke, das freigelegt wurde. Plötzlich entrang sich ein Stöhnen seiner Brust: Der Guss war fehlgeschlagen, ein dicker Riss zog sich durch die Glockenwand. Auch die Gesellen ließen die Köpfe hängen. So etwas war in ihrer Werkstatt schon lange nicht mehr passiert. Und nun ausgerechnet bei diesem wichtigen Auftrag …

Wissenswertes

Fünfhundertdreiunddreißig Stufen kann man im Südturm des Domes hinaufklettern und passiert dabei auch die Glockenkammer. Die Teufelsglocke allerdings ist dort nicht mehr zu finden.

Am folgenden Morgen rief der Glockengießer seine Leute zusammen. Zwei steile Zornesfalten standen auf seiner Stirn, als er ihnen befahl, sich auf einen zweiten Guss vorzubereiten.

Wieder gingen einige Wochen ins Land. Meister Wolf war während dieser Zeit wahrlich nicht leicht zu ertragen, denn ständig fand er etwas an der Arbeit seiner Gesellen auszusetzen und behauptete, der Riss sei gewiss durch eine Unachtsamkeit von ihnen entstanden. Selber wies er jedoch jede Verantwortung dafür weit von sich.

Und auch diesmal kam der Tag, an dem alles fertig war. Wieder sammelte Wolf die Gesellen um sich. Doch trug er sein Gebet herrisch und fordernd vor, dass alle, die es hörten, unwillkürlich zusammenzuckten:

»Hilf Gott, erhör in Gnad mein Flehen,
lass rein und schön mein Werk erstehen.
In Gottes Namen. Amen.«

Zischend rann das Erz in die Form. Bedrückt sahen die Männer sich beim Umtrunk an. Keiner hatte Lust zu feiern. Statt dessen fanden sich alle so früh es ging ein, um die Glocke freizulegen.

Schon nach wenigen Minuten entfuhr den Lippen des Meisters ein wüster Fluch. Wieder zog sich ein Riss durch sein Werk, wenn auch dünner als beim ersten Mal. Zornig brüllte er:

»Verdammt will ich sein, wenn ich meine Arbeit noch einmal für diese Kirche zur Verfügung stelle! Hier hat der Teufel die Hand im Spiel. Er hat meine Kunst zunichte gemacht!« Damit stapfte er davon.

Doch schon bald erschien der Dombaumeister persönlich in der Werkstatt und begann, ihn zu bedrängen, es noch ein Mal, ein einziges Mal noch, zu versuchen. Schließlich sei es auch für den bedeutendsten Glockengießer des Landes eine große Ehre, einer so herausragenden Kirche für Jahrhunderte eine Stimme zu verleihen ...

Nach längerem Hin und Her fügte sich Meister Wolf schließlich unwirsch und gab den Befehl, einen dritten und letzten Guss vorzubereiten. Doch war er schon davor jähzornig und nur schwer zu ertragen gewesen, so war es diesmal noch schlimmer. Keiner wagte, ihn anzusprechen. Alle gingen ihm aus dem Weg, wo sie nur konnten.

Und abermals war alles vorbereitet. Ängstlich warteten die Gesellen auf Wolfs Gebet. Da trat dieser vor, mit blassem Gesicht, schnaubte verächtlich, reckte die Fäuste zum Himmel und rief:

»Halfen mir nicht die guten Geister,
so ruf ich jetzt der Hölle Meister:
Möge denn er das Glück mir bringen!
Teufel, lass du's gelingen!«

Vor Entsetzen wie gelähmt blickten sich die Männer an, während das glühende Erz in die Form rann. Dann wandten sie sich ab und gingen an dem Glockengießer vorbei in die Nacht.

Keiner von ihnen kehrte am nächsten Tag zurück. Der Meister selber legte die Glocke frei, als die Sonne gerade blutrot über den Horizont kroch. Und fand keinen Fehler an ihr. Schön und makellos stand sie da, so, wie er es sich schon beim ersten Mal gewünscht hatte.

Nun musste sie nur noch geweiht und im Dom aufgehängt werden. Auch der Dombaumeister war begeistert, als er das Prachtstück sah, und man wurde sich schnell über einen Termin für das große Fest einig.

Vor den Augen einer riesigen Menschenmenge sprach ein Priester die segnenden Worte und besprengte die Glocke mit Weihwasser. Niemand bemerkte, wie sich plötzlich ein haarfeiner Riss die Glockenwand hinunterschlängelte.

Dann begann man, sie über Winden an schweren Seilen im Turm hochzuziehen. Ganz oben wartete Meister Wolf. Doch als er hörte, welch ächzende und stöhnende Geräusche sein Werk auf dem Weg von sich gab, fast wie ein Mensch, da wurde ihm ganz seltsam zu Mute. Endlich war die Glocke angelangt. Mit einigen andern hängte er den Klöppel ein und stieß ihn an, damit sie zum ersten Mal ihre Stimme über der Stadt ertönen lassen konnte. Doch was war das? Hässlich und verzerrt klang es ihm in den Ohren, wie ein Schwarm Krähen, so dass er erschrocken zurücktaumelte. Da spürte er, wie ihn jemand an der Hand packte. Überrascht blickte er in das hagere Gesicht eines Fremden, der ihn boshaft angrinste.

»Nun hast du, was du wolltest. Es ist Zeit, dafür zu zahlen«, flüsterte der ihm ins Ohr, zerrte ihn zum Geländer und schwang sich gemeinsam mit ihm in die Tiefe.

Entsetzt stoben die Leute zu Füßen des Turmes auseinander, als sie den gellenden Schrei des Meisters hörten. Einen Augenblick später schlug sein Körper auf dem Boden auf.

Obwohl einige, die mit im Glockenstuhl gewesen waren, Stein und Bein schworen, dort einen Fremden gesehen zu haben, der ebenfalls über das Geländer gestürzt sei, war und blieb dieser verschwunden. Als man schließlich von Wolfs Bitte um des Teufels Hilfe erfuhr, da war klar, wer der rätselhafte Mann gewesen sein musste.

Die Glocke nannte man die Teufels- oder Feuerglocke, denn sie durfte nur noch geläutet werden, wenn der Stadt außerordentliche Gefahr durch Brand oder Krieg drohte. Und viele Jahre später hat man sie eingeschmolzen.

Die Petersglocke im Südturm - auch »Dicke Pitter« genannt

Der Schrein der Heiligen Drei Könige

Vier Schutzengel für drei Könige

Man schrieb das Jahr 1434. Der Domchor war bereits geweiht und in Benutzung, auch wenn der Rest noch auf Jahrhunderte hinaus eine Baustelle bleiben sollte. Und in der mittleren Kapelle stand schon seit langem der prächtige, goldene Schrein der Heiligen Drei Könige. Kein Tag verging, an dem nicht Pilger in den Dom strömten, um dort zu beten; kein Tag verging, an dem nicht Fremde angesichts so übermäßiger Kostbarkeit in Begeisterung gerieten. Manchmal jedoch trat ein hagerer Mann mit schwarzem Spitzbart zu solchen Leuten und stichelte: »Aber ist es nicht Verschwendung, was die Kölner da

treiben? Für ein paar alte Knochen bauen sie eine goldene Kiste, während Kranke und Arme in den Straßen liegen!«

Doch er fand kein Gehör. Immer wieder jagte man ihn weg und beschimpfte ihn. Schließlich waren es nicht irgendwelche Knochen, für die man den Schrein gebaut hatte. Es waren die Gebeine der Könige, die zu Jesus gekommen waren, um ihn zu ehren, als noch niemand außer Maria, Josef und den Hirten ahnte, wer er wirklich war. Damals hatten sie kostbare Geschenke gebracht. Durfte man sie nun etwa nicht genauso kostbar ehren?! Sogar die Armen selber waren dieser Meinung.

Gerade wandte sich wieder ein erbostes Grüppchen gegen den Mann. »Hau doch ab, du!« rief einer und stieß ihn vor die Brust, dass er in den Dreck fiel. »Wenn du so denkst, stehst du schon mit einem Bein in der Hölle!« schrie ein anderer.

Der Hagere rappelte sich mühsam auf, klopfte, so gut es ging, den Schmutz aus seinen Kleidern und hinkte kopfschüttelnd von dannen. »Was wisst ihr denn schon, ihr frommen Dummköpfe!« schimpfte er dabei vor sich hin. »Mit einem Bein in der Hölle ... dass ich nicht lache!« Dann bog er in eine

finstere Gasse ein. Einen Augenblick später war er verschwunden.

Im gleichen Moment aber setzte ein furchtbarer Sturm ein, der den Leuten die Mützen vom Kopf fegte, an Bäumen und Dächern zerrte und riss und um den Dom herum heulte wie ein Chor verdammter Seelen. Aus dem gerade noch heiteren Himmel peitschten Blitze herab und Donner krachte so laut, dass den Menschen Hören und Sehen verging.

Der Hagere war niemand anders als Satan persönlich gewesen, und dies-

Wissenswertes

Die Inschrift im Gewölbe in der Nähe der Achskapelle berichtet auf Lateinisch von einem fürchterlichen Unwetter, durch das sich ein Stein löste und an dieser Stelle durch das Dach fiel. Den Teufel haben die Kölner sich später selber ausgedacht.

mal hatte man ihn einmal zuviel geärgert! Diesmal wollte er ihnen zeigen, was ihr verdammter Schrein wert war. Vernichten würde er ihn, mit einem einzigen Schlag!

Wütend schleuderte er seine Blitze auf den Domchor, bis die ersten Steine sich lockerten. Dann packte er einen besonders großen und warf ihn mit aller Wucht durch das Dach hindurch auf die Stelle, wo der Schrein stand. Doch vergaß er dabei, dass er auf geweihtem Boden keine Macht hatte.

Mit Staunen sahen die Besucher des Domes, wie genau in dem Moment, als mit lautem Knall das Dach über der Königskapelle zerbarst, vier Engel den Schrein packten und hastig ein kleines Stück zur Seite setzten, so dass der Felsbrocken gerade neben ihm zu Boden fiel, ohne weiteren Schaden anzurichten.

Den Stein, in den sich ein Abdruck von Satans Klaue tief eingegraben hatte, konnte man noch lange im Dom sehen. Heute zeugt an der Stelle über der Achskapelle, durch die er einst fiel, nur noch eine lateinische Inschrift von dieser Geschichte. Und noch immer lässt Satan seine Stürme um den Dom toben, ohne ihm je wirklich etwas anhaben zu können.

Der Schrein der Heiligen Drei Könige im Kölner Dom

Der Geist im Dom

Eine Nacht im Dom

Der kleine Martin war ein Junge, wie man ihn sich netter fast nicht mehr wünschen konnte. Er war zu jedermann hilfsbereit und freundlich. Außerdem ging er regelmäßig zur Messe, sang im Kirchenchor und war Ministrant.

Einmal allerdings passierte ihm ein kleines Missgeschick. Er hatte einen wirklich anstrengenden Tag gehabt: erst in der Schule gelernt, dann dem Vater im Laden geholfen und zuletzt noch bei einem Gottesdienst im Dom gesungen. Da war er so erschöpft, dass er, statt wie sonst gleich nach Hause zu eilen, sich erst einmal an einem der kleineren Altäre in eine Bank setzte, um noch einen Moment auszuruhen. Doch war er so müde, dass ihm die Augen einfach zufielen und er tief und fest einschlief. Niemand bemerkte die kleine, in sich zusammengesunkene Gestalt. Auch der Priester nicht, der als letzter die Kirche verließ und das große Portal abschloss.

Ziemlich lange schlief das Kind. Doch plötzlich schreckte es auf und rieb sich die Augen. Was war das, was es gehört hatte? Ja, richtig, das musste das kleine Sakristeiglöckchen sein, das immer zu Beginn der Messe geläutet wurde. Und tatsächlich, obwohl der größte Teil des Domes in tiefe Finsternis getaucht war, brannten die Kerzen am Hochaltar strahlendhell.

Langsam, mit schweren Schritten, bewegte ein Priester, den er noch nie zuvor gesehen hatte, sich darauf zu. Dann erhob er die Stimme und durch den leeren Dom hallten die Eröffnungsworte: »In nomine patris et filii et spiritu sancti.« Martin konnte zwar kein Latein, aber er hatte schon gelernt, dass das »Im Namen des Vaters, des Sohnes und des Heiligen Geistes« bedeutete.

Wissenswertes

Wer ihn so im Dunkeln in den Himmel ragen sieht, der mag gerne glauben, dass es nachts im Dom spukt.

Es gab also auch zu so später Stunde noch einen Gottesdienst. Aber wo waren die Leute? Es kam ja nicht einmal ein Ministrant, um zu helfen!

Lange konnte der Junge das nicht mit ansehen. Er sprang auf und lief rasch und leise in die Sakristei, wo er sich das rot-weiße Gewand überzog.

Als er wieder herauskam, blickte der Priester kurz auf und ein Strahlen schien plötzlich sein vorher eher bekümmert wirkendes Gesicht zu überziehen.

Freundlich nickte er dem Jungen zu. Auch seine Schritte und Bewegungen wurden nun leichter und fröhlicher, fast, als habe jemand eine riesige Last von seinen Schultern genommen.

Nachdem die letzten Worte der Messe verklungen waren, wollte Martin in die Sakristei gehen, um das Ministrantengewand abzulegen, doch der Mann hielt ihn zurück: »Martin, warte!«

Erstaunt blickte dieser auf. Woher kannte der Fremde seinen Namen?

Der Priester lächelte: »Hab keine Angst. Ich möchte mich nur bei dir bedanken. Vor langer, langer Zeit habe ich einmal einen schlimmen Fehler gemacht. Ich habe einem Menschen, der mich brauchte, nicht geholfen.«

Der Junge blinzelte. Sah er sein Gegenüber wirklich wie durch Nebel und klang die Stimme wirklich auf einmal so seltsam, oder lag das nur an seiner Müdigkeit?

»Hundert Jahre habe ich jede Nacht eine Messe im Dom gelesen. Hundert Jahre habe ich darauf gewartet, dass ein Kind mit einem wirklich guten Herzen kommen und mein Ministrant sein würde.«

Der Fremde war jetzt nur noch ein grauer Schatten und seine Stimme schien von sehr weit her zu kommen.

»Hundert Jahre habe ich auf dich gewartet, Martin. Hab Dank und möge Gott es dir einmal lohnen!«

Dann war er verschwunden. Martin tat kein Auge mehr zu, bis zur Frühmesse das Portal wieder aufgeschlossen wurde. Dann rannte er nach Hause, so schnell ihn die Füße trugen. Seine Eltern waren heilfroh, dass ihm nichts geschehen war, denn als er am Abend nicht nach Hause gekommen und un-auffindbar gewesen war, da hatten sie schon das Schlimmste befürchtet.

Als er ihnen aber von seinem Geist erzählte, schüttelten sie nur den Kopf und meinten schmunzelnd, vom Schlafen auf der harten Kirchenbank habe er wohl Albträume bekommen.

Von jenem Tag an hatte der Junge jedoch Glück in allem, was er begann. Den Dom hat er immer besonders geliebt, trotz (oder vielleicht sogar wegen?) seiner unheimlichen Be-gegnung und so wurde er dort später der erste Küster. Und er hat immer ganz besonders gut darauf geachtet, dass niemand versehentlich über Nacht in der Kirche eingeschlossen wurde.

Ministranten beim Gottesdienst im Dom

4

»Oh, Wunder!«

St. Gereon

Menschen sind keine Götter

Je größer ein Reich ist, desto schwieriger ist es, den Frieden darin zu erhalten. Das musste Ende des dritten Jahrhunderts auch der römische Kaiser Diocletian erfahren und sann nun auf Abhilfe. Während ihm die einen rieten, größere Toleranz walten zu lassen, jammerten die anderen über den Verfall der Sitten und rieten zu mehr Härte. Zu diesen gehörten vor allem die Hohepriester der wichtigsten römischen Götter, denn durch die Ausdehnung des Reiches hatten die Menschen viele neue Gottheiten kennen und manchmal auch lieben gelernt. Diejenigen, die sich Christen nannten, wagten es sogar, einen rechtmäßig Verurteilten und Hingerichteten als Sohn ihres einzigen Gottes zu verehren.

Diocletian hörte auf die Priester, denn er war ein traditionsbewußter Mann und glaubte fest daran, dass die Römer es ohne Hilfe von Jupiter und Juno niemals zur Weltherrschaft gebracht hätten. So ließ er verkünden, dass ab sofort nur noch die römischen Götter anzubeten seien. Und nach dem alten Glauben habe man auch den Kaiser hinfort wieder als gottgleich zu verehren. Wer sich weigere, dies zu tun, werde mit dem Tod bestraft.

Damit brach für die Christen eine schwere Zeit an. Sie konnten sich nur noch heimlich treffen und ihre Messen halten, immer auf der Hut vor bösen und neidischen Menschen, die sie anzeigen würden. Wer festgenommen wurde, hatte meist nicht mehr lange zu leben. Ein grausamer Tod in der Arena oder am Kreuz stand ihm bevor.

Es gehörte viel Mut dazu, sich zu Jesus zu bekennen. Trotzdem hatte man manchmal den Eindruck, dass durch jeden Märtyrer, der bereit war, für seinen Glauben zu sterben, zehn

andere Menschen sich bekehren ließen und in seine Fußstapfen traten.

Rom war zwar weit weg, aber schließlich erreichte die Verfolgungswelle doch die Ostgrenze des Reiches und damit Köln, wo seit einiger Zeit Rictius Statthalter war, ein treuer Anhänger des Kaisers, der voller Zorn das Erstarken des christlichen Glaubens beobachtete. Schon mehrfach hatte er seinen Soldaten befohlen, ihm jeden Christen anzuzeigen und ihm ihre Versammlungsräume zu offenbaren, aber er hatte keinen Erfolg gehabt. Viele seiner Leute hatten Freunde und Verwandte in der Stadt und mochten das freundliche, offene Wesen der Bürger. Und solche Menschen sollten sie verraten und dem Henker ausliefern?

Doch damit würde jetzt Schluss sein! Aufgeregt rieb sich Rictius die Hände. Soeben waren 318 Soldaten aus Theben eingetroffen. Noch bestaunten die Kölner ihre dunkle Hautfarbe und die prächtigen Gewänder, aber schon bald würden sie die Männer aus Oberägypten fürchten lernen. Nicht umsonst erzählte man sich, die Thebäer seien die tapfersten unter den römischen Soldaten, bekannt dafür, dass sie auch in der ausweglosesten Situation bis zum letzten Blutstropfen für ihren Kaiser kämpften.

Insgesamt hatte Diocletian eine ganze Legion an die Ostgrenze entsandt, um das Imperium vor den feindlichen Überfällen der Germanen jenseits des Rheines zu schützen. Die anderen Truppen waren nach Trier und Bonn marschiert.

Rictius aber hatte vor, diese Leute nicht nur gegen die Feinde von außen, sondern auch gegen die Christen in

Wissenswertes

St. Gereon ist eine der bedeutendsten romanischen Kirchen Kölns. Ihr besonderes Kennzeichen ist das Dekagon (Zehneck) in der Mitte, das der Hagia Sophia in Istanbul nachempfunden wurde. Es befindet sich über den Resten eines antiken Kirchenbaus, welcher der Legende nach von Kaiserin Helena gegründet wurde.

den eigenen Reihen einzusetzen. Schließlich kannten sie hier niemanden und würden so rückhaltlos seinen Befehlen folgen. Morgen. Morgen würde er ihnen ihren Auftrag mitteilen.

Inzwischen versuchten die Fremden sich im Lager und in der Stadt ein wenig zurecht zu finden. Die Kölner überwanden schnell die erste Scheu und die Soldaten wurden schon bald von Kindern bestürmt, die wissen wollten, ob sie alle Prinzen seien, weil sie so bunte und geschmückte Gewänder trugen. Oder von jungen Mädchen freundlich angelächelt, die Sekunden später kichernd in einem Hauseingang verschwanden. Oder von alten Männern zu einem Glas Wein eingeladen, der allerdings eher wie mit Honig gesüßter Essig schmeckte.

Später am Abend saßen Gereon, der Anführer der Kohorte, und sein Freund Gregorius zusammen und unterhielten sich.

»Ich glaube, das ist eine gute Stadt«, meinte Gereon. »Was die Menschen an Sonne vom Himmel zu wenig haben, das tragen sie in ihren Herzen.«

»Da hast du Recht. Gebe Gott, dass wir noch eine Weile hier bleiben können«, sagte Gregorius, ohne zu ahnen, auf welch furchtbare Weise sich dieser Wunsch erfüllen würde.

Am nächsten Morgen rief Rictius sie zusammen. »Männer«, verkündete er, »ihr wisst, dass der Kaiser euch hierher, an die äußerste Grenze des Reiches, gesandt hat, um das Germanengesindel auf der anderen Rheinseite in Schach zu halten. Doch das ist nicht alles.« Hier legte er eine bedeutungsschwangere Pause ein. »Unsere Feinde sind nicht immer durch einen Fluss von uns getrennt. Manchmal finden sie sich auch in unserer eigenen Mitte. Und das ist mein Auftrag an euch: Rottet sie aus. Spürt sie auf und zerrt sie ans Licht des Tages, diese Christen, die einen Verbrecher verehren und ihre so genannten Gottesdienste in aller Heimlichkeit abhalten, weil niemand erfahren soll, welche widerlichen Rituale sie dabei vollführen. Kein einziger von ihnen soll euch entkommen!«

Kein Jubelgeschrei erhob sich, wie es der Statthalter eigentlich erwartet hatte. Totenstille lag über der Versammlung. Dann trat Gereon vor. »Dem Kaiser folgen wir, wenn es sein muss bis in den Tod. Aber diesen Befehl können wir nicht ausführen.«

»Und warum nicht, wenn ich das wohl erfahren darf?« fragte Rictius mit schneidender Stimme.

»Wir kämpfen gegen Barbaren, nicht gegen Römer«, antwortete Gereon trotzig.

»Willst du dich etwa gegen den Kaiser auflehnen?! Du weißt doch genau, dass er persönlich angeordnet hat, die Christen zu vernichten!«

»Das ist richtig. Aber wir können es nicht.« Nur wer genau hinhörte, konnte ein leichtes Zittern in Gereons Stimme hören.

»Warum nicht?« herrschte der Statthalter ihn noch einmal an.

»Weil wir selber Christen sind.«

»Ihr ... was?!« Rictius wurde vor Wut abwechselnd rot und blass und rang mühsam nach einem letzten Rest Fassung. Mit knirschenden Zähnen befahl er: »Legt die Waffen nieder. Sofort!«

Einige Stunden später setzte sich eine seltsame Prozession in Gang. An ihrer Spitze schritten Rictius und ein Priester mit einem Standbild des Kaisers. Ihnen folgten die Kölner Legionäre, in ihrer Mitte die entwaffneten Thebäer. Sie verließen die Stadt durch eines der westlichen Tore und erreichten bald darauf einen Friedhof. An einem ausgetrockneten Brunnen hielten sie an.

Der Statthalter erhob die Stimme: »Thebäer, seht das Bild unseres hochverehrten und göttlichen Kaisers, Diocletian! Beugt vor ihm das Knie und betet ihn an, dann will ich noch einmal Gnade vor Recht ergehen lassen und euch das Leben schenken. Tut ihr es aber nicht, so soll so lange jeder Zehnte von euch hingerichtet und sein Körper ohne Begräbnis in diesen Brunnen geworfen werden, bis ihr ein Einsehen habt oder alle tot seid!«

Bei diesen Worten waren die Gesichter der dunkelhäutigen Gefangenen aschgrau geworden und mancher bewegte die Lippen, als schicke er ein Stoßgebet zum Himmel.

Gereon und Gregorius sahen sich an. Gregorius nickte kurz. Gereon trat vor und sprach: »Menschen sind keine Götter. Jesus hat gesagt: »Gebt dem Kaiser, was des Kaisers ist, und Gott, was Gottes ist.« Unser Leben gehört dem Kaiser, unser Glaube aber gehört Gott. Wenn es dem Kaiser gefällt, uns unser irdisches Leben zu nehmen, so wird unser Gott uns ein ewiges dafür schenken. Keiner von uns wird euer steinernes Bild anbeten.«

Der Statthalter baute sich wütend vor ihm auf und zischte ihn an: »Stellt euch auf! Jeder Zehnte! Und ihr beiden«, er wies

Skulptur im Park bei St. Gereon

auf Gereon und Gregorius, »ihr werdet zusehen, wie sie sterben. Euch hebe ich mir auf bis zuletzt!«

Es war ein langes Morden. Immer wieder ging ein Soldat
durch die Reihen, zählte bis zum Zehnten, den er herausführ-
te vor das Bild des Kaisers. Immer wieder dasselbe Bild: Die
Verurteilten schüttelten den Kopf, wurden vor den Henker
gezerrt und enthauptet, ihre Körper danach in den Brunnen
geworfen. Der Boden war tiefrot getränkt, die Luft von metal-
lischem Blutgeruch erfüllt, als kurz vor Sonnenuntergang auch
die beiden Anführer gerichtet wurden.

Als die Legionäre in die Stadt zurückkehrten, empfing sie
bleischwere Stille. Mancher wischte sich verstohlen eine Träne
aus dem Augenwinkel und in dieser Nacht sprach man in den
heimlichen Versammlungen der Christen über nichts anderes
mehr als über die Tapferkeit und Glaubenskraft der Fremden,
die man sich von nun an zum Vorbild nehmen wollte.

Die schlimme Zeit für die Christen ging vorbei. Ein paar
Jahrzehnte nach Gereons Tod kam Constantin an die Regierung, der selber Christ wurde und dafür sorgte, dass die Menschen nicht mehr wegen ihres Glaubens verfolgt wurden.

Der Friedhof, auf dem die Soldaten hingerichtet worden
waren, war inzwischen nur noch als der »Mordhof« bekannt,
als Erinnerung an das schreckliche Geschehen. Doch dann
kam Kaiser Constantins Mutter Helena nach Köln und befahl,
die Leichen der Märtyrer aus dem Brunnen zu bergen. Über
ihm wurde eine Kirche gebaut, die man wegen ihrer Schön-
heit und Pracht »Zu den goldenen Heiligen« nannte. Darin ließ
Helena Gereon und seine Gefährten bestatten. Leider wurde
die Kirche von den Normannen zerstört. Doch Erzbischof
Anno, von dem es sonst manches zu berichten gibt, was nicht
so erfreulich ist, erbaute an derselben Stelle eine neue Kirche,
die er dem heiligen Gereon weihte. Sie steht noch heute und
gehört zu den schönsten in Köln.

»Die Liebe ist
das einzige Märchen,
das mit keinem
»es war einmal«
beginnt – aber schließt.«

Hans Lohberger

Maternus

Gegen den Strom

Tiefe Trauer herrschte in der Stadt. Maternus, der erste Bischof Kölns, war tot.

Vor vierzig Jahren hatte kein Geringerer als der Apostel Petrus ihn mit zwei Begleitern, Eucharius und Valerius, über die Alpen in das ferne Germanien gesandt, um auch dort den Menschen die Frohe Botschaft zu verkünden. Eucharius hatte mit Hilfe der anderen beiden das Bistum in Trier gegründet. Als Maternus sah, dass er dort nicht mehr benötigt wurde, hatte er sich auf den Weg den Rhein hinunter begeben und die Kölner zum Christentum bekehrt. Kaum stand dort die erste Kirche, ernannte ihn Eucharius zum Bischof. Doch für Maternus, der ein begeisterter Prediger war und nichts lieber tat, als den Menschen von Christus zu erzählen, war die Arbeit damit noch längst nicht getan. Er zog weiter den Rhein hinab, nach Tongern, wo es ihm in kürzester Zeit gelang, ein drittes Bistum zu gründen.

Als Eucharius starb, übernahm Valerius das Bischofsamt in Trier. Doch war er schon sehr alt und hatte nicht mehr lange zu leben. Nach seinem Tod war für die Trierer klar, dass nun der dritte und jüngste der Petrus-Schüler für sie zuständig sein sollte. So hatte Maternus schließlich drei Bistümer zu versorgen.

Da er überall gleichermaßen beliebt war, verbreitete sich die Kunde von seinem Tod wie ein Lauffeuer. Noch ehe die Totenwache vorbei war, trafen Abgesandte aus Tongern und Trier in Köln ein. Still kam man zum Gebet bei dem Toten zusammen.

Doch schon bald darauf drang lautes Geschrei aus der Kirche, dass die Leute auf der Straße sich die Ohren zuhielten und ungläubig guckten. Was war denn da los?

In dem Gotteshaus, wo man solche Töne noch nie zuvor gehört hatte, stritten die Vertreter der drei Städte darum, wem von ihnen die Ehre gebühren sollte, den Heiligen heimführen und bestatten zu dürfen. »Unser Bistum hat er als erstes selber gegründet und am längsten geführt. Und wo ist er schließlich gestorben? Bei uns! Damit ist ja wohl klar, dass er bei uns bleibt«, riefen die Kölner.

»Aber bei uns ist er zuerst gewesen. Und da ruhen auch schon seine beiden Freunde, Eucharius und Valerius. Natürlich kommt er zu uns«, hielten die Trierer lautstark dagegen.

»Gerade weil wir das jüngste der drei Bistümer sind, sollten wir ihn bestatten dürfen«, schrie einer aus Tongern dazwischen.

So ging es noch eine ganze Weile hin und her. Plötzlich mischte sich ein alter Mann ein, der bis dahin niemandem aufgefallen war.

»Warum lasst ihr nicht Gott entscheiden?« fragte er.

»Gott? Ja, wie denn?«

»Nun, legt den Toten in ein kleines Boot, stoßt es in den Fluss hinaus und seht, wohin es treibt. Kommt es innerhalb der Stadtmauer wieder ans Ufer, so bleibt Maternus hier. Treibt das Boot den Rhein hinunter, so dürfen die aus Tongern ihn mitnehmen. Und treibt es den Fluss hinauf, bekommen ihn die Trierer.«

Alle sahen sich an. Die Kölner dachten bei sich: »Wenn wir das Boot nur ein ganz kleines bisschen anschubsen, dann strandet es gewiss früh genug, dass wir unseren Heiligen behalten können.«

Die Abgesandten aus Tongern hingegen überlegten: »Gottesurteil? So ein Unsinn. Natürlich wird das Boot den Rhein hinab gleiten. Damit ist uns Maternus sicher.«

Der Petrusstab (Domschatzkammer)

Nur die Trierer waren unzufrieden. »Wie soll der Kahn denn den Rhein hinauf kommen, ohne dass jemand rudert? Das hat es ja noch nie gegeben«, maulten sie.

Der Alte lächelte verschmitzt. »Gott kennt kein 'Gibt-es-nicht'«, meinte er nur.

Am nächsten Tag begleiteten alle den Leichnam zum Rheinufer, wo er in ein Boot gelegt wurde, welches ein Priester ins Wasser stieß. Doch wie staunten die Leute, als der Kahn nun nicht etwa langsam am Ufer entlang trudelte, sondern pfeilschnell mitten in den Fluss hinaus schoss. Dort blieb er wie von Geisterhand gehalten einen Moment stehen, drehte sich dann einige Male um die eigene Achse, um sich schließlich in Bewegung zu setzen – den Rhein hinauf.

In St. Maria Lyskirchen, der Kirche der Rheinschiffer, steht diese schöne Maternus-Statue. Deutlich erkennbar trägt er eine Bischofsmütze auf dem Kopf und zwei weitere auf dem Buch in seiner Hand: Zeichen seiner dreifachen Bischofswürde.

Ein Raunen lief durch die Menge, die aufgeregt am Ufer folgte. Weiter und weiter ging es, zum Entsetzen der Kölner über die Stadtmauer hinaus. Erst eine Stunde später wurde das Boot wieder an Land getrieben.

Der Jubel der Trierer war groß, denn nun konnten sie Maternus wider Erwarten doch bei seinen beiden langjährigen Weggefährten bestatten.

Die Kölner aber bauten als Erinnerung an dieses Wunder dort, wo Maternus gestrandet war, die »Ruwen-«, das heißt »Trauer«-Kirche. Um sie herum wuchs in den nächsten Jahrhunderten ein Ort heran. Die Kirche steht schon lange nicht mehr. Den Ort jedoch gibt es noch. Er heißt Rodenkirchen und ist längst ein Stadtteil von Köln geworden.

St. Severin

Regen für Köln

Achtundzwanzig lange Jahre war Severin nun schon Bischof von Köln. Sein früher dunkles Haar war ergraut und er fühlte sich müde. Immer mehr sehnte er sich nach seiner Heimatstadt Bordeaux, wo es wärmer und trockener war, der Wein besser schmeckte und die Menschen anders sprachen. Schließlich fasste er einen Entschluss. Er setzte seinen Schüler Evergislus als Nachfolger ein, verabschiedete sich von den Menschen in seinem Bistum und trat die weite und gefährliche Reise nach Bordeaux an.

Dort freute man sich über seine Ankunft, denn es hatte sich herumgesprochen, was für ein weiser und frommer Mann er war. Alle bemühten sich, ihm seinen Lebensabend so schön wie möglich zu gestalten, und man konnte ihn nun oft auf einer Bank unter den Bäumen sitzen sehen, in der einen Hand die Bibel, in der anderen ein Glas guten Weines. Wenn dann noch ein Sonnenstrahl auf ihn fiel, seufzte er wohlig auf und dankte Gott, dass er nicht mehr im nassen, kalten Germanien war. Manchmal aber dachte er an die Menschen, die ihm ans Herz gewachsen waren mit ihrer fröhlichen Art. Dann wurde er ein klein wenig traurig, dass er nicht auch gleichzeitig in Köln sein konnte.

Eines Abends, als er wieder einmal so auf der Bank saß, richtete er sich plötzlich auf und sagte zu dem Mönch, der ihm Gesellschaft leistete: »Bruder, hörst du? Die Engel singen!« Darauf lächelte er, seine Augen schlossen sich und das Kinn sank ihm auf die Brust. Severin war gestorben.

Und wie erging es den Kölnern inzwischen? Nun, als gelehriger Schüler eines guten Lehrers sorgte Evergislus für sein Bistum ebenso wie sein Vorgänger, und die Menschen liebten ihn dafür.

Doch dann suchte eine furchtbare Dürre das Land heim. Die jungen Pflänzchen verdorrten auf den Feldern, Bäche versiegten und selbst der Rhein verkümmerte zu einem dünnen Rinnsal. Verzweifelt betete Evergislus, dass Gott endlich wieder Regen senden möge, aber nichts geschah. Jeden Tag zog er über das Land, von einem Gehöft zum anderen, und versuchte, den Leuten Mut zu machen. Manchmal war er dabei selber den Tränen nahe, wenn er das hungernde Vieh sah, die vertrockneten Felder, die Bauernkinder mit ihren großen Augen in den viel zu schmalen Gesichtern. Und manchen Abend schlief er vor Erschöpfung über seinen Gebeten ein.

Wissenswertes

Etwas trübsinnig schaut der Heilige Severin von seiner Kirche. Wen will es da noch wundern, wenn der Kölner Himmel so oft wolkenverhangen ist?

Einmal war er wieder über der Bibel zusammengesunken, als er einen Traum hatte. Vor ihm stand Severin, von dem viele mittlerweile sagten, er sei ein Heiliger, und wies auf ein Grab, das über und über mit Blumen und Kräutern bewachsen war. Darüber stand eine Wolke, aus der es sanft regnete.

Als Evergislus erwachte, wusste er sofort, was der Traum bedeutete. Er rief die Kölner zusammen und erklärte ihnen: »Brüder und Schwestern, der heilige Severin ist mir erschienen und hat mir gezeigt, wie wir die Dürre besiegen können. Wir müssen seine Gebeine aus Bordeaux holen und hierher bringen!«

Es dauerte nicht lange bis sich eine Gesandtschaft

unter Leitung des Bischofs auf den Weg in die ferne Stadt machte. Endlich angekommen, gab es allerdings einige Probleme, denn sie hatten nicht erwartet, dass man auch dort meinte, einen Anspruch auf den Heiligen zu haben. Mehrere Tage wurde heftig darüber diskutiert, wessen Rechte auf Severin wohl die größeren seien. Zu guter Letzt machte Evergislus einen wahrhaft salomonischen Vorschlag. Warum sollten die beiden Städte sich die Gebeine nicht einfach teilen?

Erstaunt sahen sich die Verhandlungspartner an. Es war sicher eine ungewöhnliche Lösung … aber eine kluge!

Das Grab wurde geöffnet und die Hälfte der Knochen wurde in einen besonders kostbaren Sarg, einen sogenannten Schrein, gelegt, den die Kölner mitgebracht hatten. Damit machten sie sich auf die Rückreise.

Und tatsächlich, kaum waren sie in ihrer Heimat angekommen, begann es zu regnen. Fast hatten sie den Eindruck, als folgten die Wolken dem Schrein. Erst waren es nur wenige Tröpfchen, die auf die staubige Erde fielen, dann kräftige Tropfen. Als sie endlich Köln betraten, da schien eine ganze Sintflut auf sie herabzustürzen. Begeistert liefen die Menschen aus den Häusern, fielen sich vor Freude in die Arme und tanzten auf den Straßen. Eine lange Prozession begleitete den Schrein bis zu einer Kirche, die Severin selber hatte bauen lassen. Dort wurde er aufgestellt und von jenem Tag an kamen die Kölner immer zu ihrem halben Heiligen, wenn sie besondere Wünsche an das Wetter hatten.

In den folgenden Jahrhunderten wurde der alte Kirchenbau durch einen neuen ersetzt, den man dem heiligen Severin weihte. Inzwischen ist auch diese neue Kirche uralt. Eines jedoch ist unverändert geblieben: Severin sorgt noch immer für das Wetter in Köln. Aber, da er ja schon recht alt und deshalb vielleicht ein bisschen vergesslich ist, regnet es bei uns meist etwas mehr als anderswo.

St. Kunibert

Das Grab der heiligen Ursula

Jahrhunderte waren vergangen, seit die Hunnen Ursula und ihre Gefährtinnen vor den Toren Kölns niedergemetzelt hatten. Schon lange stand eine Kirche an der Stelle, wo man sie und ihre Begleiterinnen bestattet hatte, und in den Gottesdiensten wurde die Erinnerung an sie wach gehalten. Anderes aber war in Vergessenheit geraten. So wusste niemand mehr zu sagen, an welcher Stelle in der Kirche Ursula denn wohl begraben war.

Als im siebten Jahrhundert Kunibert Bischof von Köln wurde, las er oft die Messe in der Kirche der Märtyrerinnen, und schon bald wuchsen sie ihm ganz besonders ans Herz. Um so trauriger machte es ihn daher, dass niemand ihm sagen konnte, wo genau die Anführerin der frommen Schar ruhte.

Manchmal blieb er nach der Andacht noch eine Weile in der Kirche und betete zu Gott, dass er ihm das Grab zeigen möge, doch nichts geschah. Bis …

Es war der 21. Oktober, der Festtag der heiligen Ursula. Gleich würde er die Messe für sie lesen und den Menschen davon erzählen, wie tapfer sie bis zum letzten Augenblick an ihrem Glauben festgehalten hatte, wie das von den Barbaren vergossene Blut der Heiligen reiche Frucht getragen und den Glauben der Menschen gestärkt hatte.

Kunibert war glücklich. Für ihn war es einer der schönsten Tage des Jahres und ausnahmsweise verhielt sich auch das Wetter einmal entsprechend. Die strahlende Sonne ließ Herbstlaub rot und golden leuchten und die Vögel jubilieren. Am liebsten hätte er in ihren Gesang mit eingestimmt.

Beschwingten Schrittes machte er sich auf den Weg zu der kleinen Kirche vor der Stadtmauer. Als er sie betrat, kam ihm der Küster entgegen.

»Weißt du was, mein Lieber, heute ist so ein schöner Tag, dass man meinen könnte, die ganze Natur wollte mit uns feiern. Lass uns das Portal der Kirche weit öffnen«, sagte Kunibert.

Und so blieb die Pforte während des ganzen Gottesdienstes offen, Sonnenlicht vermischte sich mit Kerzenlicht, Blumenduft mit Weihrauch, der Gesang der Vögel mit dem der Menschen.

Zuerst bemerkte niemand die weiße Taube, die sich auf die Schwelle setzte und ihre Umgebung aufmerksam musterte. Vorsichtig trippelte sie ein paar Schritte in den ungewohnten Raum hinein. Erst schaute sie nach rechts, dann nach links. Schließlich schien sie auf dem Boden nach unsichtbaren Körnern zu picken.

Doch mit einem Mal schnellte ihr Kopf hoch. Sie sah sich um, als hätte sie eine Stimme gehört, und wendete sich dem Mann zu, der vor dem Altar feierlich die Worte der Heiligen Wandlung sprach.

Wissenswertes

Die Erinnerung an die Stadtpatronin wird auch im Stadtwappen wachgehalten. Die drei goldenen Kronen auf rotem Grund stehen natürlich für die Heiligen Drei Könige. Die elf schwarzen Tropfen oder Flammen symbolisieren Ursula und ihre elftausend Gefährtinnen. Eigentlich sind es allerdings weder Tropfen noch Flammen. Schließlich ist Ursula nicht verbrannt worden und auch nicht ertrunken. Es sind Hermelinschwänze, wie man sie im Besatz von Königsmänteln finden kann.

Das Rauschen der Vogelschwingen ließ die Menschen aufschrecken. Die Taube flog geradewegs auf Kunibert zu, der nur einen winzigen Augenblick stockte, ehe er in seinen Gebeten fortfuhr. Dreimal kreiste sie um ihn und den Altar, bis sie sich in einem Seitenraum der Kirche niederließ. Friedlich steckte sie den Kopf unter den Flügel und schlief ein.

Nach dem Gottesdienst ging Kunibert zu dem Vogel, hob ihn auf und trug ihn vorsichtig nach draußen. Mit einem kurzen Blick auf den Bischof schüttelte das Tierchen sich, spreizte die Schwingen und flog empor. Höher und höher flog es, bis es nur noch ein winziger Punkt am Himmel war. Einen Augenblick später war auch der verschwunden.

Kunibert aber trug einigen Männern auf, vorsichtig an der Stelle zu graben, wo die Taube gesessen hatte. Tatsächlich dauerte es nicht lange, bis sie auf einen steinernen Sarkophagdeckel stießen. Und bald darauf hatten sie eine Inschrift freigelegt, in der deutlich der Name »Ursula« zu erkennen war.

Damit man nie wieder vergaß, wo die Heilige lag, befahl er, den Sarg zu heben und in der Kirche aufzustellen, so dass ihn jeder sehen konnte.

Der größte Wunsch des Bischofs war in Erfüllung gegangen.

St. Kunibert - die jüngste romanische Kirche Kölns

689

Hermann-Josef

Ein Geschenk für Maria

In der Stephanstraße, direkt an der Kirche St. Maria im Kapitol, lebte ein Schuster. Er hatte einen einzigen Sohn, Hermann, dem er von dem wenigen Geld, das er verdiente, eine Schulbildung finanzierte, in der Hoffnung, dass dieser es dadurch später etwas leichter haben werde als der Vater. Trotzdem fragte er sich in letzter Zeit manchmal, ob seine Entscheidung richtig gewesen war.

Hermann war schon immer ein stiller, in sich gekehrter Junge, doch seit er in die Schule ging, war es damit noch viel schlimmer geworden. Kaum hatte er seine Aufgaben gemacht, versuchte er, statt in der Werkstatt zu helfen, sich aus dem Haus zu schleichen, wer weiß wohin. Manchmal schien er fast in einer anderen Welt zu leben.

Der Schuster sah für einen Moment von seiner Arbeit auf und aus dem Fenster. Da schlich sich der Bengel doch schon wieder davon! Rasch sprang er auf, lief nach hinten und holte seine Frau. »Siehst du ihn, Martha? Geh hinterher und versuch herauszufinden, was er da eigentlich immer treibt.«

Die Frau gehorchte. Auch sie machte sich schließlich Sorgen um den Sohn. Was, wenn er in schlechte Gesellschaft geraten war? Doch sie brauchte ihm nicht lange zu folgen. Nach wenigen Schritten bog er nach links ab. Als sie um die Ecke kam, sah sie gerade noch, wie er im Eingang von St. Maria im Kapitol verschwand. Was mochte er dort nur wollen?

Leise trat sie durch das große Portal. Während sie sich mit Weihwasser bekreuzigte, blickte sie sich um. Tatsächlich, da war er ja.

Hermann ging von einem Marienbild zum anderen und betrachtete sie auf das Genaueste. Wusste er doch, dass er

Recht gehabt hatte! Alle hielten sie einen Apfel in der Hand. Bis auf eine.

Nachdenklich ging er zu dem Altar mit der kleinen Madonna, die er ganz besonders liebte. Er kniete nieder, faltete die Hände wie zum Gebet und dachte nach. Warum hatten sie wohl alle einen Apfel? Da fiel es ihm wie Schuppen von den Augen: natürlich! Heute morgen hatte die Mutter ihm doch auch einen zugesteckt. Wenn das Jesuskind Hunger hatte, musste Maria ihm etwas zu essen geben.

Aber die Figur an diesem Altar hatte nichts. Statt dessen legte sie liebevoll beide Arme um das Jesuskind und drückte es fest an sich. Hermann stellte sich vor, wie geborgen sich das Kind dabei fühlen musste. Er konnte sich noch gut daran erinnern, dass seine Mutter ihn früher auch manchmal so hochgenommen hatte. Inzwischen war er dafür zu groß geworden.

Wissenswertes

Auch wenn die Hermann-Josef-Madonna etwas versteckt im Chorbereich von St. Maria im Kapitol steht, finden noch immer viele Menschen den Weg zu ihr. Und mancher macht es dem Heiligen nach und schenkt ihr einen Apfel.

Auf einmal spürte er, wie sich unsichtbare Hände um ihn legten und ihn jemand an sich drückte. Einen Moment nur, dann war es vorbei. Hermann schloss die Augen und seufzte zufrieden auf. Alle seine kleinen Sorgen und Kümmernisse schienen plötzlich von ihm genommen zu sein. So war es jedes Mal, wenn er hier herkam. Aber heute wusste er endlich, wie er sich bedanken konnte. Er kramte in seiner Kitteltasche und holte den Apfel hervor, den die Mutter ihm am Morgen gegeben hatte. »Heilige Muttergottes«, sagte er leise, »danke, dass du immer für mich da bist, wenn ich dich brauche. Nimm doch bitte diesen Apfel für das Jesuskind an. Ich weiß, es ist nicht viel, aber vielleicht ...«

Ein Sonnenstrahl fiel auf die Figur und ein goldener Glanz umhüllte sie. In dem himmlischen Licht schienen Mutter und Kind immer größer zu werden. Lächelnd beugte sich Maria herab, strich Hermann leicht mit der Hand über den Kopf, nahm den Apfel und sagte: »Das ist lieb von dir, mein Kleiner. Möchtest du ein Weilchen mit meinem Kind spielen?« Vor Ehrfurcht wagte Hermann kaum, mit dem Kopf zu nicken. Doch schon bald war es, als seien die beiden altvertraute Spielgefährten und helles Kinderlachen erfüllte den weiten Kirchenraum.

St. Maria im Kapitol

Martha hatte alles hinter einem Pfeiler versteckt beobachtet. Nun schlich sie sich leise aus der Kirche und lief nach Hause, so schnell sie konnte. Der Schuster dachte im ersten Moment schon, es sei etwas Schlimmes passiert, als sie kreidebleich durch die Tür stürzte. Mit tiefen Sorgenfalten auf der Stirn hörte er sich ihre Geschichte an. Was sollte aus dem Jungen bloß werden? Ein anständiger Schuster wohl kaum.

Als Hermann heimkam, fragte er ihn: »Sag mal, mein Sohn, wenn du die freie Wahl hättest, welchen Beruf würdest du dann gerne lernen?«

Der Junge brauchte keine Sekunde zu überlegen. »Am liebsten wär ich Mönch!«

Die Eltern sahen sich über seinen Kopf hinweg an. Ein Mönch brauchte eine vernünftige Schulausbildung und musste Latein lernen. Das war teuer.

Trotzdem versuchten sie es. Aber nach einem Jahr wurde deutlich, dass sie sich das wirklich nicht leisten konnten. Hermann senkte nur traurig den Kopf und verließ ohne ein weiteres Wort das Haus, als der Vater ihm sagte, dass kein Geld mehr da sei. Wie immer, wenn er Kummer hatte, ging er in die Kirche zu »seiner« Maria. Und noch einmal erwachte die Figur zum Leben. Diesmal wies sie auf eine Steinplatte und sagte: »Hermann, versuch, diesen Stein anzuheben. Er ist locker. Wann immer du Geld brauchst, wirst du ein Goldstück darunter finden. Verwende es gut. Und wenn du einst Mönch wirst, wie du es dir gewünscht hast, nimm zu deinem eigenen auch den Namen meines Mannes an, als ewige Erinnerung an deine Liebe zu mir!«

So geschah es. Hermann lernte fleißig und ging schon mit zwölf Jahren in das Kloster Steinfeld in der Eifel, das bis zu seinem Tod im Alter von neunzig Jahren seine Heimat blieb. Von dem Tag an, als er in den Orden aufgenommen wurde, nannte er sich Hermann Josef, und auch wenn er »seine« Maria nun nicht mehr besuchen konnte, besuchte die Muttergottes ihn noch häufig im Traum.

Der Hermann-Josef-Brunnen auf dem Waidmarkt

Das Wunder von St. Aposteln

Der Glaube ist
stärker als Feuer

Im Mittelalter kannte man in den großen Städten neben schlimmen Seuchen noch eine weitere Plage, vor der sich jeder fürchtete: das Feuer. War es erst einmal an einer Stelle ausgebrochen, fraß es sich meist rasend schnell durch die Straßen. Den Menschen blieb nichts anderes übrig, als zu retten, was zu retten war, und so schnell wie möglich zu fliehen.

So geschah es auch im Jahre 1192 in Köln. Zuerst verkündeten es die Kirchenglocken mit lautem Dröhnen, dann riefen die Leute es sich gegenseitig zu: »Feuer! Es brennt! Rettet euch!« Drohend erhob sich in der Altstadt eine schwarze Rauchsäule und der Wind trieb den Brandgeruch vor sich her. Dann schlugen plötzlich deutlich sichtbar Flammen in den Himmel. Nun war klar, dass Gefahr für die ganze Stadt bestand. Wer in der Nähe wohnte, lief nach Hause, um die wichtigsten Habseligkeiten zusammenzusuchen. Andere rannten zum Rhein hinunter, um beim Löschen zu helfen und vielleicht das Schlimmste zu verhindern.

An St. Aposteln, direkt neben dem Kloster, stand im

Wissenswertes

Mitten im Herzen Kölns steht St. Aposteln. Sie gehört zu den jüngeren unter den zwölf romanischen Kirchen der Stadt und zeichnet sich durch einen wunderschönen Kleeblattchor aus, den von den anderen nur noch St. Maria im Kapitol und Groß St. Martin haben. Im Kirchenraum findet der Besucher die vierzehn Nothelfer, darunter auch den Hl. Florian, der vor Feuer schützen soll.

Schatten der Türme ein kleines Haus, in dem eine arme Witwe mit ihrer Tochter wohnte. Da sie zu wenig hatte, um den Mönchen Miete dafür zahlen zu können, kümmerte sie sich statt dessen schon seit vielen Jahren um die Kirche, machte dort sauber und sah nach den Kerzen und Blumen. Erst kürzlich hatte ihre Tochter noch im Scherz gesagt, dass man sie häufiger bei den heiligen Aposteln finden könne als in der eigenen Wohnung.

Als die alte Frau die Glocken und das Geschrei hörte, da bekreuzigte sie sich und schickte ein kurzes Gebet zu »ihren« Heiligen. Dann lief sie zum Rhein hinunter um zu sehen, wo es etwas zu helfen gab. Den ganzen Tag war sie auf den Beinen, tröstete weinende Kinder und verzweifelte Erwachsene, die alles verloren hatten, half ihnen, in den umliegenden Klöstern eine Notunterkunft zu finden, und ging selbst beim Löschen mit zur Hand.

Einige Male hatte es so ausgesehen, als sei das Feuer unter Kontrolle, doch immer wieder schossen, kaum dass man es besiegt glaubte, neue Flammen empor. Als die Sonne langsam hinter dem Horizont versank, machte sich die Frau entmutigt auf den Heimweg: Es war an der Zeit, sich um St. Aposteln zu kümmern, denn wahrscheinlich würde das Feuer auch die prächtige romanische Kirche am Neumarkt erreichen.

Doch als sie an ihrem Haus anlangte, stürzte ihr die Tochter entgegen und zeterte: »Wo hast du denn gesteckt, Mutter? Die ganze Arbeit ist an mir hängen geblieben! Ich hab ja schon so viel raus geräumt, wie ich konnte, aber die Betten sind zu schwer. Und wo sollen wir denn jetzt noch einen Karren herbekommen, um alles wegzubringen?! Wie konntest du mich nur mit all dem alleine lassen ...«

Wahrscheinlich hätte die junge Frau noch einiges mehr zu sagen gewusst, wenn ihre Mutter nicht in diesem Moment mit rußgeschwärzter Hand ausgeholt und ihr eine schallende Ohrfeige versetzt hätte: »Wie kannst du es wagen ...! Ich ... ich ... ich ... mehr fällt dir nicht ein, während ganze Familien ihre Häuser, ihre Geschäfte, die Früchte ihrer Arbeit in Flammen aufgehen sehen? Da denkst du an unsere Betten?! Wir haben wenig genug, und wenn es Gott gefällt, uns das Wenige auch noch zu nehmen, dann schlafen wir heute Abend eben auf Stroh. Es gibt wahrlich Schlimmeres im Leben. Und jetzt komm mit in die Kirche, Lisbeth. Wir werden zu den Heiligen beten, dass sie unsere Habe beschützen. Und anschließend helfen wir mit, das Wichtigste aus der Kirche zu retten.«

Fassungslos starrte die Tochter sie an. »Hast du jetzt völlig den Verstand verloren? Unsere Habe willst du dem Schutz der Apostel anvertrauen, wenn du gleichzeitig nicht daran glaubst, dass sie ihre eigene Kirche retten können? Das darf doch wohl nicht wahr sein!«

»Wir werden ja sehen«, antwortete die Witwe trotzig, wandte sich ab und betrat das Gotteshaus. Dort hatten sich schon einige Helfer eingefunden und nach einem kurzen Gebet ging sie in die Sakristei und begann, die Schränke auszuräumen. Nach den Messgewändern, Altarbehängen und Kelchen wurden im flackernden Licht des näher rückenden Feuers die Figuren der Heiligen von ihren Podesten genommen, vorsichtig in Tücher geschlagen und in Sicherheit gebracht.

Als alle anderen schon längst fort waren, kniete die Alte noch immer in einer Bank und betete zu den Schutzheiligen der Kirche, dass sie das Feuer doch von dem prächtigen Bauwerk fernhalten und vielleicht auch ihr kleines Haus bewahren möchten. Erst als die Fenster unter der Hitze barsten, stand sie schluchzend auf und ging. Bald darauf stürzte das Deckengewölbe und etwas später einer der Türme ein.

Im Laufe der Nacht gelang es endlich, den Flammen Einhalt zu gebieten, die sich inzwischen fast bis zur Stadtmauer vorgearbeitet hatten. Mit Anbruch des Tages kehrten die ersten Bewohner zu den ausgebrannten Ruinen zurück, um sich ein Bild von dem Schaden zu machen. Und schon bald bildete sich an St. Aposteln eine Menschenmenge. Als die Witwe mit ihrer Tochter kam, um zu sehen, was von Haus und Kirche noch übrig war, musste sie sich erst mühsam hindurchdrängeln. Doch dann staunte sie nicht schlecht: Völlig unversehrt stand das Häuschen neben der schwer beschädigten Kirche. Selbst der einstürzende Turm hatte es verfehlt. Triumphierend drehte sie sich um und sagte: »Siehst du, Lisbeth, ich hatte doch Recht! Sie haben es beschützt. Der Glaube ist stärker als Feuer!«

Albertus Magnus

Das »sprechende Bild«

Um die Zeit, als man in Köln mit dem Bau des neuen Domes begann, lebte und unterrichtete hier einer der gelehrtesten Männer des Mittelalters, Albertus Magnus. Er war ein besonders kluger und vielseitig interessierter Mensch, der seinen Wissensdurst nicht nur auf Gott und den Himmel beschränkte, sondern seinen Blick auch auf alles richtete, was es auf dieser Welt an Irdischem zu erforschen gibt.

Dadurch war er manchen Menschen unheimlich geworden, die meinten, dass ein wahrer Kirchenmann nur frommen Gedanken nachgehen und sich mit den Worten der Bibel beschäftigen dürfe. So rankten sich schon zu seinen Lebzeiten abenteuerliche Geschichten um ihn, etwa, dass er der Zauberei mächtig sei und seltsame Dinge erfunden habe, zum Beispiel ein Gerät, um den Verlauf der Zeit zu messen, oder eine Maschine, die sich bewege, wenn man unter ihr Wasser zum Kochen bringe.

St. Andreas – die Ruhestätte von Albertus Magnus

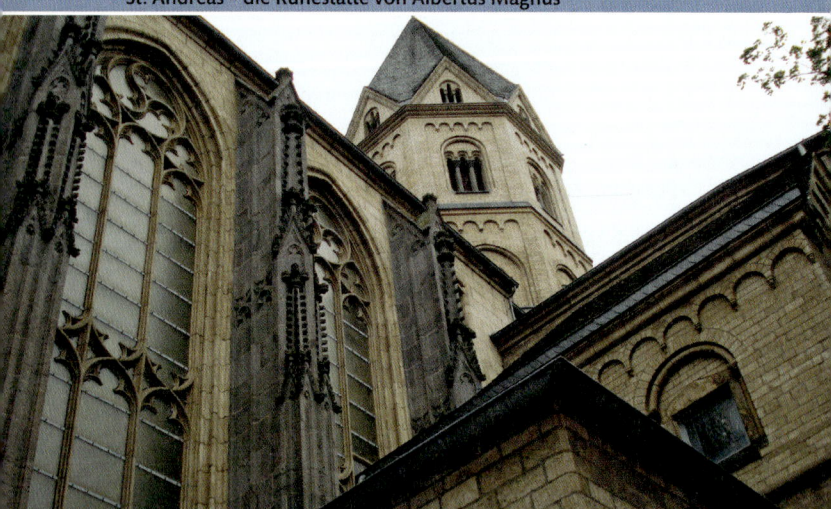

Albertus war sich seines Rufes sehr wohl bewusst und bemühte sich, einen großen Teil seiner Forschungen geheim zu halten, um die Leute nicht unnötig zu verschrecken. Er selbst fand jedoch nichts Schlimmes bei seinen Tätigkeiten, denn, wenn Gott die Welt erschaffen hatte, dann beschäftigte er sich doch nur mit den Werken Gottes. Was sollte daran verkehrt sein?

Besonders schmerzte es ihn, dass er über seine Erkenntnisse nicht mit seinem Lieblingsschüler, Thomas, sprechen konnte. Dieser war erst vor kurzem nach Köln gekommen, um bei ihm zu studieren, interessierte sich aber nur für die Gotteslehre und hielt alles andere für Zeitverschwendung, da es doch vergänglich sei.

Dieser Thomas war ein seltsamer junger Mann, still und in sich gekehrt. Stellte man ihm eine Frage, dauerte es oft lange, bis von ihm eine Antwort kam, so dass die anderen Studenten über ihn lachten und ihn für dumm hielten. Albertus hatte jedoch schnell erkannt, dass Thomas ganz im Gegenteil sehr viel klüger als die anderen war und für seine Antworten nur deshalb so lange brauchte, weil er gründlich über das ihm vorgelegte Problem nachdachte.

Thomas merkte schon bald, dass sein Lehrer manches vor ihm verheimlichte. Das beunruhigte ihn zutiefst, denn er verehrte Albertus sehr. Da er um den Forschungsdrang seines Meisters wusste, begann er, sich Sorgen zu machen, dass dieser dabei zu weit gegangen sein und sich womöglich sogar mit Teufeln und Dämonen eingelassen haben könnte.

In jeder freien Minute schlich er dem Gelehrten hinterher und verfolgte mit gerunzelter Stirn dessen häufige Besuche bei Huf- und Goldschmieden, Juwelieren und Handwerkern, von denen Albertus jedes Mal kleine Päckchen oder Beutelchen mitbrachte und in sein Studierzimmer legte, das er sorgfältig verschloss. Nachts konnte man ihn dann darin hämmern und werkeln hören.

Eines Tages wurde Thomas auf dem Weg zum Speisesaal von einem der anderen Lehrer angehalten.

»Thomas, weißt du, wo Albertus ist? Ich muss ihn dringend sprechen.«

»Nein, Magister«, antwortete der junge Mann. »Aber vielleicht ist er ja in seinem Studierzimmer.«

»Na, dann lauf und sag ihm Bescheid. Er soll gleich mal zu mir kommen. Es eilt.«

Thomas tat, wie ihm aufgetragen worden war. Eilig lief er zum Studierzimmer und klopfte. Deutlich hörte er jemanden »Herein!« sagen. Tatsächlich war die Tür nicht verschlossen, doch vergebens blickte er sich in dem großen Raum nach seinem Meister um. Das Zimmer war leer, wenn man einmal von der Unmenge an seltsamen Apparaten, Handwerkszeug, Skizzen und offenen Büchern absah, die überall herumlagen und -standen.

Er schluckte. Das war eine einmalige Gelegenheit herauszufinden, womit sich der Meister in letzter Zeit so emsig beschäftigte. Und niemand würde ihm einen Vorwurf machen können. Er war hierher geschickt worden und die Tür war nicht verschlossen gewesen …

Nach einem letzten Blick in den leeren Flur trat er ein und schlich vorsichtig von Tisch zu Tisch. Schaudernd ließ er die Finger

über ein Vogelskelett gleiten, dessen Knochen mit dünnem Draht zusammengefügt waren, so dass es die Haltung eines lebenden Tieres zeigte. Darunter lag die Skizze eines Flügels.

In einem Einmachglas fand er die Schwanzfedern einer Amsel, in einem andern Daunenfedern einer Gans. In einem trichterförmigen Glas klebte etwas, das wie getrocknetes Blut aussah.

Ein Pergament wäre ihm beinahe unter den Fingern zerbröselt, als er es aufheben wollte. Auf einem Tisch lagen mehrere Notizbücher, von der ersten bis zur letzten Seite mit einem unleserlichen Gekrakel gefüllt, das sicher eine Geheimschrift war. An der Wand hing eine Tafel mit seltsamen Symbolen, die mit Kreisen, Dreiecken und Linien verbunden waren.

Thomas spürte, wie ihm langsam übel wurde. Welches Dämonen Werk erfüllte sein verehrter Lehrer hier?

Da fiel sein Blick auf einen Vorhang. Wenn Albertus schon nicht davor zurückschreckte, all dieses abscheuliche Teufelszeug offen herumliegen zu lassen, was mochte sich dann erst in der verhängten Nische befinden?

Hastig riss er den Vorhang zur Seite. Und starrte auf eine schimmernde Metallstatue. Die plötzlich die Augen aufschlug, den Mund öffnete und ihm ein schnarrendes »Seid gegrüßt!« entgegenschmetterte.

Entsetzt sprang er zurück und schrie: »Weiche von mir, Satan!« Dabei griff er blindlings nach dem erstbesten Handwerkszeug, das neben ihm auf dem Tisch lag. Die Figur folgte ihm mit dem Blick. Dann tat sie das Unglaubliche: Langsam und quietschend setzte sie sich in Bewegung. »Wie lautet die Losung?« fragte sie mit blecherner Stimme, während sie auf ihn zu ging.

»Oh, Gott, hilf mir – es ist der Teufel selber!« rief der verängstigte Thomas. »Falsche Losung!« schnarrte die Statue und tat einen weiteren Schritt. »Wie lautet die Losung?« wiederholte sie.

Mit einem verzweifelten »Fahr zur Hölle, wo du hergekommen bist!« stürzte sich der junge Mann auf die Statue und schlug mit dem Hammer in seinen Händen auf sie ein. Funken sprühten in alle Richtungen, während Thomas lauthals alle Gebete aufsagte, an die er sich erinnern konnte, und nicht aufhörte, die Figur zu attackieren, bis sie in tausend Stücke zersprungen zu seinen Füßen lag.

Zitternd wischte er sich die schweißnassen Stirnlocken aus den Augen und wandte sich zur Tür. Da stan-

Wissenswertes

Albertus Magnus, einer der bedeutendsten mittelalterlichen Gelehrten, starb 1280 in Köln. Man hielt ihn lange Zeit sogar für den Architekten des Domes. Bestattet ist er in St. Andreas. Die hier abgebildete Statue befand sich lange an St. Andreas, ist aber inzwischen in den modernen Gebäudekomplex auf der Straße »An den Dominikanern« umgezogen. An dieser Stelle befand sich früher die erste Kölner Universität, an der Albertus Magnus unterrichtete,

den zahlreiche Mönche und Studenten, die durch den Lärm herbeigelockt worden waren, und starrten ihn an. Und gerade in diesem Moment bahnte sich Albertus einen Weg durch die Menge.

Einen einzigen Blick warf er in das Zimmer und auf seinen Schüler, dann sank er kreidebleich in die Knie. »Oh, Thomas, was hast du getan!«

Der reckte sich kerzengerade auf und sagte, mit deutlichem Stolz in der Stimme: »Den Dämon habe ich vernichtet, Meister, der von Eurer Seele Besitz ergriffen hatte!«

Albertus schlug die Hände vors Gesicht und einen Augenblick später begannen seine Schultern zu zucken. Es dauerte einen Moment, bis alle begriffen, dass der Meister nicht weinte, sondern lachte.

Schließlich erhob er sich mühsam, ging auf seinen Lieblingsschüler zu, legte ihm die Hand auf die Schulter und sagte: »Einen Dämon vernichtet? Was denn ... mit dem da? Seit wann kann man Dämonen denn mit einem ... Hammer ... vernichten?!«

Dann prustete es aus ihm heraus und er musste sich vor Lachen die Seiten halten. Die anderen schauten erst etwas unsicher, stimmten aber schließlich mit ein. Nur Thomas sah verstört aus. »Aber ... wenn es kein Dämon war, was war es denn dann?«

Nun blinkte es tatsächlich verräterisch feucht in den Augenwinkeln des großen Gelehrten. »Was du vernichtet hast, mein dummer Junge, das war, wenn man so will, mein Lebenswerk. Dreißig Jahre meines Lebens habe ich daran gearbeitet, und erst kürzlich ist mir der Durchbruch gelungen. Und nun ist alles zerstört.«

»Aber ... was war es denn?«

»Es war ein ... wie soll ich sagen ... nun, man könnte es vielleicht ein 'sprechendes Bild' nennen ...«

»Ja, gesprochen hat es. Deshalb bin ich ja auch so furchtbar erschrocken. Aber es hat doch immer nur etwas von einer Losung gesagt ...«

»Nun, ich gebe zu, das Programm war noch nicht ganz ausgereift. Es konnte noch nicht viel ...«

»Und wozu braucht man das dann?«

Albertus seufzte. »Mir wäre bestimmt noch etwas eingefallen ...« Nachdenklich hob er eines der Augen der Figur vom Boden auf, das die Zerstörung wie durch ein Wunder unbeschadet überstanden hatte. »Schau her, mein Sohn. Daran habe ich Jahre gearbeitet, bis die Metallmischung stimmte. Und man muss es an einem Tag gießen, an dem die Gestirnsstände besonders günstig sind. Das ist ziemlich mühsam zu berechnen. Und siehst du die kleinen Symbole? Und die Drähtchen? Es war sehr schwierig herauszufinden, wie man dies alles miteinander verbinden muss, damit es funktioniert. Aber ich hatte es geschafft! Die Augen funktionierten!«

Seinen Schüler konnte das jedoch nicht überzeugen. »Wofür braucht Ihr künstliche Augen, Meister? Gott hat uns doch Augen geschenkt. Warum soll ein Gerät für Euch sehen, wenn Ihr es doch selber viel besser könnt? Welchen Wert hat ein 'sprechendes Bild', das seelenlos und vergänglich ist?«

Noch einmal seufzte Albertus tief auf. Dann holte er aus einer Ecke einen Besen und drückte ihn Thomas in die Hand. »Mein lieber Thomas, vielleicht hast du ja recht und ich sollte mich wirklich mehr auf Gott und das Himmelreich konzentrieren. Also mach hier mal ordentlich sauber, während ich ein wenig beten und meditieren gehe.«

Wissenswertes

Nach der Schließung der Dominikanerkirche wurden die Reliquien von Albertus Magnus 1802 nach St. Andreas überführt.

In der Tür drehte er sich kurz um. »Dass du mir ja die Finger von dem Vogelskelett und meinen Aufzeichnungen lässt! Irgendwann werde ich schon noch herausfinden, wieso Vögel fliegen können und Menschen nicht ...«

Und so wurde der Roboter doch nicht im Mittelalter erfunden.

Der junge Mann aber, der mit einem Hammer so drastisch den technologischen Fortschritt verhindert hatte, war kein geringerer als der spätere Kirchengelehrte Thomas von Aquin.

Albertus-Magnus-Skulptur von Gerhard Marcks vor dem Hauptgebäude der
Universität zu Köln

Die antike Säule in St. Gereon

Die Blutsäule

Noch heute findet man in St. Gereon die so genannte »Blut-säule«. Um sie ranken sich manche Geschichten. Die einen sa-gen, es sei die Säule, an der Jesus gegeißelt wurde, und Kaiserin Helena habe sie aus dem Heiligen Land nach Köln gebracht, um sie in der von ihr gegründeten Kirche »Zu den goldenen Heiligen« aufzustellen. Andere hingegen behaupten, sie habe auf dem Friedhof gestanden, auf dem Gereon und seine Ge-fährten hingerichtet wurden, wobei sie von dem Blut der Heiligen getränkt worden sei. In einem aber ist man sich einig: Niemand, der je einen Meineid geleistet, einen Betrug, Mord oder sonst ein schweres Verbrechen begangen hat, sollte sich ihr nähern, denn er würde es auf der Stelle mit dem Leben bezahlen.

Ein Beispiel dafür ist der Frankenkönig Thiederich, der sich zwar »Christ« nannte, aber so manchen heimtückischen Mord angezettelt hatte. Im Jahr 613 kam er nach Köln. Da er schon viel von der prächtigen Kirche der Märtyrer gehört hatte, be-fahl er, man solle dort einen Gottesdienst für ihn und sein Ge-folge abhalten. Als ihm einige Leute eindringlich rieten, dafür eine andere Kirche zu wählen, war er äußerst erstaunt.

Wütend schnaubte er: »Die schönste Kirche eurer erbärm-lichen Stadt ist mir gerade gut genug. Mit etwas Geringerem werde ich mich keinesfalls zufrieden geben!«

Daraufhin trat ein Mönch heran und sagte: »Edler Herr, überlegt es Euch noch einmal. Wenn Ihr auf diesem Gottes-dienst besteht, dann könnte es Euer Tod sein.«

»Mein Tod – dem seh ich täglich ins Auge und lebe im-mer noch, auch wenn das meinen Feinden gar nicht gefällt«, fauchte der König ihn an. »Was gibt es denn in dieser Kirche, das mir so gefährlich werden könnte?«

St. Gereon

Der Mönch erzählte ihm von der Blutsäule, doch der König war alles andere als beeindruckt. Er brach in schallendes Gelächter aus. »Weibergewäsch!« rief er. »Ihr denkt doch nicht im Ernst, dass ich solche Ammenmärchen glaube?«

Da es also unmöglich war, ihn umzustimmen, wurde er zur Kirche geleitet, wo ein Priester ihm die Messe las. Thiederich hatte sich nicht einmal die Zeit genommen, frische Kleider anzulegen. Trotzig stand er da, in seiner staubbedeckten Rüstung, die Waffen noch umgegürtet, und beugte nicht einmal das Knie. Als der Gottesdienst vorbei war, ging er zu dem Mönch, der ihn gewarnt hatte, legte ihm die Hand in den Nacken, als wollte er ihm das Genick brechen, und sagte: »So, mein Lieber, und wo ist jetzt deine berühmte Blutsäule? Die möchte ich mir nämlich ganz genau ansehen.«

Zitternd vor Angst führte der fromme Mann ihn hin. Aufmerksam musterte der König sie von oben bis unten. Dann trat er einige Schritte zurück, breitete die Arme aus und rief: »Nun, was ist? Ich lebe noch !« Einen Augenblick später jedoch stieß er einen gellenden Schrei aus, taumelte und sank zu Boden. »Haltet ... haltet ihn ... den Mörder ...«, keuchte er und wies auf die dunkle Säule. »Das Messer ... er hat mir ... ein Messer ...« Weiter kam er nicht mehr. Seine Augen brachen, der Kopf sank zur Seite, der stolze König war tot.

Niemand außer ihm hatte gesehen, dass er angegriffen wurde. Als man ihm aber den schweren Lederharnisch auszog, fand man tatsächlich über seinem Herzen eine

Wissenswertes

Es gibt sie wirklich, die Blutsäule. Und auf Lateinisch verkündet die Inschrift auf der Tafel über ihr: »Glaube mir, hier an dem Stein wurde vor langer Zeit Blut vergossen. Wenn ich mich schlecht verhalte, straft er.« Möglicherweise ist die Säule jedoch einfach nur ein Überrest des spätantiken Vorgängerbaus von St. Gereon.

tiefe Wunde, wie von einem langen Messer. Der Harnisch selber jedoch war unversehrt.

Da wussten die Menschen, dass Gott sein Urteil gefällt hatte.

Dekagon von St. Gereon

Der Kunibertspütz

Die Kinder im Brunnen

Auf dem Hof standen zwei Mädchen. Das eine hatte ein schlichtes, langes Kleid an, mit einer Schürze darüber. Es war vielleicht sieben. Das andere trug ein vornehmeres Kleid, ohne Schürze, und war ein oder zwei Jahre älter. Die beiden stritten sich.

»Wenn ich doch sag, dass es so ist ...«

»Nein, das glaub ich nicht. Meine Mutter hat mir das ganz anders erklärt ...«

»Und meine Mutter sagt ...«

Plötzlich ging ein Fenster auf und eine Frau rief über den Platz: »Marie, komm her! Ich brauch dich in der Küche!«

Das jüngere Mädchen sagte noch schnell: »Du bist ja doof!« Dann drehte es sich um und lief zum Haus.

Als es durch die Küchentür trat, fragte die Mutter: »Worüber habt ihr euch denn gerade gezankt?«

»Ach, die hat behauptet, dass die kleinen Kinder vom Klapperstorch gebracht werden. So was Dummes!«

Die Mutter lächelte und schob der Tochter eine Schüssel Kartoffeln hin, die sie schälen sollte. »Das ist aber wirklich dumm. Andererseits – sie ist ja von weit her. Aus Hamburg. Das ist ganz im Norden, am Meer. Vielleicht bringt dort ja wirklich der Klapperstorch die Kinder. Was hast du ihr denn erzählt?«

»Na, sie hat damit angegeben, dass sie schon weiß wo die Kinder herkommen. Und da hab ich gesagt, dass du mir das schon vor gaaaanz ganz langer Zeit erklärt hast, dass die Mütter die aus dem Kunibertspütz holen. Das hat sie erst nicht verstanden, weil sie nicht wusste, dass ein Pütz ein Brunnen ist. Überhaupt hat sie gesagt, dass ich komisch rede und erst

mal richtig sprechen lernen soll.« Zwei steile Zornesfalten hatten sich über Maries Nase gebildet. Besänftigend strich die Mutter ihr über das Haar, während sie mit der anderen Hand einen Kochlöffel hielt und in einem großen Topf rührte.

»Ach Liebes, man hört den Menschen halt an, wo sie herkommen. Da musst du dir nichts draus machen. Soll ich dir denn noch mal vom Kunibertspütz erzählen?« Die Tochter nickte.

»Also gut. Wenn eine Frau ein Kind bekommen möchte, dann geht sie zur Kunibertskirche, die im Norden der Stadt am Rheinufer steht. Dort gibt es in der Krypta einen Brunnen, der noch viel älter ist als die Kirche, vielleicht sogar so alt wie Köln selber.

Ja, wenn ich es mir recht überlege, ist der Brunnen bestimmt so alt wie Köln, denn wo wären sonst wohl die ersten kleinen Kölner hergekommen?

Von dem Wasser im Brunnen muss die Frau ein Glas trinken. Dann weiß der liebe Gott, dass sie sich ein Kind wünscht.

Die Seelen der ungeborenen Kinder aber leben ganz unten im Brunnen und Maria passt auf sie auf und beschützt sie.«

»Nee«, fiel ihr die Tochter ins Wort. »Das kann doch nicht sein! Da wär es doch zu kalt und dunkel da unten.«

Die Mutter sah sie an. »Kannst du dich denn gar nicht mehr daran erinnern, Marie?«

Das Mädchen schüttelte den Kopf.

»Seltsam. Alle Kinder scheinen mit der Zeit zu vergessen, wie schön es dort ist. Nur die ganz kleinen Kinder, die wissen es noch. Das sieht man immer, wenn sie lächeln. Und sie weinen so viel, weil sie sich erinnern, wie gut sie es gehabt haben.

Natürlich ist es nicht kalt und finster da unten. Maria ist ja bei ihnen. Und wo

Wissenswertes

St. Kunibert, die jüngste der zwölf romanischen Kirchen, wurde 1247, nur ein Jahr vor Beginn des Dombaus, vollendet. Den Kunibertspütz in ihrem Innern gibt es noch heute. Allerdings ist er nicht mehr frei zugänglich. Wie die Geschichte von den Kindern im Brunnen entstanden ist, weiß man nicht. Denkbar wäre, dass er schon in vorchristlicher Zeit existierte und eine Rolle bei bestimmten Fruchtbarkeitsriten spielte.

Maria ist, da ist auch ein Stück Himmel. Daher ist es warm und hell wie an einem Sommertag und es gibt ganz viel Spielzeug.

Wenn aber eine Frau von dem Brunnenwasser getrunken hat, dann sucht Maria ein Kind für sie aus. Und neun Monate später kann sie es sich abholen.«

»Und warum erst dann?«

»Nun, das Kind sollte doch erst noch ein bisschen auf sein Erdenleben vorbereitet werden, meinst du nicht?«

Nachdenklich nickte die Tochter.

»Und manchmal«, fuhr die Mutter fort, »sind die jungen Mütter dann ein paar Tage krank. Das kommt daher, dass es bei dem Brunnen in der Kirche tatsächlich ziemlich feucht und kalt ist. Manchmal muss man ein bisschen warten, bis das Kind kommt, und erkältet sich dabei. Aber das ist nicht schlimm und geht schnell wieder vorbei.

Weißt du eigentlich, weshalb ich dir die Geschichte noch einmal erzählt habe?«

Das Mädchen schaute erstaunt von den Kartoffeln auf. »Wegen der aus Hamburg?«

»Nein. Ich bin selber vor einiger Zeit am Kunibertspütz gewesen und habe von dem Wasser getrunken.«

Vor Begeisterung ließ Marie das Messer fallen. »Dann bekomme ich ein Brüderchen oder Schwesterchen? Jaaaaa! Heilige Muttergottes, mach, dass es ein Schwesterchen wird! Brüder sind doof. Das muss ich dem Papa sagen!« Und schon rannte sie unter lautem Jubelgeschrei aus der Tür und die Treppe hinauf.

Wo auch immer die Kinder auf dieser Welt geboren werden, in Köln kommen sie jedenfalls aus dem Kunibertspütz.

Abdeckplatte des Kunibertspütz im Chorraum von St. Kunibert

Die Geistermesse in St. Maria Lyskirchen

Weihnacht
der Geister

Traurig schlenderte Pitter am Rheinufer entlang. Trotz Mütze, Schal und dicker Jacke fror er. Doch die Kälte steckte nicht nur in seinem Körper. Manchmal hatte er das Gefühl, dass seit dem Tod seiner Frau vor zwei Jahren auch seine Seele fror und nicht mehr warm werden konnte.

Er war Rheinschiffer und daher, bis auf die Wintermonate, das ganze Jahr unterwegs. Aber wann immer er heimkam, und wenn es nur für zwei Tage war, hatte er ein fröhliches Haus vorgefunden, erfüllt vom Lärmen und Treiben seiner Söhne und Töchter, der Enkel und schließlich sogar des ersten Urenkelchens. Und über all dem hatten ihn die dunklen Augen seiner Frau angestrahlt. Diese Augen, die bis zu ihrem letzten Tag jung geblieben waren.

Zu Beginn des Winters vor zwei Jahren hatte sie plötzlich angefangen zu husten. Der Arzt sagte, es sei eine Lungenentzündung und sie müsse sich schonen. Sie wollte nicht hören und kochte, putzte und wusch weiter für alle, bis sie zusammenbrach. Danach war es sehr schnell gegangen.

Seither starrte ihn das Haus mit finsteren Fensterhöhlen an, wenn er kam. Niemand wartete mehr auf ihn. Die Kinder waren ausgezogen und lebten ihr eigenes Leben. Und von Monat zu Monat war er verbitterter geworden.

Heute war Weihnachten, das Fest des Friedens. Einer der Söhne hatte ihn eingeladen, den Abend bei ihm und seiner Familie zu verbringen. Er war zwar hingegangen, hatte sich aber ständig gefühlt wie ein Bettler, dem man nur aus Mitleid in der Küche ein Brot in die Hand drückt, um ihn dann möglichst schnell wieder loszuwerden. Schließlich war er gegangen. Wahrscheinlich hatten alle aufgeatmet, als sich die Tür hinter ihm schloss.

Nein, das Leben machte keinen Spaß mehr. Was gäbe er darum, wieder mit seiner Frau zusammen zu sein. Doch wer wusste schon zu sagen, wie viele Jahre ihm noch hier auf Erden beschieden waren …

Tief seufzte er auf. Sein Blick fiel auf die Pfarrkirche der Rheinschiffer, St. Maria Lyskirchen. Nanu, da brannte ja Licht! Gab es hier zu so später Stunde noch eine Messe? Erstaunt lenkte er die Schritte über die verschneite Straße. Tatsächlich, nun hörte er aus der Kirche lauten Gesang.

Er brauchte nicht lange zu überlegen. Es war sicher angenehmer, noch ein Stündchen mit anderen Leuten die Christmette zu feiern, als nach Hause zu gehen.

Er trat durch die Pforte und staunte nicht schlecht, als er sah, dass die Bänke fast bis auf den letzten Platz besetzt waren. Vorsichtig, um die anderen nicht zu stören, nahm er auf einer freien Ecke in der letzten Reihe Platz und lauschte den vertrauten Worten des Priesters. Doch etwas störte ihn. Was war denn anders als sonst? Der Geruch, irgendetwas an dem Geruch war nicht richtig. Da war der Weihrauch. Das war normal. Aber darunter spürte er etwas anderes. Fast roch es wie der Rhein an besonders heißen Sommertagen. Nun bemerkte er, dass sich auf dem Kirchenboden große Wasserlachen bildeten. Seltsam. Das konnte doch nicht nur von dem Schnee sein, den die Menschen an Kleidung und Schuhen in die Kirche gebracht hatten.

Er hob den Kopf und sah sich die Gottesdienstbesucher genauer an. Im ersten Moment durchfuhr ihn ein heißer Schreck, doch dann wurde er ganz ruhig. Ja, er

Wissenswertes

St. Maria Lyskirchen ist die Kirche der Rheinschiffer. Ein Besuch lohnt sich auf alle Fälle, denn obwohl sie die kleinste der romanischen Kirchen ist, hat sie noch einen großen Teil der Deckenbemalung und Innenausstattung über den Krieg retten können.

kannte einige von ihnen. Da war zum Beispiel Matthes. Der war im Frühjahr ertrunken, als sein Schiff mit einem anderen zusammengestoßen und gekentert war. Und dort kniete Jupp, von dem es hieß, er sei betrunken über Bord gefallen. Dem Anton hatte versehentlich ein Verladekran eine Kiste gegen den Kopf geschmettert. Er war in den Rhein gefallen und seine Leiche war bis heute nicht wieder aufgetaucht.

Jetzt wusste Pitter, welche Messe hier abgehalten wurde. Es war die Christmette der in diesem Jahr ertrunkenen Rheinschiffer. Ergriffen lauschte er, als sie beteten: »Gott, segne die Häfen und Deiche, und das Bootsvolk, verlass es nicht!«

Kaum hatte der Pastor die Schlussworte gesprochen und seine Gemeinde mit den Worten: »Gehet hin in Frieden!« entlassen, da schien die Wand des Kirchenchores durchsichtig zu werden, und der dunkle Schatten eines Schleppkahnes zeichnete sich gegen den Nachthimmel ab. Die Männer erhoben sich und gingen durch die Wand, die sie nicht halten konnte, auf das Geisterschiff zu.

Nur einen winzigen Moment zögerte Pitter. Dann sprang er auf und lief mit ausgestreckten Armen hinterher: »Wartet! Nehmt mich mit!«

Am nächsten Morgen fand man ihn tot im tiefen Schnee an der Kirche. Auf seinen kalten Lippen lag ein glückliches Lächeln.

Rundgänge

Die »Sagen und Geschichten aus Köln« zu Fuß

Für alle, die gerne die Originalschauplätze der Geschichten kennen lernen oder das sehen möchten, was sich dazu im Stadtbild noch finden lässt, gibt es an dieser Stelle vier Rundgänge. Sie sind teilweise zu umfangreich, um sie in einem abzugehen, aber man kann sich einzelne Abschnitte herausnehmen und sie nach und nach erforschen.

KölnTourismus

Die vielen Facetten Kölns und die kölsche Lebensart spiegeln auch die Sagen und Legenden wider. Die Gruppen-Führungen von KölnTourismus wie »Histörchen, Originale und Spezialitäten« oder »Heinzelmännchen, Gryn und Griet« erzählen davon. Für einzelne Gäste bietet KölnTourismus Öffentliche Führungen an rd. 400 Terminen jährlich. »Köln ist ein Gefühl« und »Dämmerschoppen-Kölschtour« laden ebenfalls zu »Sagenhaftem« und Kölschem ein.
Informationen zum gesamten Führungsprogramm finden Sie im Internet unter www.koelntourismus.de/stadtfuehrungen

inside Cologne

Lassen Sie sich durch eine Schneidersfrau oder Hexe in die Zeit der Sagen und Legenden entführen oder buchen Sie exklusiv die Autorin dieses Buches für einen kabarettistischen Rundgang, eine Lesung, Gruseltour oder als »Magd Griet« für ein Erzähl Ma(h)l. Alle Infos finden Sie unter insidecologne.de, oder rufen Sie an unter 0221 / 521977.

Domforum

Außerdem sei an dieser Stelle noch darauf hingewiesen, dass private Domführungen nicht erlaubt sind. Führungen müssen über das Domforum (www.domforum.de) oder einen anderen Anbieter gebucht werden.

Rundgang »Typisch Kölsch«

Wer sich mit der Kölner Stadtgeschichte beschäftigen will, dem sei als erstes ein Besuch des **Kölnischen Stadtmuseums (1)**, Zeughausstr. 1-3, empfohlen. Hier findet sich Sehenswertes aus der Zeit vom Mittelalter bis heute, auch zu Themen wie *Karneval*, *Klüngel* oder *Kölnisch Wasser*. Einen Überblick verschafft man sich am besten mit Hilfe eines am Eingang erhältlichen Audio-Guides.

Die meisten kennen den Bau schlicht als das »Zeughaus«. Dieser Name erinnert an seine ursprüngliche Funktion als Waffenarsenal. Ein erstes Gebäude zur Aufbewahrung von »Streitzeug« stand hier schon im 14. Jahrhundert. Das jetzige entstand zu Anfang des 17. Jahrhunderts.

Links neben dem Stadtmuseum befindet sich der **Römerbrunnen (2)**, von Franz Brantzky 1915 geschaffen. Nach dem Zweiten Weltkrieg wurde er von Karl Band neu gestaltet. Er steht auf dem Verlauf der römischen Stadtmauer, und dort, wo er ein Halbrund bildet, befand sich einst ein Wachtturm.

Auf den großen Relieftafeln, von denen leider drei dem Krieg zum Opfer fielen, lässt sich noch vage eine lateinische Inschrift erkennen. Übersetzt lautet sie:

Um aber ihre Macht auch den verbündeten Nationen zeigen zu können, verlangte Agrippina, dass in der Stadt der Ubier, in der sie geboren worden war, eine Kolonie von Veteranen angesiedelt wurde, die nach ihrem eigenen Namen benannt wurde, und der Zufall hat es gefügt, dass diesen Stamm nach seinem Übergang über den Rhein ihr Großvater Agrippa als Bundesgenossen aufgenommen hatte.

Damit wird an *Agrippina* erinnert, jene Frau, die Köln seinen lateinischen Namen gab und als eine der schillerndsten Frauengestalten in die römische Geschichte einging.

Ganz links ist zwischen Augustus und Claudius auch ihr Porträt zu finden. Allerdings war sie in Wirklichkeit wohl hübscher.

Rechts außen zeigt eine der großen Platten ein Isisfest. Dargestellt ist ein so genannter »Schiffswagen«, wie er zu Ehren der ägyptischen Flussgöttin Isis einmal im Jahr durch die Stadt gezogen wurde. In diesem Brauch wollen manche gerne den Ursprung des *Kölner Karnevals* sehen.

Vom Stadtmuseum aus gelangt man über die Komödienstraße zum Dom. Kurz davor führt eine Metalltür zur **Tiefgarage (3)** hinunter. Darin kann man sich Überreste der römischen Stadtmauer ansehen. Hier befindet sich auch das so genannte »Annoloch«, der Durchgang in der Mauer, durch den im Mittelalter *Erzbischof Anno* den aufständischen Bürgern entkam.

Nun geht es wieder hinauf und am Domhotel vorbei über die Domplatte zum **Heinzelmännchenbrunnen (4)** auf der Straße Am Hof. Direkt dahinter befindet sich das älteste *Brauhaus Kölns*, das **Früh am Dom (5)**, über dessen Eingang ein Relief Petrus von Mailand, den Schutzpatron der Brauer, zeigt. Die beiden Säbel im Kopf und vor der Brust weisen auf seine Ermordung durch zwei Ketzer hin.

Von hier aus sind es nur wenige Schritte bis zur Straße Unter Goldschmied, die Richtung Rathaus führt. Nach einigen Metern gelangt man zum

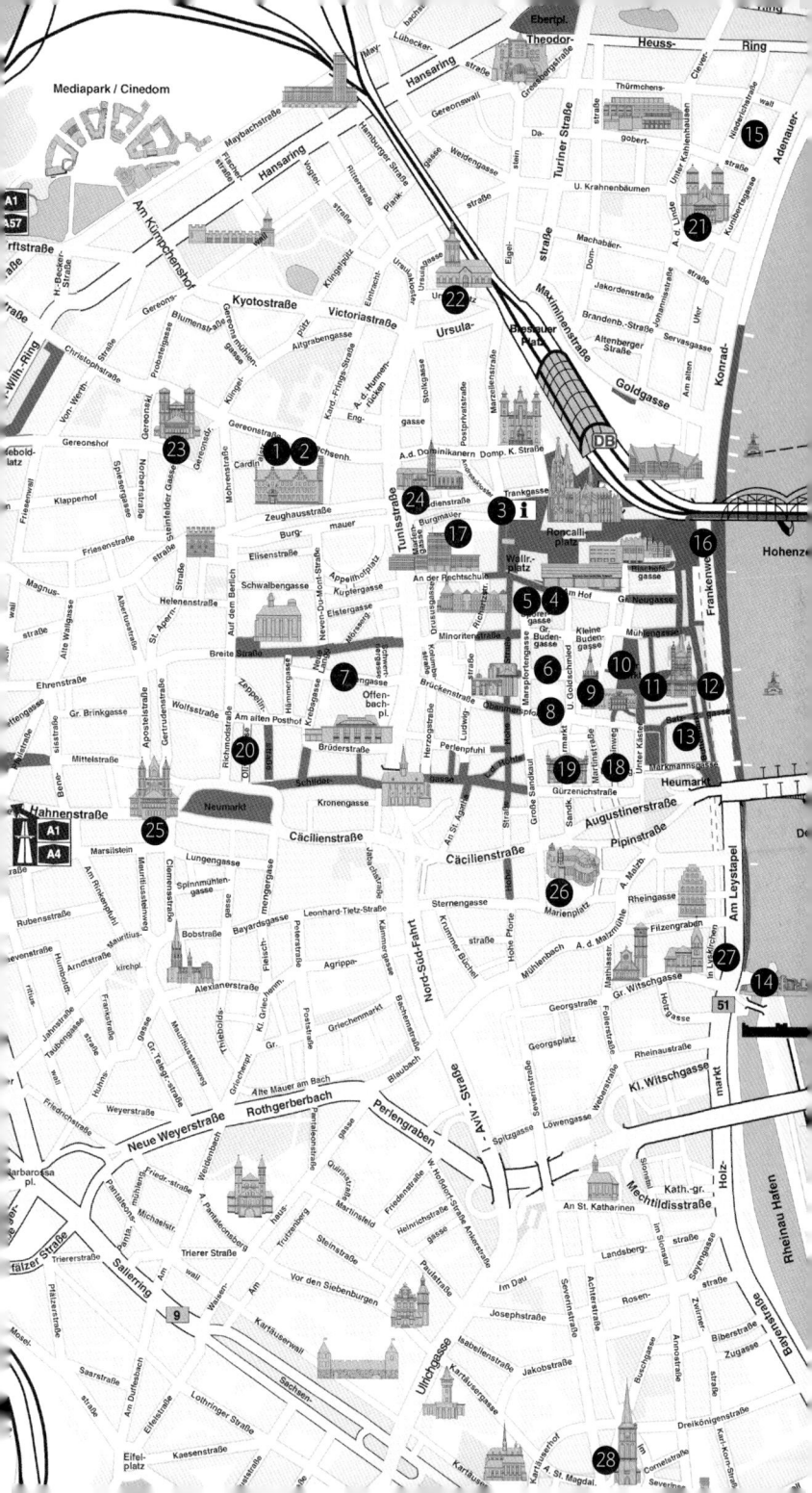

Laurenzgitterplätzchen mit einem kleinen Denkmal für den beliebtesten Erzbischof der Kölner, das **Joseph-Kardinal-Frings-Denkmal (6)**. Es zeigt ihn mit jenem verschmitzten Blick, der typisch für ihn und seine humorige Art war.

Weiter geht es durch die Salomonsgasse zur Hohe Straße, die zusammen mit der Schildergasse den größten Einkaufsbereich der Innenstadt bildet. Beide entstanden schon in der Römerzeit. Die Hohe Straße war zudem die erste Fußgängerzone Deutschlands.

Kaum hat man diese hinter sich gelassen, stößt man auf die riesige Nord-Süd-Fahrt. Sie sollte das schnelle Durchqueren der Stadt ermöglichen. Dass dabei mehrere Stadtviertel zerschnitten wurden und ihren Charakter verloren, war den Stadtplanern der Nachkriegszeit leider egal.

Am Museum Kolumba gibt es einen gesicherten Überweg, der direkt zur Glockengasse führt. Dort steht das **4711-Haus (7)**, das mit einem stündlichen Glockenspiel zum Besuch lockt. Im Innern kann man eine kleine Ausstellung zur Geschichte des 4711 besichtigen. Doch der Entstehungsort des ersten *Eau de Cologne* liegt ein paar Straßen entfernt, schräg gegenüber vom Rathaus.

Der Weg dorthin führt wieder an Kolumba vorbei, über die Brückenstraße und Obenmarspforten. Auf der Ecke Obenmarspforten/Unter Goldschmied befand sich ab 1709 der **Stammsitz der Firma Farina (8)**, der heute ältesten Duftfabrik der Welt, woran eine Inschrift erinnert: »Johann Maria Farina gegenüber dem Jülichsplatz, gegr. 1709«. Inzwischen hat Farina an dieser historischen Stelle wieder ein Geschäft mit einem kleinen Museum im Kellergewölbe, das fast dreihundert Jahre Firmengeschichte präsentiert.

Auf der gegenüberliegenden Straßenseite befindet sich das **Historische Rathaus (9)**. Der älteste Teil ist der Mittelbau aus dem 14. Jahrhundert. Im 15. Jahrhundert kam der Rathausturm hinzu. Im 16. Jahrhundert entstand als eines der schönsten Renaissancegebäude des Rheinlandes die Rathauslaube. In der Nachkriegszeit ersetzte man die fast vollständig zerstörten Kaufmannshäuser, die als Erweiterungen nach und nach hinzugekauft worden waren, durch den modernen Neubau.

Und noch heute gibt es Veränderungen und Ergänzungen. Der Turm war im Krieg bis zum zweiten Stockwerk hinunter zerstört worden, wobei fast der gesamte Figurenschmuck verloren ging. Inzwischen haben 124, größtenteils neue, Skulpturen, die bedeutende Kölner darstellen, ihre Sockel am wieder aufgebauten Turm bezogen. Unter ihnen finden sich viele, die auch in diesem Buch Erwähnung gefunden haben. Von der Treppe etwa sieht man *Agrippina*, im zweiten Stockwerk befindet sich *Johann Maria Farina*, an der Ecke zum Mittelbau steht *Karl Marx* als Erinnerung an die Revolutionszeit. Und einer darf natürlich auch nicht fehlen: *Konrad Adenauer*, der mit dem Bau der Mülheimer Brücke ein gutes Beispiel für die positive Seite des *Kölner Klüngels* lieferte.

Links am Turm die Treppe hinunter sind es nur wenige Schritte zum **Alter Markt (10)**, wo im September *1848* die Kölner Barrikaden bauten, dann aber nach einem langen Revolutionstag friedlich nach Hause gingen und deren Abbau den Preußen überließen.

Durch das Martinspförtchen an der Gaststätte »Go in« gelangt man zu **Tünnes und Schäl (11)**, die hier im Martinsviertel 1974 ein Denkmal erhielten, das von Walter Reuter geschaffen wurde. Auffällig ist, dass Tünnes eine golden leuchtende Nase hat. Sie wird gerne von Besuchern »poliert«, denn angeblich bringt das Glück.

An Groß St. Martin rechts hinunter führt der Weg zu Fischmarkt und Rheingarten. Kurz davor geht die Mauthgasse nach links ab. Hier ist an der Mauer unterhalb der Kirche eine **Gedenktafel für Robert Blum (12)** (1807-1848) angebracht. Er war linksliberaler Demokrat und Abgeordneter der Deutschen Nationalversammlung in der Frankfurter Paulskirche. Schriftstellerisches Talent und rhetorische Fähigkeiten machten ihn zu einem der bedeutendsten Vertreter der Revolution. Dafür musste er mit seinem Leben bezahlen: 1848 wurde er wegen Beteiligung an einem Aufstand in Wien standrechtlich erschossen.

Schlägt man nun einen Bogen zurück über die Salzgasse, so kann man durch die enge Tipsgasse einen Abstecher zum versteckt gelegenen Eisenmarkt machen. Seit 1938 befindet sich hier das **Hänneschen-Theater (13)**. Und seit einigen Jahren steht direkt davor ein Denkmal für Willy Millowitsch. Ungewöhnlich ist, dass er dieses Denkmal schon zu Lebzeiten erhielt. Es war ein Geburtstagsgeschenk seines Freundes Harry Owens.

Zu guter Letzt kann man sich jetzt noch einmal Richtung Rhein wenden und am Ufer entlang nach rechts Richtung Süden spazieren. Schon von weitem fällt dabei ein Gebäude auf, das wie ein Schiffsbug in den Fluss ragt. Das 1993 eröffnete **Schokoladen-Museum (14)** war das erste Deutschlands. Es dokumentiert zum einen die mehr als hundertfünfzigjährige Firmengeschichte der Kölner *Stollwerck* AG, zum anderen informiert es anschaulich über die Kulturgeschichte des Kakaos. Sogar eine komplette Produktionsanlage ist dort aufgebaut!

Rundgang »Es war einmal«

Wer einen Kölner nach der **Weckschnapp (15)** fragt, wird in der Regel einen Turm am Konrad-Adenauer-Ufer gezeigt bekommen, der heute in ein Wohnhaus integriert ist. Die echte Weckschnapp stand jedoch dort, wo sich heute die Bastei befindet, ein recht ungewöhnliches Gebäude im expressionistischen Stil.

Der Turm war Bestandteil der Stadtmauer. Die nahe gelegene Kunibertstorburg hingegen, von der leider nichts erhalten blieb, diente als Gefängnis. Möglicherweise ist dies der wahre Kern der Sage.

Für die Existenz der Femegerichte gibt es keine Belege. Andererseits lässt ihre Erwähnung in mehreren Sagen die Vermutung zu, dass es sie gab. Höchst zweifelhaft ist allerdings, dass sie eines der Gebäude der Stadtmauer für ihre Zwecke missbrauchten.

Spaziert man weiter den Rhein hinauf, kommt man hinter der Hohenzollernbrücke zum **Rheingarten (16)**, unter dem die viel befahrene Rheinuferstraße verläuft.

Wenn man von dort aus die Treppen zum Museum hinaufgeht und den Roncalliplatz überquert, sieht man hinter dem Dom links das Domforum und rechts KölnTourismus. Neben KölnTourismus führt eine schmale Straße stadteinwärts, die den Namen **»Burgmauer« (17)** trägt. Der Name kommt von der römischen Stadtmauer, die hier verlief und die Stadt »barg«, also: schützte. Blickt man am Ende der Straße an der Treppe zur Komödienstraße hinunter, so sieht man die Überreste eines römischen Wachtturmes.

Dreht man sich nun wieder um und überquert den Roncalliplatz am Domhotel entlang, gelangt man zu einem der ältesten und beliebtesten Brunnen Kölns, dem **Heinzelmännchenbrunnen (4)** auf der Straße Am Hof. Gestiftet wurde er 1899 vom Kölner Verschönerungsverein zum hundertsten Geburtstag des Dichters August Kopisch. Die Herzen der Kölner gewann er dadurch, dass er das Gedicht von den *»Heinzelmännchen zu Köln«* schrieb.

Biegt man von der Straße Am Hof rechts in Unter Goldschmied ab, gelangt man wieder zum **Rathaus (9)**, dessen prächtigster Bauteil die Renaissancelaube aus dem 16. Jahrhundert ist. In der Brüstung ihres Obergeschosses sieht man in der Mitte eine Darstellung des sagenhaften Kampfes zwischen *Bürgermeister Hermann Gryn* und einem Löwen.

Diese Geschichte beinhaltete eine eindeutige Botschaft an die Kölner: Sie mussten ihre Stadtfreiheit erkämpfen und sollten dabei stets so mutig sein wie der legendäre Bürgermeister. Der Löwe symbolisiert dabei die weltliche Macht des Erzbischofs.

Nach jahrhundertelangen Auseinandersetzungen gelang es ihnen 1288 in der Schlacht bei Worringen, den Erzbischof zu besiegen. Ab da war er in Köln beschränkt auf geistliche Aufgaben und die Gerichtsbarkeit bei Kapitalverbrechen, ohne politischen Einfluss.

Rechts neben der Laube steht auf einem Straßenschild »Judengasse«. Eine Gasse ist nirgends zu sehen, erstreckt sich doch vor dem Rathaus ein großer Platz, auf dem derzeit Archäologen umfangreiche Grabungen durchführen. Dort befand sich jedoch im Mittelalter das dicht bebaute Judenviertel, von dem man unter anderem Überreste der wohl ältesten Synagoge Deutschlands und einer Mikwe, eines jüdischen Ritualbades, gefunden hat.

Der kürzeste Weg zum **Alter Markt (10)** führt über die Treppe neben dem Rathausturm hinunter. Mitten am Platz steht ein Brunnen, der sogar noch ein wenig älter als der Heinzelmännchenbrunnen ist, vom selben Verein gestiftet wurde und ebenfalls an eine Sage erinnert. Geschaffen hat ihn 1884 Wilhelm Albermann.

Der oben dargestellte Jan von Werth war ein berühmter Reitergeneral im Dreißigjährigen Krieg. Die meisten Leute denken bei ihm allerdings wohl eher an die Geschichte von *»Jan un Griet«*, die der Mundartdichter Karl Cramer in kölsche Verse gefasst hat.

Richtung Süden begrenzt die Straße Obenmarspforten den Alter Markt. Von ihr zweigt links der unscheinbare **Steinweg (18)** ab.

Im 13. Jahrhundert wird ein Ritter Heinrich von Gürzenich erwähnt, der in einer Statue am Steinweg dargestellt sein soll; die Figur bezeichnete man im Volksmund als *»Steine Mann«* und ergänzte sie später durch eine *»Steine*

Frau« (die tatsächlich allerdings aus Holz ist). Bis vor wenigen Jahren erinnerten am Haus Steinweg 7-11 zwei Reliefs an die Figuren. »Steine Mann« wurde mit ziemlicher Sicherheit ein Opfer des Zweiten Weltkriegs, während »Steine Frau« im Depot des Stadtmuseums steht.

Am Ende des Steinwegs führt die Gürzenichstraße stadteinwärts zum **Gürzenich (19)**. Er entstand zwischen 1441 und 1447 als Tanz- und Festhaus der Ratsherren. Noch heute ist er »die gute Stube« Kölns und wird inzwischen nicht nur als Veranstaltungsraum, sondern auch als Kongresszentrum genutzt.

An der Ostseite sind über den beiden Eingängen zwei Römer in Ritterrüstung dargestellt. Der eine, Marcus Vipsanius Agrippa, war ein bedeutender Feldherr. Von dem anderen, dem *Hauptmann Marsilius*, erzählt eine Sage.

Man stellte sie als Ritter dar, also in der zeitgenössischen Soldatenbekleidung, um zu zeigen, dass Geschichte immer auch ihre Auswirkungen in die Gegenwart hat.

Über Gürzenichstraße und Schildergasse erreicht man den Neumarkt. Als 1349 die Pest erstmals Köln erreichte, soll sich hier ein kleines Wunder ereignet haben: *Richmodis von Aducht* kehrte von den Toten zurück! Daran erinnert noch heute in der **Richmodstraße (20)** der Turm mit den beiden Pferdeköpfen. Es sind allerdings nicht mehr die mittelalterlichen Skulpturen, sondern moderne Nachbildungen von 1958.

Rundgang »Domgeschichten«

Schon vor der Grundsteinlegung für die gotische Kathedrale stand hier ein Dom. Er war Mitte des 9. Jahrhunderts gebaut worden, der Legende nach unter *Erzbischof Hildebold* (der tatsächlich bei Baubeginn bereits verstorben war). Erst als die *Gebeine der Heiligen Drei Könige* nach Köln kamen, war er nicht mehr gut genug, und man beschloss seinen Abriss.

Am 15. August 1248 wurde dort, wo die mittlere Kapelle der Kathedrale entstehen sollte, von Erzbischof Konrad von Hochstaden der Grundstein für den neuen Dom gelegt. Als erster Dombaumeister übernahm *Meister Gerhard* die Leitung der Baustelle.

Das ganze Jahr über herrscht in der **Dombauhütte (A)** an der südlichen Chorseite reges Treiben. Im unteren Bereich kann man oft den Steinmetzen bei der Arbeit zusehen, während die Glasrestauratoren ihrer Beschäftigung in der oberen Etage nachgehen.

Darüber hinaus machen zahlreiche Gerüste deutlich, dass ein Arbeitsplatz hier zu den krisensichersten der Stadt gehört, denn ein Ende der Restaurierungen ist nicht in Sicht.

Am Ende des Erdgeschosses ragen an allen Ecken grimmig dreinblickende **Wasserspeier (B)** hervor. Wahrscheinlich sollten sie ursprünglich durch ihr grausiges Aussehen böse Geister abschrecken. Ihre Funktion jedoch ist ganz harmlos. Sie leiten das Regenwasser vom Dach des Domes ab.

Bei klarer Sicht lohnt es sich, im **Südturm (C)** hinaufzusteigen, denn von oben hat man einen wunderbaren Ausblick auf die Umgebung. Außerdem kommt man an den *Glocken* vorbei, deren berühmteste der »Dicke Pitter« ist, die größte freischwingende Glocke der Welt. Ihren tiefen Ton lässt sie nur an den höchsten kirchlichen Feiertagen erklingen.

Durch das Portal des Südturmes betritt man den Dom. Wenn man auf der linken Seite an den Renaissancefenstern entlang bis zum nördlichen Querhaus geht, entdeckt man am Eckpfeiler eine Statue der **Heiligen Ursula (D)** aus dem 16. Jahrhundert. Unter ihrem Mantel verstecken sich ihre Begleiterinnen und in der Hand hält sie als Zeichen ihres Martyriums einen Pfeil. Eine weitere Ursuladarstellung findet man auf der anderen Seite in der ersten Kapelle auf dem berühmten »Altar der Stadtpatrone« von Stefan Lochner. Er ist aus der Mitte des 15. Jahrhunderts und zeigt auf dem linken Flügel die Jungfrau mit ihrem Gefolge.

Betritt man den Chorumgang jedoch auf der linken Seite, fällt einem als erstes das **Fußbodenmosaik (E)** ins Auge. Es wurde Ende des 19. Jahrhunderts von August Essenwein entworfen und von Villeroy & Boch ausgeführt. Im Eingangsbereich ist ein großes Bildfeld zu sehen, in dessen Mitte *Hildebold* als erster Kölner Erzbischof mit einem Modell des Alten Domes dargestellt ist. Es entspricht weitgehend den modernen Erkenntnissen aus den Grabungen unter dem Dom und vermittelt eine gute Vorstellung von dem Vorgänger unseres heutigen Domes.

Wenige Schritte weiter befindet sich auf der linken Seite der Eingang zur **Sakristei (F)**, die allerdings für Besucher nicht zugänglich ist.

Das über tausendjährige Gero-Kreuz an der Wand neben der Sakristei stammt noch aus dem Alten Dom und ist die älteste erhaltene Großplastik des Abendlandes. Es gehört zu den bedeutendsten Kunstschätzen des Domes und ist nach seinem Stifter, Erzbischof Gero, benannt.

Kurz vor der **Achskapelle (G)** ist in die Decke eine lateinische Inschrift eingelassen. Sie berichtet von einem fürchterlichen Unwetter in einer Oktobernacht im 15. Jahrhundert, wodurch sich ein Stein löste und an dieser Stelle durch das Dach schlug. Damals stand der **Schrein der Heiligen Drei Könige (H)** noch in der Achskapelle, also nicht weit von der Einschlagstelle entfernt.

Heute befindet er sich im Binnenchor. So kann man ihn leider nur vom Umgang aus, also von drei Seiten, betrachten.

Schon bald nachdem die Reliquien 1164 von Mailand nach Köln gelangt waren, beschloss man, ihnen ein Reliquiar fertigen zu lassen, das ihrer Bedeutung angemessen wäre. Nach 1181 arbeitete Nikolaus von Verdun daran, einer der bedeutendsten Goldschmiede dieser Zeit. Die Vorderseite wurde aus reinem Gold gefertigt, während alle anderen Teile feuervergoldetes Silber sind. Unzählige Edelsteine und kostbare Emaillearbeiten dienen zur Verzierung.

Hat man den Binnenchor umrundet, gelangt man zur Marienkapelle. In ihr steht der bereits erwähnte Lochner-Altar und hier befindet sich auch in der Ecke das **Grab von Reinald von Dassel (I)**. Er war nach seinem Tod 1167 im Alten Dom beigesetzt worden. Um 1280 erhielt er ein Grabmal in der Mitte der Marienkapelle. Davon ist heute noch die Tumba erhalten. Ursprünglich lag auf ihr eine Bronzefigur, die jedoch Ende des 18. Jahrhunderts zerstört wurde. Bald darauf wurde das Grab versetzt und 1905 eine neue Liegefigur aus Kalkstein geschaffen.

Rundgang »Oh Wunder«

St. Kunibert (21) ist die jüngste der zwölf romanischen Kirchen Kölns. Trotzdem besitzt sie die ältesten noch an ihrem ursprünglichen Ort erhaltenen Glasfenster, die außerdem zu den bedeutendsten Glasmalereien des frühen 13. Jahrhunderts zählen. Ein Besuch der Kirche lohnt sich also auch, wenn man nicht unbedingt ausprobieren möchte, ob aus dem *Kunibertspütz* wirklich Kinder kommen.

St. Kunibert**,** dem die Kirche geweiht ist, war ab 627 Bischof von Köln und der erste unter ihnen, der sich als bedeutender Politiker hervortat.

Von St. Kunibert aus kann man über die Straße Unter Krahnenbäumen zum Eigelstein gehen, der sein ganz eigenes und recht multikulturelles Flair hat. Hier wendet man sich nach links und geht unter der Eisenbahnunterführung hindurch nach rechts zum Ursulaplatz.

Die barocke Krone auf der Turmspitze macht **St. Ursula (22)** unverkennbar und weist auf *Ursulas* königliche Abstammung hin.

Man sollte zumindest einen kurzen Blick auf einige der bedeutenden Kirchenschätze werfen, zu denen zum Beispiel ein Bilderzyklus der Kölner Malerschule zählt, der das Leben der Heiligen Ursula darstellt.

Gegen ein geringes Entgelt ist auch die »Goldene Kammer« zu besichtigen, ein nördlich der Alpen einzigartiger Andachtsraum, in dem die Wände mit Märtyrergebeinen geschmückt sind.

Der Weg zu **St. Gereon (23)** ist etwas weiter. Er führt vom Ursulaplatz zur Ursulastraße, die an dieser Stelle den Namen wechselt. Im weiteren Verlauf heißt sie erst Victoria- und dann Kyotostraße. Ehe sie zur Straße Am Kümpchenshof wird, wendet man sich nach links in die Probsteigasse, die geradewegs auf die bedeutendste der romanischen Kirchen zuführt. Schon von weitem ist sie an ihrer ungewöhnlichen Bauweise zu erkennen. Hinter den beiden Türmen wölbt sich eine große, zehneckige Kuppel, die nach dem Vorbild der Hagia Sophia in Istanbul entstand. Ersatz für die zerstörten Fenster

Grundriss des Kölner Doms

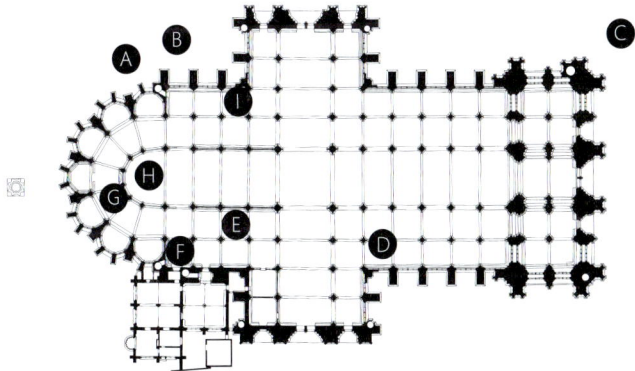

schufen nach dem Krieg die bedeutenden Glaskünstler Wilhelm Buschulte und Georg Meistermann.

Interessant ist auch die moderne Deckengestaltung dieses Bauteils, wo rote Flammen auf die Gläubigen herabzuregnen scheinen. Damit wird eine Verbindung hergestellt zum Pfingstfest, aber auch zum Glauben der Märtyrer um *Gereon*, die der Legende nach an dieser Stelle ihr Leben ließen. Es heißt, die Heilige Helena habe ihre Gebeine entdeckt und einen ersten Kirchenbau für sie in Auftrag gegeben. Und in alten Schriften ist von einer Kirche die Rede, die den Namen »Ad aureos sanctos« – »Zu den goldenen Heiligen« getragen hat. Angeblich rührt der Name von prächtigen Mosaiken in ihrem Innern und goldenem Licht, das den Raum erfüllte, her.

St. Gereon steht in der Tat auf einem römischen Gräberfeld, und man hat unter dem Dekagon Überreste eines Ovalbaus aus dem Ende des 4. Jahrhunderts gefunden.

Die Gereonstraße führt zurück in Richtung Dom. An der Nord-Süd-Fahrt, die in diesem Bereich Tunisstraße heißt, biegt man nach rechts ab und geht auf der Komödienstraße einige Meter nach links, bis man **St. Andreas (24)** vor sich sieht.

In der Krypta dieser Kirche befindet sich das Grab von *Albertus Magnus*. Er war Dominikaner und einer der bedeutendsten Gelehrten des Mittelalters. 1248 gründete sein Orden in Köln eine erste Hochschule, an der er unterrichtete. Sie befand sich nur eine Straße weiter, dort, wo sich heute eine Seniorenresidenz erstreckt.

Nach so vielen Kirchen bietet sich ein kleiner Einkaufsbummel über Hohe Straße und Schildergasse bis hinunter zum Neumarkt an.

Unübersehbar schiebt sich hier dem Betrachter der prächtige Kleeblattchor von **St. Aposteln (25)** entgegen. Bis Ende des 12. Jahrhunderts hatte die Kirche viel bescheidener ausgesehen. Doch bei einen Brand wurde der Chor schwer beschädigt und durch einen Kleeblattchor ersetzt, der als der schönste in Köln gilt. Die beiden anderen findet man an Groß St. Martin und Maria im Kapitol.

Zurück geht es über die Cäcilien- und Pipinstrasse. Schräg gegenüber vom Kaufhof, erhebt sich hinter einer Wohnanlage **St. Maria im Kapitol (26)**. Sie wurde mitten auf den römischen Kapitolshügel in die Überreste eines Tempels gebaut und gehörte im Mittelalter zu den größten und bedeutendsten Damenstiften der Stadt.

Sicherlich ihr größter Schatz sind zwei hölzerne Türflügel, die im südlichen Langhaus ausgestellt sind. Sie wurden zur Kirchweihe 1065 fertig gestellt und erzählen die Geschichte vom Leben und der Passion Christi. Es ist aus dem Mittelalter keine vergleichbare Holztür erhalten.

Eindrucksvoll ist auch das Pestkreuz aus dem Ende des 14. Jahrhunderts, das in der Nordkonche hängt. Die Legende berichtet von ihm, dass der Kopf Jesu immer weiter auf die Brust sinkt. Der Tag, an dem er ganz herabgesunken ist, wird der Jüngste Tag sein.

Und natürlich findet man hier auch die *Hermann-Josef-Madonna* aus dem 12. Jahrhundert. Sie steht an einem der Chorpfeiler. Die Figur ist relativ flach und war ursprünglich Teil eines Reliefs.

Gegen die Strömung geht es nun am Rhein hinauf Richtung Süden, so wie sich auch das Boot mit dem Leichnam des *Maternus* bewegt haben soll. Schon von weitem sieht man das **Schokoladen-Museum (14)** und gegenüber eine rosa Kirche.

St. Maria Lyskirchen (27) ist die kleinste der romanischen Kirchen, denn im Gegensatz zu den anderen war sie schon immer »nur« Pfarrkirche. Da sie im Krieg nur wenig beschädigt wurde, blieben die kostbaren Gewölbemalereien aus dem 13. Jahrhundert erhalten. So ist im Südchor ein ganzer Bilderzyklus dem Heiligen Nikolaus gewidmet, dem Schutzpatron der Schiffer, der hier natürlich besonders die Rheinschiffer beschützen soll, deren Pfarrkirche dies war. Daran erinnert auch die um 1420 entstandene Schiffermadonna im Eingangsbereich.

Von St. Maria Lyskirchen aus geht man nun wieder Richtung Innenstadt und an St. Georg biegt man auf die Severinstraße ab.

Wer sich für die antike Stadt interessiert, sollte die Ausgrabungen unter **St. Severin (28)** besuchen. Neben Fundamenten und Bauteilen von Vorgängerbauten wurden auch zahlreiche Grabstätten freigelegt, denn auch hier befand sich ein römisches Gräberfeld.

Empfehlung

Hörbuch: »Sagen und Geschichten aus Köln«
CD mit 4-seitigem Booklet, Laufzeit ca. 80 min, 14 x 12,5 cm
ISBN 978-3-7616-2357-2

Begeben Sie sich auf eine unterhaltsame Taxifahrt kreuz und quer durch Köln. Die Stadttour bietet die Rahmenhandlung für 15 »Sagen und Geschichten aus Köln« der erfolgreichen Buchausgabe als Audio-CD. Sprecher ist der prominente Kabarettist und Moderator Konrad Beikircher. Als charmanter Taxifahrer unterhält er eine Düsseldorfer Passagierin auf spitzbübische und schelmische Art mit Geschichten über die kölsche Mentalität und Lebensart.
Der pointiert rheinisch gesprochene Text ist mit Soundeffekten und Musik hinterlegt.

EntdeckerTouren
»Es war einmal...« Kölner Sagen und Legenden zu Fuß
48 Seiten, mit 42 farbigen Abbildungen, 1 Karte, 14,8 x 21,0 cm, kartoniert, ISBN 978-3-7616-2203-2

In der Reihe »Entdeckertouren« ist ergänzend zu den hier beschriebenen Rundgängen ein 48-seitiger Stadtführer zum »Kölner Sagenweg« (www.koelner-sagenweg.de) erschienen. Auf zwei Rundgängen erzählt Yvonne Plum die Geschichten in Kurzform, beleuchtet ihren historischen Hintergrund und zeigt die Sehenswürdigkeiten vor Ort.

Erhältlich im Buchhandel oder unter www.bachem.de/verlag

Köln   Schienennetz

2009

14-06-2009

	Stadtbahn
9 Sülz	Endhaltestelle
S	S-Bahn
DB	Fernverkehr
♿	behindertenfreundliche Station
⚠	außer Linien 13, 16
P+R	Park & Ride

© Kölner Verkehrs-Betriebe AG
Verkehrsverbund Rhein-Sieg GmbH

Dom und viele Museen
Altstadt
Museum
Romanische Kirchen
Stadttor
Römer-Grab

Information
++49 (0) 180 3.50 40 30
9 Cent/Min. aus dem dt. Festnetz,
Mobilfunk abweichend
www.kvb-koeln.de